Frank Esche

Thüringer Mord-Pitaval

Frank Esche

Thüringer Mord-Pitaval

(1766–1938)

Erschreckliche Mord- und Übeltaten
aus alten Thüringer Kriminalakten

Band 1

Mit einem Vorwort
von
Frank Esche und Michael Kirchschlager

INHALT

ZUM AUTOR

Frank Esche wurde 1953 in Jena geboren. Nach dem Abitur studierte er Archivwesen in Potsdam. Als Diplomarchivar ist er im Thüringischen Staatsarchiv Rudolstadt tätig.

Neben zahlreichen regionalgeschichtlichen Beiträgen publizierte Esche das 1992 erschienene Buch *Auf dem Karzer lebt sich's frei – Studentengeschichten aus dem alten Jena* (zusammen mit Rüdiger Glaw). 1999 erschien sein Werk *Das Thüringer Anekdotenbuch* im Hain-Verlag Rudolstadt & Jena. Das Buch erfuhr 2006 im quartus-Verlag Bucha bei Jena eine erweiterte Nachauflage.

Im Verlag Kirchschlager erschienen seine Bücher *Thüringer Hochzeitsbüchlein – Erotische, amüsante und kuriose Geschichten über Liebe, Heirat, Ehefreud'* (2008) und *Thüringer Mörderinnen. Frauenschicksale zwischen Liebe und Schafott 1859–1938* (zusammen mit Wolfgang Krüger, 2009) sowie weitere Bände aus der Reihe »Thüringer Mord-Pitaval«.

Der Rudolstädter Archivar ist Mitautor der Werke *Die Fürsten von Schwarzburg-Rudolstadt* (1997) und die *Grafen von Schwarzburg-Rudolstadt* (2000). Aus seiner Feder stammen überdies die Textbücher für Sonderführungen mit einem Pagen durch die Festräume der Heidecksburg in Rudolstadt (*Ein Page redet sich um Kopf und Kragen,* 2002), mit einer Zofe durch die Wohnräume des Schlosses (*Lust und Frust am Fürstenhof*, 2003), durch die Thüringer Bauernhäuser in Rudolstadt mit einem Buckelapotheker (*Gauner, Grausen und Gespenster*, 2004), mit Georg Heinrich Macheleid (dem Erfinder des thüringischen Porzellans) in der Aeltesten Volkstedter Porzellanmanufaktur (*Weißes Gold und schwarze Seelen*, 2007), mit dem Zimmermädchen Sofie zur Sondershäuser Musikgeschichte (*Sofies musikalische Anekdoten,* 2009) und eine Kostümführung um das Schloß Sondershausen (*Liebe und Skandale am Sondershäuser Fürstenhof*, 2012).

MÖRDER, *eine Person, welche eine andere unbefugter und vorsätzlicher Weise um das Leben bringt, welche einen Mord begehet: Der Vatermörder, Muttermörder, Brudermörder, Kindermörder, Selbstmörder, Meuchelmörder ...* (Aus: D. Johann Georg Krünitz's ökonomisch-technologische Encyklopädie Vier und neunzigster Theil, Berlin, 1804, In der Buchhandl. des Königl. Preuß. Geh. Commercien-Raths Joachim Pauli, S. 4.)

VORWORT

Man hätte eine Stecknadel fallen hören können! Nur in Gedanken fragten sich viele Prozeßbeobachter: Sieht der Mensch wohl wie ein Mörder aus? Aber kaum zu glauben, der Mann der im Weimarer Schwurgerichtsaal seine besonders grausamen Verbrechen zu verantworten hatte, zerhackte seine Opfer und konnte durch eindeutige Beweise des zweifachen Mordes überführt werden. In einem anderen Prozeß vor dem Rudolstädter Schwurgericht sollten Indizien die Täter überführen. Die Beweisaufnahme erwies sich allerdings als außerordentlich schwierig und die Wahrheitsfindung entwickelte sich zu einem der bedeutendsten Sensationsprozesse in der Zeit der Weimarer Republik.

Vor den Augen des Lesers werden in diesem ersten Band des Thüringer Mord-Pitavals 15 Schwerstverbrechen mit acht Doppel- bzw. Mehrfachmorden aus allen Teilen Thüringens vorgestellt. Welche menschlichen Abgründe taten sich doch vor den Prozeßbeobachtern auf, die den Lesenden den Schauer über den Rücken laufen lassen und ihm ein starkes Nervenkostüm abverlangen. Jedoch so grausam war die Realität nun einmal!

Erstmals wurden für dieses Buch Dutzende Kriminalakten aus allen sechs thüringischen Staatsarchiven ausgewertet. Die authentische Schilderung der Taten aus drei Jahrhunderten, deren akribische Aufklärung, die Schilderungen zu den Prozeßverläufen, die Begründung der Urteile, die Diskurse über die Entscheidung zu Gnadengesuchen sowie der Verhängung und Vollstreckung von Todesstrafen, das

Verhalten der Täter bei geistlichem Zuspruch vor bzw. während der Hinrichtungen, all dies ermöglicht einen tiefen Einblick in die historische und soziale Situation sowie die Justizgeschichte vergangener Jahrhunderte.

Thüringen war bis zur Wiedererlangung seiner Einheitsstaatlichkeit nach dem Sturz der Monarchien in Folge der Novemberrevolution von 1918 geographisch gesehen ein »Flickenteppich«. So vielfältig wie sich Thüringen auf der Landkarte präsentierte, so vielfältig waren auch die Mordmotive, die Mordwerkzeuge und die Ausführungen der grausamen Taten, die nicht selten von zwei Tätern gemeinschaftlich ausgeführt wurden. Sie mordeten meist leise, heimtückisch, oft auch wütend aus versagter Liebe oder um eine Geliebte »besitzen zu können«. Sie töteten aus Habgier, sexueller Lust, Rache oder um eine mißliebige Person aus dem Weg zu räumen. Sie begingen die Morde im Affekt, aber meistens vorsätzlich und mit Überlegung. Daran änderte sich auch nichts in der Zeit der Weimarer Republik und des sogenannten Dritten Reiches.

Die dargestellten Kriminalfälle verdeutlichen nicht zuletzt die schwierigen Herausforderungen, vor denen die involvierten und handelnden Kriminalbeamten, Staatsanwälte, Richter, Geschworenen, Justizbeamten und Rechtsanwälte bei der Aufdeckung der Straftaten, der Rechtsfindung und Rechtsprechung standen.

Für wertvolle Hinweise bei der Bearbeitung der Kriminalfälle sind wir ganz besonders Frau Christel Gäbler (Stadtarchiv Auma-Weidatal) zu Dank verpflichtet. Außerdem danken wir Doris Schilling (Thüringisches Staatsarchiv Altenburg), Volker Graupner, Grit Kurth und Barbara Möckel (Thüringisches Hauptstaatsarchiv Weimar), Hagen Rüster (Thüringisches Staatsarchiv Greiz), Katharina

Witter (Thüringisches Staatsarchiv Meiningen), Rosemarie Barthel, Eckhard Mortag und Lutz Schilling (Thüringisches Staatsarchiv Gotha) sowie Dieter Marek (Thüringisches Staatsarchiv Rudolstadt).

Frank Esche
Michael Kirchschlager

DIE SCHÖNFÄRBERMORDE IN RUDOLSTADT

(1766 UND 1780)

... damit dieser Bösewicht gehörig bestraft werden könnte.

Der 29. Mai 1767 war ein warmer, sonniger Tag in Thüringen, auch wenn am frühen Nachmittag bereits dunkle Wolken am Horizont aufzogen. An diesem Freitagnachmittag sollte die letzte öffentliche Hinrichtung in der kleinen Residenzstadt Rudolstadt stattfinden. Der schwarzburg-rudolstädtische Fürst Johann Friedrich* hatte die Begnadigung des Delinquenten abgelehnt und damit die schauerliche Exekution des Doppelmörders ermöglicht.

Der Zimmergeselle Johann Georg Ziermann aus dem sachsen-meiningischen Ort Großgeschwenda, der 1764 nach Rudolstadt gekommen war und nacheinander unter zwei Meistern als Zimmerer gearbeitet hatte, wurde auf dem Rudolstädter Marktplatz unter den Augen von weit über tausend Frauen, Männern und Kindern zuerst mit einer glühenden Zange am Oberarm gerissen. Anschließend beförderte der Scharfrichter Johann Michael Gottlieb Brand den zum Tode verurteilten Mörder unter dem

---

* Fürst Johann Friedrich von Schwarzburg-Rudolstadt (*8. Januar 1721, †10. Juli 1767) regierte von 1744 bis zu seinem Ableben. Der Monarch hat das geistige Leben am Rudolstädter Hof, die Wissenschaft und Kunst, das Kirchen- und Schulwesen sowie die wirtschaftliche Entwicklung in seinem kleinen thüringischen Staat nachhaltig gefördert. Das Rudolstädter Gymnasium Fridericianum wurde nach diesem Fürsten benannt.

Jubel der Rudolstädter und vieler auswärtiger Zuschauer, darunter etwa 100 Jenaer Studenten, vom Leben in den Tod, indem er mit dem Rad das Genick des Verurteilten zerschmetterte.* Der Gemarterte ertrug die entsetzliche Qual sehr standhaft. Nach seinem Ableben legten ihn des Henkers Gesellen auf das Rad und übergaben somit den Leichnam den Raben zum Fraß. Zeugen der Hinrichtung waren der schwarzburg-rudolstädtische Prinz Ludwig Günther** und dessen Sohn Friedrich Karl***.

Doch, was führte zu dieser grausamen öffentlichen Hinrichtung? 1720 hatte der Schwarzfärber und Kastenvorsteher Hans Heinrich Böttner ein Haus in der Rudolstädter Mangelgasse, unterhalb des Residenzschlosses Heidecksburg, erworben. Das Haus ging 1735 in den Besitz seiner Witwe, der Schwarzfärberin Elisabeth Magdalene Bött-

* Das Rädern (Strafe des Rades auch: Radebrechen), ist eine Hinrichtungsform aus der Zeit des Mittelalters bis ins 19. Jahrhundert hinein, mit der Mörder, Brandstifter sowie Straßen- und Kirchenräuber belegt wurden. Die Verurteilten wurden meist auf ein Schafott gebunden. Das Rädern erfolgte auf unterschiedliche Art und war im Urteil Schritt für Schritt konkret festgelegt. Da das Ziel beim Rädern *von unten* vor allem darin bestand, im ersten Akt der Hinrichtung den Körper des Delinquenten zu verstümmeln und ihm Qualen zuzufügen, wurde meist mit dem Knochenbrechen der Unterschenkel und Vorderarme begonnen, dann die Oberschenkel und Oberarme mit dem Rad zerstoßen oder zerbrochen. Zuletzt tötete der Scharfrichter den Verurteilten, indem er das Rad auf das Herz (Brust) oder den Hals des Gepeinigten fallen ließ (Gnadenstoß). Danach wurde der Delinquent auf das auf einen Pfahl gesteckte Rad gelegt. Bei der milderen Variante des Räderns *von oben* wurden die ersten Stöße gegen den Kopf und die Halswirbelsäule gerichtet, die den schnellen Tod des Verurteilten herbeiführten.

** Prinz Ludwig Günther (*22. Oktober 1708, †29. August 1790) wurde zirka sechs Wochen später Fürst und regierte bis zu seinem Tod als Ludwig Günther II.

*** Prinz Friedrich Karl (*7. Juni 1736, †13. April 1793) regierte von 1790 bis 1793.

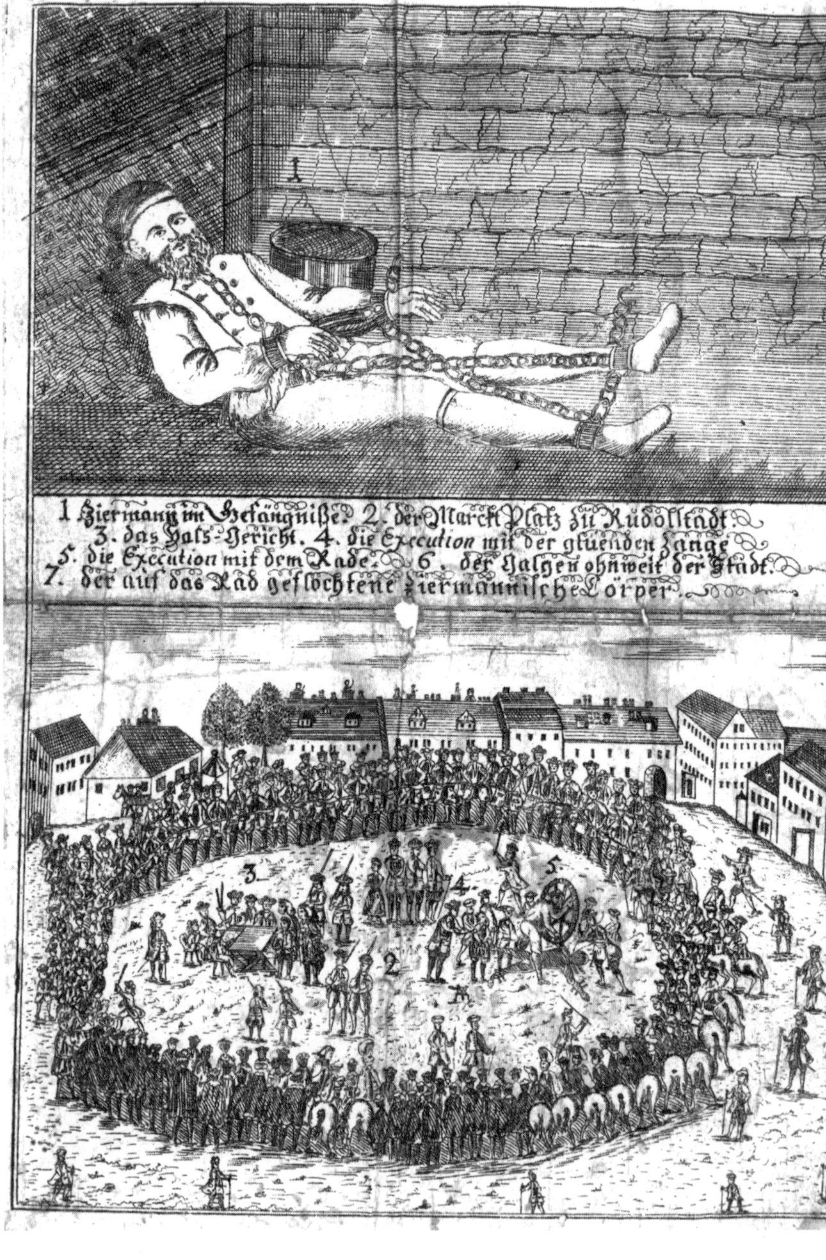
1 Ziermann im Gefängniße. 2. der Marckt Platz zu Rudollstadt.
3. das Hals-Gericht. 4. die Execution mit der glüenden Zange
5. die Execution mit dem Rade. 6. der Galgen ohnweit der Stadt.
7. der auf das Rad geflochtene Ziermannische Cörper.

Johann Georg Ziermann,

ohren den 9ten May 1719. zu Großgeschwende im Saalfeldischen, erlernte das Zimmer-
dwerck zu Probstzelle, begab sich darauf anfänglich in Fürstl. Sachsen Gothaische, und hernach in Königl. Dä-
he Kriegs-Dienste, arbeitete hierauf, nachdem er selbige verlaßen, wiederum auf dem Handwercke, kam im
r 1764. nach Rudolstadt, und arbeitete nach und nach bey zwey Meistern als Zimmer-Geselle, ermordete
er Nacht von 23 bis zum 24. Octobr. 1766. auf eine meuchelmörderische und unmenschliche Art in ihren eige-
Hause zwey unschuldige in ihren Bette beysammenschlaffende Weibes Personen, Nahmens Elisabethe
gdalenen Vollnerin, eine verwitbete Schwarzfärberin, alt 69 Jahr, nebst ihrer Enckelin Elisabethen Mar
Bognerin, alt 15 Jahr, davon die erstere ihm viele Wohlthaten erwiesen, weswegen er sie nur seine
ter zu nennen pflegte in der Absicht selbige hernach zu bestehlen, und bediente sich zu diesen Morde zweyer
e. Nach vollbrachten Mord, u. zum theil verübten Diebstahl ergriff dieser Mörder und Spitzbube die Flucht,
rde aber wegen des wieder ihn obschwebenden starcken Verdachts mit Steckbriefen verfolget, und im Fürstl.
feld. Amte Probstzelle glücklich zur Hafft gebracht, auch dem Fürstl. Amte Rudolstadt ausgeliefert. Anfang
bezeigte sich der *Inquisit* ganz frech, und war zu keinem Geständniß zu bringen, aber durch die Gnade Gottes
die unermüdete Arbeit der Obrigkeit und besonders das bewegliche Zureden der Herrn Geistlichen
de das festen Herze dieses Menschen dergestalt erweichet, daß er in sich gieng, und ein freywilliges Ge-
ändniß seiner verübten Missethaten beym Fürstl. Amte ablegte, auch sich mit wahren Ernst zu sei-
Bekehrung anschickte. Nach hierauf allenthalben *absolvirten Inquisitions Proces* und behöriger In-
ruirung der *Acten* wurden selbige zum auswärtigen Spruch Rechtens versendet, und der *Juristen Facul*-
zu Erlangen erkanndt, daß *Inquisit* Ziermann mit einer glühenden Zange einmahl gerißen, und
dem Rade vom leben zum Todte zubringen, der Cörper aber aufs Rad zuflechten sey; Welches Ur-
nich an den *Inquisit* Johann Georg Ziermann, nachdem solches vorhero gnädigste Landes herrschafft
ätiget, auf dem Marckte zu Rudolstadt in gegenwart vieler tausend Menschen am 29ten May 1767.
cklich vollstrecket worden, wobey noch zu gedencken, daß so viel man äußerlich urtheilen können Inqui
iermann unter vieler Reu in einer wahren Bekehrung und Glauben an Jesum Christum mit vieler Stand-
hafftigkeit seinen Todt erlitten.

Hinrichtung des Johann Georg Ziermann auf dem Rudolstädter Marktplatz 1767.

ner, eine geborene Willing, über, die den erfolgreichen Handwerksbetrieb weiterführte und es zu bescheidenem Wohlstand gebracht hatte.

In der Nacht vom 23. zum 24. Oktober 1766 schlich sich der am 9. Mai 1719 geborene Zimmergeselle Johann Georg Ziermann mit einer Axt in die Wohnung der 69jährigen Böttner, die dort mit ihrer 15jährigen Enkeltochter Elisabeth Martha Bogner, einer Tochter des Kürschnermeisters Johann Christoph Bogner, nächtigte.

Ziermann war im Haus der Schwarzfärberin bekannt, hatte er von ihr doch hin und wieder etwas Geld und Nahrungsmittel geschenkt bekommen, weshalb er sie auch *»meine Mutter«* zu nennen pflegte. So bekam er offensichtlich auch die vielen Messingzeichen zu sehen, die die Witwe für das Färben brauchte. In seiner Unwissenheit mochten ihm, so er bei der älteren Dame verkehrte, die Zeichen als vermeintliche Goldstücke ins Auge gestochen sein.

In besagter Nacht handelte der mit einer kräftigen Statur gesegnete Ziermann schnell und brutal. Ohne zu zögern ließ er sein Mordwerkzeug auf die Köpfe der beiden Frauen, die in einem Bett schliefen, sausen und wurde somit in nur wenigen Augenblicken zu einem Doppelmörder. Nach vollendeter Tat ergriff der Verbrecher mit seiner wenig wertvollen Beute schnell die Flucht. Der Verdacht fiel sofort auf den Zimmergesellen, und schließlich meldete der Rudolstädter Musketier Koch der Regierung, daß der so oft bei der Böttner gesehene Mann am 24. Oktober, eine Stunde nach Mitternacht, das Obertor in Richtung Neustadt passiert habe. Aufgrund dieser sowie weiterer Aussagen wurde ein Steckbrief angefertigt und in allen Orten Schwarzburg-Rudolstadts verbreitet. Im November gelang es, den Mörder im Amt Paulinzella aufzugreifen und nach Rudolstadt zu überführen. Zuerst leugnete

Ziermann in seinen Vernehmungen hartnäckig die Tat. Aber aufgrund der unermüdlichen Arbeit der Rudolstädter Untersuchungsbehörde und des eindringlichen Zuredens des Geistlichen legte er später ein offenes und reumütiges Bekenntnis ab, wie einer Chronik der Residenzstadt Rudolstadt* aus dem 19. Jahrhundert zu entnehmen ist.

Nach Beendigung des gegen Ziermann in Rudolstadt geführten Inquisitionsprozesses wurden die Akten an die Juristenfakultät nach Erlangen gesandt, um deren Gutachter- und Urteilstätigkeit im Fall des Doppelmörders zu nutzen. Die dortigen Gutachter urteilten, daß der Delinquent Ziermann mit einer glühenden Zange einmal gerissen und mit dem Rade vom Leben zum Tode zu bringen sowie der Körper anschließend aufs Rad zu legen sei.

Am 19. Mai 1767 ließ die Rudolstädter Regierung beim regierenden Fürsten Johann Friedrich von Schwarzburg-Rudolstadt anfragen, ob das Urteil, wie von der Erlangener Fakultät empfohlen, auszuführen sei. Ein Tag später teilte Serenissimus** der anfragenden Behörde mit, daß der Missetäter, der 48jährige Ziermann, zur Abschreckung, Warnung und Abscheu von oben gerädert werden müsse, und erteilte den Auftrag, die Exekution vorzunehmen.

Etwa sechs Wochen nach der Hinrichtung Johann Georg Ziermanns verstarb übrigens Fürst Johann Friedrich am 10. Juli 1767, abends gegen 22 Uhr, in Folge von Herzversagen und Flüssigkeitsansammlung in der Lunge, an einem Freitag, wie sein hingerichteter Untertan. Dessen Lebensalter erreichte er nicht. Der Monarch wurde nur 46 Jahre alt.

---

* Vgl. Louis Renovanz: Chronik der fürstl. Schwarzburgischen Residenzstadt Rudolstadt, Verlag L. Renovanz, Rudolstadt 1860, S. 140.

** Der Durchlauchtigste, seine Durchlaucht (lat.).

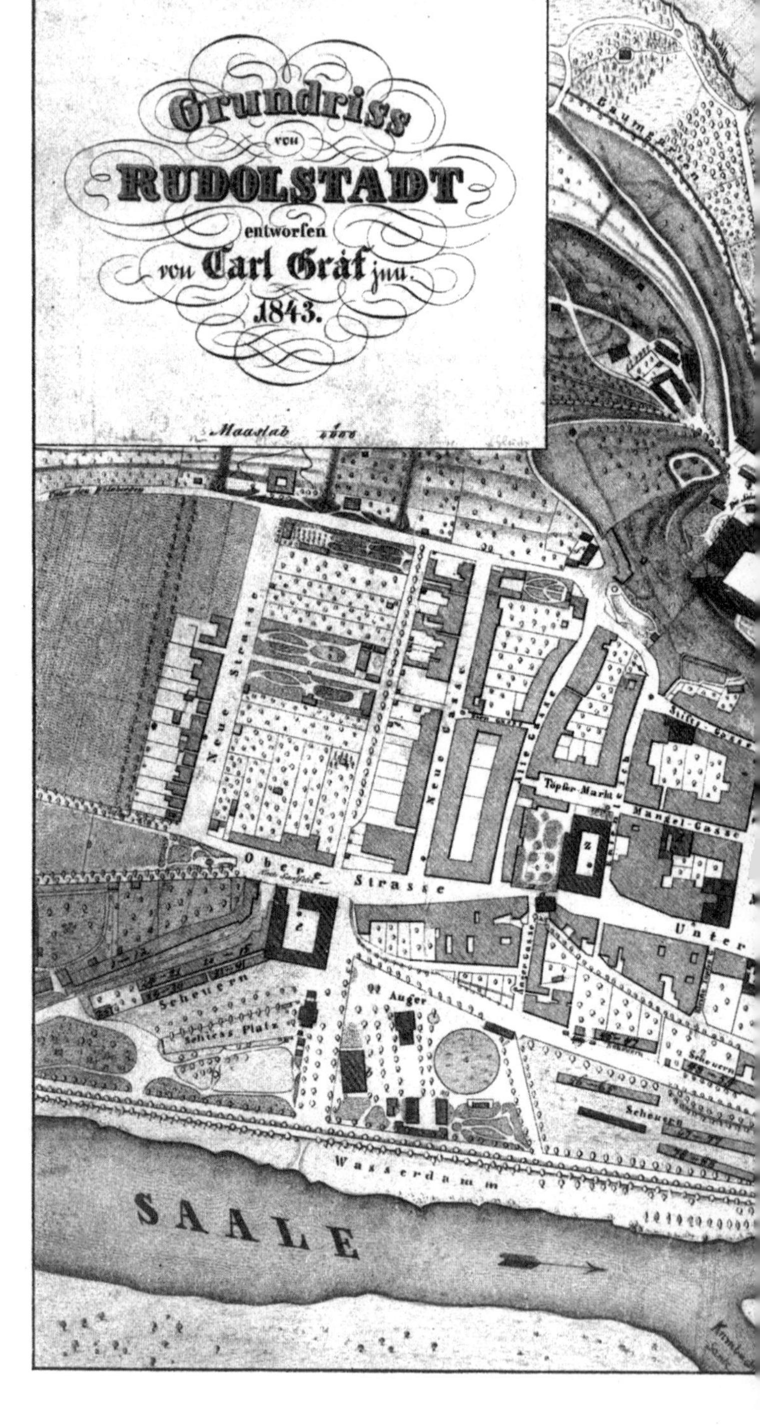
Grundriss
von
RUDOLSTADT
entworfen
von Carl Gräf jun.
1843.
Maaßtab
Neue Strasse
Neue Gasse
Töpfer Markt
Mangel-Gasse
Ober
Strasse
Unter
Scheuern
Schloss Platz
Anger
Wasserdamm
SAALE

Erklärung der Buchstaben.

A. Das Fürstl. Residenz-Schloß.
B. Die Ludwigsburg. (Naturalien Cab.)
C. Die Stadtkirche
D. Oberpfarrwohnung.
E. Diaconatsgebäude
F. Hofpredigerwohnung
G. Gymnasium u. Bürgerschule
H. Professoren-Wohnungen.
I. Cantorat u. erste Bürgerschulen Classe
K. Zucht- und Irrenhaus
L. Landarbeitshaus
M. Krankenhaus.
N. Milizkirche
O. Der Storchthurm.
P. Garküche.
Q. Armenhaus.
R. Rathhaus.
S. Die alte Regierung (F. Rentamt)
T. Gasthof zum Löwen
U. Gasthof zum Adler
V. Post.
W. Steueramt.
X. Mädchenschule
Y. Adeliches Bernhardtinenstift.
Z. Dikasterial-Gebäude
a. Brauhaus
b. Theater
c. Halle
d. Schießhaus.
e. Gasthof zum Ritter.
f. Strickschule.
g. Gasthof zum wilden Mann (Pörze)
h. Felsenkeller

Geographische Lage Rudolstadts 29° 0' 30" Länge von Ferro 50° 42' 55" Nördl. Breite.

100 200 300 400 500
Rheinl. Fuß.

H. Trinckler.

Grundriß (Stadtplan) von Rudolstadt 1843 mit Legende.

13 Jahre nach der letzten öffentlichen Hinrichtung in Rudolstadt sollte sich herausstellen, daß abschreckende Todesstrafen grausame Mordtaten nicht verhindern können.

Der Trunkenheit verfallen, jähzornig, geldgierig und faul, so kannten viele Rudolstädter den Schönfärber Johann Elias Schmidt. Der im 30. Lebensjahr stehende Mann hatte die einige Jahre ältere Schönfärberwitwe Oertel vor dem Jahr 1773 geehelicht. Sie brachte mehrere Kinder mit in die Ehe. Schmidt hatte sich in ein gemachtes Nest gesetzt. Bald jedoch begannen die Geschäfte nicht mehr gut zu gehen. Dies verschlechterte die Laune des Schönfärbers von Tag zu Tag. Und oft genügte ein kleiner Anlaß, um den Stiefvater zum Toben zu bringen. Am 30. Juni 1780, nach sechs Uhr abends, ließ er sich von der hübschen 16jährigen Stieftochter Sophie Johanna Dorothea das Abendessen bringen. Heute sollte sie ihm auf dem Bett gefügig sein. Die Gelegenheit schien ihm günstig, denn weitere Personen befanden sich gerade nicht im Haus. Er führte das verängstigte Mädchen in seine Kammer und griff ihr unter den Rock. Sophie sträubte sich. Da zog Schmidt ein scharfes Messer und versetzte der Wehrlosen einen Stich in den Hals. Die Wunde begann etwas zu bluten. Sie schrie auf, begann zu jammern und wehrte sich weiter, als er ungestüm ihre Brüste ergriff. Sie wehrte sich heftiger. Schmidts Zorn steigerte sich weiter. Wie konnte sie es wagen, sich ihm zu widersetzen? In rasender Wut fügte er seinem Opfer tödliche Verletzungen am Hals zu. Er hörte sie röcheln, sah den vor Schmerz sich windenden und krümmenden Körper des Mädchens. Todesblässe überzog ihr Gesicht. Er ließ sie los und zu Boden sinken. Schmidt versuchte nicht, ihr zu helfen, sondern floh Hals über Kopf aus dem Haus. Das Opfer wurde nur 16 Jahre, zwei Monate und drei Wochen alt!

Die Tote wurde noch am gleichen Tag gefunden und am 1. Juli 1780 von den Rudolstädter Medizinern Herrn Stadtphysikus Dr. Carl Christoph Eckner und dem Amtschirurgen Johann Friedrich Gehring seziert, die mehrere tödliche Schnitt- und Stichverletzungen an dem mit Blut überströmten Leichnam feststellten.

Am 3. Juli 1780 wurde die Ermordete unter großer Teilnahme der Rudolstädter Bürger beerdigt. Die Leichenpredigt hielt der Archidiakon* Ahasverus Johann Biel.**

Ein Tag später wurden die Bürger des kleinen Landes Schwarzburg-Rudolstadt im *Rudolstädter Wochenblatt* über den am 3. Juli 1780 vielerorts ausgehängten Steckbrief zur Erfassung des Mörders informiert. Darin verkündete der schwarzburg-rudolstädtische Amtshauptmann Johann Friedrich Wolffarth, daß der Mörder vermutlich über Saalfeld entflohen sei. Des weiteren hieß es:

»Es hat der vor 7 Jahren sich allhier eingeheyrathete Kunst- und Schönfärber, Johann Elias Schmidt, so aus Neustadt, im Herzogl. Sächs. Hildburghäusischen, bürtig, einen blauen Rock, blaue Weste, und schwarze Beinkleider träget, einen Haarzopf habend, und ohngefehr 30 Jahre alt, auch als ein Färber an Händen, und insonderheit an seiner etwas schnarrenden Sprache erkennbar ist, am 30sten vorigen Monats Abends zwischen 6 und 7 Uhr eine erschreckliche Mordthat an seiner 16jährigen Stieftochter, Oertelin verübt, und sie durch verschiedne tödliche Stiche u. Schnitte in Hals, des Lebens beraubet. Ob man nun wohl sogleich, nach ruchbar gewordener Mordthat, diesen Unmenschen durch einige ausgeschickte Land-Hußaren und Steckbriefe, so ist er doch zur Zeit noch nicht ausfindig gemacht worden und

---

* Vorsteher eines Kirchensprengels.

** Ahasverus Johann Biel (*6. August 1721, †4. Oktober 1798), seit 1765 Archidiakon in Rudolstadt.

zu erlangen gewesen. Es werden [...] wegen dessen Auslieferung, gegen Erstattung der Kosten ohnschwer schleunige Nachricht anhero zu ertheilen, zu belieben, damit dieser Bösewicht gehörig bestrafet werden könnte.«

Leider geben die Akten des Thüringischen Staatsarchivs Rudolstadt keine Auskunft, ob der Mörder Johann Elias Schmidt gefaßt und seiner gerechten Strafe zugeführt werden konnte.

DER BLUTRAUSCH DER DEESBACHER MÖRDER IM FRIEDRICHSGRUND

(1805)

... die skrupellose Tat blieb jedoch nicht lange verborgen.

Die Nacht vom 29. zum 30. Juni 1805 war schwül. Später stellte man fest, daß die schreckliche Bluttat am frühen Sonntag begangen wurde. In der Stube saßen der alte Lindauer, seine Frau und deren achtjährige Tochter bei spärlicher Beleuchtung. Die Mörder, mit einer Flinte bewaffnet, näherten sich gegen 22 Uhr dem Wohnhaus, das mit dem Drahthammer* durch eine Tür verbunden war, und beobachten dann das Treiben im Innern. Die Ermittlungen ergaben später folgenden Tathergang:

Sie warteten bis Mitternacht und handelten, nachdem die Lindauers das Licht gelöscht und ins Bett gegangen waren. Eckardt und Dreßler, die beiden Mörder, schossen durch das etwas geöffnete Fenster auf die Lindauers. Der alte Lindauer und die Tochter sprangen aus den Betten, blieben zunächst geschockt in der Stube stehen und zündeten dann ein Licht an. Die Angreifer stürzen in den Drahthammer. Dreßler schnappte sich einen Glühhaken und ein Locheisen**. Letzteres zog ihm Eckardt aus der Hand. Beide eilten nun in

---

* Drahthammer ist ein Hammerwerk zur Herstellung von Draht.

** Locheisen (Ausschlageisen, auch Stanzeisen) ist ein Lochwerkzeug.

Richtung Stube. Der alte Lindauer war inzwischen – ein Licht in der Hand tragend – mit der Tochter aus der Stube in den Hausflur getreten, in den die beiden bewaffneten Männer Dreßler und Eckardt inzwischen vom Drahthammer her eingedrungen waren. Dreßler warf den Glühhaken nun nach dem kleinen Mädchen, ohne es jedoch zu treffen. Das Mädchen und der Vater stürzten daraufhin zurück in die Stube. Lindauer schloß geschwind hinter sich die Tür. Stille! Nach einigen Sekunden öffnete Lindauer erneut vorsichtig die Tür zum Hausflur und fragte mit bebender, angsterfüllter Stimme die beiden Eindringlinge: *»Was wollt ihr?«*

Dreßler stieß daraufhin den alten Lindauer in die Stube zurück. Gleichzeitig riß Eckardt die von Lindauer zugehaltene Stubentür weit auf. Nun schlug Dreßler dem Drahthammermeister mit dem Glühhaken auf den Kopf, welcher darauf hin zu Boden sank. Plötzlich erlosch das Licht. Lindauer kroch nun zu seinem Bett in der Stube, setzte sich auf dasselbe und stützte den Kopf auf seine Hände. Eckardt versetzte inzwischen der Tochter etliche Hiebe mit dem Locheisen auf den Kopf, bis dieselbe zusammenbrach und kopfüber auf die Lehne eines Stuhles sank. Sodann schlug er mit dem Locheisen auf den Kopf der Ehefrau ein, wobei der Täter ihr das Kissen entriß, welches sie zur Verteidigung vor ihren Kopf gezogen hatte. Das Gesicht der Frau Lindauer blutete nun stark, aber nicht alle Schläge hatten in der Dunkelheit den Kopf getroffen. Als Eckardt bemerkte, daß die Frau den Kopf zurückgezogen hatte, gab er ihr noch wuchtige Hiebe in die Achselgegend. Dann wandte sich Eckardt Meister Lindauer zu, weil er im Dunkeln feststellte – denn nur der Mond spendete etwas Licht und ließ die menschlichen Konturen erkennen –, daß der Alte aufs Bett gekrochen war und noch lebte. Daher schlug der

Mörder noch mehrmals mit dem Locheisen auf dessen Kopf ein, worauf der Meister zwischen dem Bett und einer Bank auf den Fußboden fiel. Dreßler stellte währenddessen fest, daß die Frau Lindauer selbst nach den letzten wuchtigen Hieben in die Achselgegend noch nicht ihr Leben ausgehaucht hatte, und versetzte dem armen Weib weitere wuchtige Schläge mit dem Glühhaken, bis sie sich nicht mehr rührte. Die Lindauers waren jetzt scheinbar alle drei tot, und nun raubten die Mörder Geld und nahmen auch alle Wertgegenstände mit. Als sie das Haus verließen, vernahm Dreßler das Röcheln des alten Lindauers, nahm eine Axt und ließ diese noch mehrmals auf den Kopf des Meisters krachen.

Die skrupellose Tat blieb jedoch nicht lange verborgen. Schon am Sonntagmorgen, dem 30. Juni 1805, erhielt der Königseer, in schwarzburg-rudolstädtischen Diensten stehende Amtmann Friedrich Christoph Ernst Treuner, am Frühstückstisch sitzend, Kunde von einer abscheulichen Mordtat im Friedrichsgrund bei Geiersthal, auf dem sogenannten Kämpfischen Drahthammer.* Sofort begab sich der Beamte zusammen mit dem Amtsphysikus, dem Amtschirurgen und zwei Gerichtsschöffen der Stadt Königsee an den Ort des Verbrechens. Der Drahthammer, unweit des Dorfes Geiersthal in einem friedlichen, engen, bewaldeten Tal gelegen, war der Wohn- und Arbeitsort der Lindauers. Als die Beamten am Drahthammer ankamen, herrschte dort fast völlige Stille. Nur das Rauschen des Wassers der Lichte im Tal und das laute Krächzen einer Krähe waren zu vernehmen. In der Wohnstube des Gebäudekomplexes fanden die Bediensteten des Amtes Königsee

* Der Förster Johann Andreas Friedrich Kämpf aus Neuhaus hatte 1785 den Drahthammer anlegen lassen.

das Ehepaar Lindauer und deren kleine Tochter in einem Zustand, den sie wohl nie wieder vergaßen und der sie noch Jahre danach mit Alpträumen geplagt haben wird. Der alte Christoph Lindauer lag blutüberströmt auf dem Fußboden, sein Eheweib, fast zur Unkenntlichkeit zerschmettert, auf einem Feldbett. Fußboden und Wand waren mit viel Blut bespritzt und beschmiert. Die Kopfhaare des Meisters und der Ehefrau, verklebt mit geronnenem Blut, bedeckten die entstellten, erstarrten Gesichter. Die achtjährige Tochter lag, mit Blut besudelt, entseelt mit dem Kopf über der Lehne eines Großvaterstuhls.

Unter den Mordwerkzeugen, die am Tatort aufgefunden wurden, war ein eiserner Glühhaken, der unter der männlichen Leiche lag. Daran klebten einige Flecken Blut. Die Spitze war verbogen und an derselben hatten sich einige Haare verheddert. Außerdem fand man die Axt, an deren Stiel und Blatt nicht nur Blut, sondern auch ein Stück Schädel und Haare klebten. Ein eine halbe Elle langes und viereinhalb Pfund schweres Stück Eisen lag auf dem Bett zu Füßen der Gattin des Lindauer. Das sogenannte Locheisen war ebenfalls großflächig mit Blut beschmiert. Die in einigen Riefen des scharfen Randes verfangenen Haare entsprachen der Schopffarbe des ermordeten Mädchens. Abschließend wurden drei Gewehrkugeln sichergestellt und zu den Akten gegeben. Die erste saß auf dem dritten Halswirbel der Frau Lindauer, die zweite im Kopfkissen und die dritte, an der noch Haare klebten, im Bett der Entleibten.*

Die Obduktion der toten Körper ergab am Kopf des Draht-

---

* Vgl. Gutachten der Universität Erfurt über das Urteil des peinlichen Halsgerichtes von Königsee gegen die Raubmörder Nicolaus Caspar Eckardt und Johann Heinrich Dreßler aus Deesbach, ThStA Rudolstadt, Sammlung Z Nr. 621.

hammermeisters Christoph Lindauer zwölf einschneidende Wunden, welche nach Bericht des Physikus' mit einem nicht allzu scharfen Instrument, vermutlich einer stumpfen Axt, verursacht wurden. Außerdem fünf Wunden an anderen Teilen des Körpers, welche von einem stumpfen eisernen Instrument herrühren mußten. Auf beiden Schulterblättern, im hohlen Rücken und besonders in der linken Lendengegend war die Haut mit Blut unterlaufen. Das äußere Ansehen des Meisters entsprach dem eines kranken Mannes. Dafür sprach auch die Beschaffenheit der Eingeweide, insbesondere der Milz. Die Füße und Waden waren ungewöhnlich stark angeschwollen. Die Ehefrau des Lindauers hatte am Kopf acht einschneidende Wunden, welche nach dem Bericht der Ärzte durch ein nicht zu scharfes Werkzeug bewirkt wurden. Außerdem zwei Schußwunden mit Eingangs- und Ausgangsöffnungen für beide Projektile sowie eine Schußwunde am Hals, wobei, wie schon oben festgestellt, die Kugel auf dem dritten Halswirbel vorgefunden wurde. Je einen Durchschuß ermittelten die Obduzenten des weiteren an der linken Hand und dem rechten Arm. Der Rücken und die Hüften der Frau waren blutunterlaufen. Die Gattin des Lindauer war robust gebaut und ihre Eingeweide hinterließen einen gesunden Eindruck. Die Tochter Christiane Lindauer hatte achtzehn Wunden im Gesicht und am Kopf, welche teils von der Spitze des vorgefundenen Locheisens herrührten. Dazu kamen sechs Wunden an beiden Vorderarmen, dem Dick- und Schienbein, der Kniescheibe und der rechten Lendengegend, welche mit einem eisernen Instrument zugefügt worden waren. Der Körperbau und die Eingeweide des Mädchens wurden als völlig gesund eingeschätzt.

Nach Meinung der Obduzenten war der alte Lindauer sterbenskrank und wäre wahrscheinlich schon wenige

Monate später an Tuberkulose* gestorben. Die beiden weiblichen Personen dagegen waren kerngesund und hätten noch lange leben können. Allen drei Lindauers waren jedoch mit den Waffen und Werkzeugen tödliche Verwundungen beigebracht worden.

Da die Ermittler des Amtes Königsee vornehmlich in den oberen Kammern an den Schränken und Kommoden unübersehbare Einbruchsspuren feststellten, konnte von einem brutalen Raubmord an der Familie Lindauer ausgegangen werden. Über die Lebensumstände der Lindauers und den Wert der entwendeten Gegenstände, des Geldes und Schmucks erfuhren die Amtsleute durch Befragung der Verwandten und der drei Gesellen der Lindauers Folgendes:

Christoph Lindauer erblickte 1741 in Würzburg das Licht der Welt. Der 64jährige Drahtmeister war 1795 mit seiner zum Zeitpunkt ihres Todes ungefähr 36 bis 38 Jahre alten Frau verehelicht worden. Mit ihr hatte er die achtjährige Tochter gezeugt. Aus seiner letzten Ehe waren zwei – inzwischen verheiratete – Töchter hervorgegangen.

Auf dem Drahtwerk, welches er seit 1788 gepachtet hatte, gingen ihm drei, manchmal vier Gesellen zur Hand. In der Regel blieben die Bediensteten des Nachts auf dem Hammer. An Sonn- und Festtagen ließ Lindauer die Gesellen jedoch nach Hause gehen.

Nachdem die Amtsleute ziemlich lange mit vergeblichen Nachforschungen versuchten, den Tätern auf die Spur zu kommen, ergaben sich zunächst gegen den Deesbacher Bürger Johann Heinrich Dreßler verschiedene Verdachtsmomente. Die Umstände der Tat ließen darauf schließen, daß sich der oder die Täter auf dem Anwesen des Draht-

---

* Tuberkulose wurde damals auch als »Lungensucht« bezeichnet.

werkes gut ausgekannt haben mußten. Bis vor wenigen Monaten hatte Dreßler noch bei dem alten Lindauer gearbeitet. Dann wurde der Mann aus dem Werk geworfen, weil er sich einer Drahtentwendung verdächtig gemacht hatte. Weiter ließ aufhorchen, daß der einstige Geselle Lindauers zwar zum Begräbnis der Ermordeten eingeladen war, aber ungeachtet der großen Teilnehmerzahl nicht erschien und dies damit begründete, daß er, wie der Mann später aussagte, seiner *»Nahrung nachgegangen«* sei, denn wenn man heute nicht arbeite, habe man morgen kein Brot. Auch hätte er seinen schwarzen Rock wegen akuten Geldmangels längst versetzen müssen. Als dann noch zur Anzeige kam, daß im Deesbacher Haus Dreßlers am sonntäglichen 30. Juni 1805, gegen drei Uhr morgens, also zu ungewöhnlicher Zeit, Licht brannte und der Schornstein des Hauses rauchte, erhärtete sich der Verdacht gegen den Mann schon erheblich. Zeitnah erfolgte nun die eidliche Aussage des Unterwirbacher Bürgers Johann Nicol Zerrenner, daß Dreßler am 30. Juni morgens früh um drei oder eine Viertelstunde später forschen Schrittes mit einem Gewehr den Weg in Richtung Deesbach gegangen sei, von wo man auch den Drahthammer erreichen könne.

Der Stand der Ermittlungen ließ nun zu, Johann Heinrich Dreßler den gegen ihn gehegten Anfangsverdacht mitzuteilen und den Mann im Amtsgericht Königsee zu vernehmen. Dreßler leugnete freilich die Vorwürfe und räumte nur ein, manchmal mit der Flinte in den Wald gegangen zu sein, um Raubtiere zu erlegen. Allein diese Straftat reichte aus, um Dreßler am 29. Juli 1805 zu arretieren und auf der Schwarzburg, dem Stammschloß der Schwarzburger, festzusetzen. Bald wurde auch der mit Dreßler zusammenwohnende und dadurch mit in Verdacht geratene Nicolaus Eckardt vernommen und schon deshalb in Haft genommen, weil er geständig war, auf die Jagd nach Eichhörnchen gegangen zu sein. In den folgenden Tagen wurden die Untersuchungen von Amtswegen intensiv fortgesetzt.

Am 5. August 1805 gab es schließlich den entscheidenden Hinweis, der Dreßler und Eckardt schwer belastete. Deesbachs Pfarrers Noeckel teilte dem Amtmann Treuner mit, daß Dreßlers Ehefrau ihm eröffnet habe, Dreßler und Eckardt hätten die schreckliche Mordtat auf dem Drahthammer vollbracht. Daraufhin wurde Marie Elisabeth Dreßler sofort arretiert und verhört. Die 36 Jahre alte, seit sieben Jahren mit Johann Heinrich Dreßler verheiratete Frau und dreifache Mutter gab nun unter Tränen an, daß ihr drei Tage vor dem 29. Juni 1805 Nicolaus Eckardt anbefohlen hatte:

»Geh in [den] Berg, hole deinen Mann, wir wollen auf den Drahthammer und alle totschlagen.«

Sie sei dann zu ihrem Mann in das Kupferbergwerk gegangen und habe ihn um Gottes Willen gebeten, diese Mordtat nicht zu verüben. Am 29. abends seien dann die beiden Männer fortgegangen und in den frühen Morgenstunden des 30. Juni mit ihren Flinten auf den Schultern wieder zurückgekehrt. Sie hätten aber jeder nur ein hausbackenes Brot, etwas Kaffee, Zucker und gedörrte gelbe Möhren mitgebracht. Sie und die Lebensgefährtin des Eckardt, die auf den Nachnamen Fischer hörte und diesem im Bett beigewohnt habe, hätten die Männer nach ihrem Fernbleiben gefragt. Beide berichteten nun über ihre Mordtat und Eckardt habe hinzugefügt: *»Dreßler hat dagestanden wie eine Suppe, ich habe sie alle drei mit einer Axt totgeschlagen.«* Ihr Mann und Eckardt hatten aber sofort damit gedroht: *»Sollte etwas über Euch Weiber herauskommen, so werdet Ihr von uns ermordet!«* Auf Marie Dreßlers Frage, ob denn die Lindauers sehr geschrien hätten, bekam sie Eckardts Antwort: *»Niemand hat ein Wort gesprochen [...] nur Lindauer, welcher sich verlauten ließ, es wäre ihm so eben recht. Erst sei geschossen worden, dann bin ich hineingesprungen und habe mit einer Axt um mich gehauen.«**

Drei Tage nach der Mordtat hätten die Männer die geraubten Sachen in das Haus gebracht und geteilt, wobei ihr Mann gesagt habe, daß sein Anteil an barem Gelde 21 Taler wären. Die auf ihren Mann gekommenen Sachen habe derselbe in einen Sack gesteckt und im Wald in einem Busch verborgen. Das Geld und Gold soll ihr Mann in der Nähe des Drahtwerkes versteckt haben. Motive für die Mordtat konnte die Frau nicht angeben. Eckardt hätte immer Verdienst gehabt und auch ihr Mann sei finanziell ausgekommen. Als nun Dreßler vorgeführt und seiner Ehefrau gegenübergestellt wurde, stritt er die Tat zunächst ab. Auch Eckardt wies jeden Verdacht von sich. Nach einigem Leugnen gestanden beide die Mordtat ein und gaben die Verstecke ihres Raubgutes preis, so daß die Gerichtsdiener das geraubte Gut einsammeln und den beiden Töchtern aus Lindauers erster Ehe übergeben konnten. Darunter befanden sich eine silberne Uhr, eine silberne Uhrkette, viele Gegenstände und Knöpfe aus Silber, ein goldener Ring, silberne Tressen**, etwas Bettzeug, Wäsche und Kleidungsstücke sowie vielerlei Geldstücke.

Auch die 24jährige Lebensgefährtin des Eckart wurde verhaftet und vernommen. Dabei ließ Frau Fischer wissen, daß sie seit drei Jahren in Deesbach bei Eckart wohnte und von letzterem in drei Jahren zweimal geschwängert worden

---

* ThStA Rudolstadt, Sammlung Z Nr. 621.

** Gewebter Bandstreifen oder eine Borte zum Besatz von Kleidungsstücken.

war und auch zum gegenwärtigen Zeitpunkt, ohne mit ihm verheiratet zu sein, in anderen Umständen sei. Sie habe Dreßler immer schlecht über Lindauers reden hören. Von der am 30. Juni verübten Mordtat habe sie vorher aber kein Wort gehört. Als die Männer nach dem Verbrechen nach Hause kamen, hätte sie im Bett geruht, während Eckardt ihr gleich von der Tat erzählen wollte. Dreßlers Frau habe in der Stube geweint und davon gesprochen, daß die Tat bestimmt aufgedeckt werde. Sie selbst sei mehrmals in Ohnmacht gesunken und wollte Eckardt sofort verlassen. Daraufhin erfolgte durch Dreßler und Eckardt die Drohung, wenn sie fortgingen, würden ihre Flinten die beiden Frauen erreichen.

Nach weiteren Ermittlungen und entsprechendem Bericht an die Fürstliche Regierung in Rudolstadt, wurden die Verhöre* der mutmaßlichen Verbrecher anbefohlen. Dabei erzählte der 32jährige Eckardt seine Lebensgeschichte. Die Eltern würden in Deesbach leben, wo sie ihn zur Schule und zur Erlernung der Gebote schickten. Der Vater habe ihn dann die Schneiderprofession erlernen lassen, worin er es nicht bis zum Meisterrecht gebracht hätte. In seinem 24. Lebensjahr verließ Eckardt das elterliche Haus und arbeitete bei einem Vetter. Im Jahr 1794 habe er sich bei einer großen Schlägerei auf der Fischbachswiese eines Exzesses schuldig gemacht und sei deshalb mit 14tägiger Gefängnisstrafe belegt worden. 1797 schwängerte Eckardt außerehelich Elisabeth Margarethe Pabst und mußte deshalb eine zehntägige herrschaftliche Arbeitsstrafe erleiden. Zwei Jahre später habe er die Maria Elisabeth Jahn geschwängert und sei darauf mit 30 Tagen herrschaftlicher

---

* Vgl. ThStA Rudolstadt, Schwarzburgisches Justizamt/Amtsgericht Königsee, Nr. 2812 und 2813.

Arbeit gezüchtigt worden. Auch eine gewisse Johanna Rosina Liebmann trug ein uneheliches Kind von ihm in sich. Die zuletzt bei Eckardt wohnende Frau Fischer hatte mit ihm zum Zeitpunkt des Verhörs bereits drei uneheliche Kinder gezeugt. Für die letzten vier Kinder sei er aber noch nicht bestraft worden.

Seit Pfingsten 1803 wohnten Dreßler und Eckardt zusammen, die Wilddieberei und Freundschaft miteinander verbanden. Eines Sonntags, am 16. Juni 1805 früh, hätte Dreßler ein Reh geschossen, dessen Spur am Drahthammer vorbei führte. Dreßler habe damals bemerkt, er wolle zu gerne seine Bosheit unten an den Leuten herauslassen. Diese hätten ihn genug gefoppt und von deren Geld könnten er und Eckardt sich glücklich machen. Er habe darauf geantwortet, daß es ihm gefiele, seine Schulden so begleichen zu können. Daher einigten sie sich, die Eheleute Lindauer zu erschießen, da nach Dreßlers Meinung die Frau Lindauer sehr stark sei und sie im Nahkampf mit heftigem Widerstand rechnen müßten. Dreßler habe hierauf vorgeschlagen, daß Eckardt als der Stärkere die Ehefrau auf sich nehmen solle, dahingegen er, Dreßler, den Lindauer erschlagen würde.

Johann Heinrich Dreßler war zur Tatzeit 34 Jahre alt. Die Eltern lebten noch. Sein Vater arbeitete als Webergeselle. Aus den Akten des Thüringischen Staatsarchivs Rudolstadt geht hervor, daß ihn die Mutter zwar christlich erzogen habe, dies aber mit geringer Aufsicht geschehen sei. Nach beendeter Schulzeit diente er zuerst zwei Jahre als Hirtenjunge, dann lernte der junge Mann im Drahtwerk das Drahtziehen. Wegen des Verdachtes einer Drahtentwendung wurde Dreßler vom alten Lindauer entlassen. In Deesbach verheiratete sich Dreßler mit Maria Elisabeth Schmidt, welche ein Kind mit in die

Ehe brachte. Kurz hintereinander zeugte er mit ihr zwei Kinder.

Beide versicherten während des *»peinlichen Halsgerichts«** von Königsee Reue über die Tat. Die Kriminalakten über den Dreifachmord im Friedrichsgrund wurden wie üblich einer Juristischen Fakultät, in diesem Fall der in Erfurt, zur Begutachtung übersandt. In einer analytischen und rechtsgeschichtlich interessanten Schrift urteilten die Rechtsgelehrten im Juli 1806, daß nach Prüfung des Kriminalfalles die beiden Delinquenten zur öffentlichen Strafe auf einer über einen Schlitten gespannten Kuhhaut zur Femstätte** zu schleifen, danach mit dem Rade von oben herab vom Leben zum Tode zu bringen und nach erfolgter Exekution deren Körper zur Abschreckung auf ein besonderes Rad zu flechten seien.*** Begründet wurde die harte Strafe im Gutachten mit dem äußerst gefährlichen und brutalen Vorgehen der Mörder:

---

* Halsgericht, veralteter Ausdruck für ein Gericht im Mittelalter und der frühen Neuzeit im Heiligen Römischen Reich Deutscher Nation, welches über schwere, mit harten Leibes- oder Lebensstrafen bedrohte (»peinliche«) Verbrechen abzuurteilen hatte; auch so viel wie hochnotpeinliches Halsgericht; dann Ort der Vollziehung der Todesstrafe. Hochnotpeinliches Halsgericht hieß die öffentliche Kriminalgerichtssitzung, welche früher der Vollstreckung eines Todesurteils am Richtplatz selbst vorherzugehen pflegte, und worin der zum Tode verurteilte Inquisit in Gegenwart des Kriminalrichters und der Schöppen nochmals über seine Schuld, und zwar in der Anklageform vernommen, dann das Todesurteil vorgelesen, hierauf der Stab über ihn gebrochen und, nach geschehener Umfrage bei den Schöppen und Umwerfung der Stühle und Bänke, der dabei gegenwärtige Scharfrichter zur sofortigen Vollstreckung des Todesurteils angewiesen wurde.

** Gerichts- bzw. Richtstätte.

*** Vgl. ThStA Rudolstadt, Sammlung Z Nr. 621.

1. Die Inquisiten hätten den Raubmord mit vereintem Willen und vorhergegangener Verschwörung begangen.
2. Das Raubgut sei von beträchtlichem Wert gewesen.
3. Die Täter hätten den Mord an mehreren Menschen begangen.
4. Die Handlungen des Totschlages seien nach den Schüssen unterbrochen und dann im Wohnhaus mit den im Drahthammer vorgefundenen Werkzeugen als Mordwaffen fortgesetzt worden, und selbst als die Verbrecher nach ihrem Raubzug in den oberen Kammern nach unten kamen und das Röcheln des noch lebenden alten Lindauers hörten, habe Dreßler nochmals die Axt ergriffen und sie mehrmals auf Lindauers Kopf geschlagen.
5. Die Mordtaten, im Haus der Opfer ausgeführt, hätten damit die Gesetze des Hausfriedens, welche der Gesetzgeber besonders sanktioniert habe, übertreten.

Der böswillige, mutwillige Vorsatz der Entleibung der Lindauers, mit äußerster Brutalität ausgeführt, verbunden mit schwerem Raub, sei damit gegeben. Es lägen die Bekenntnisse der Mörder vor, die Zeugenaussagen und die Tatortbesichtigung würden ausreichende Beweiskraft ergeben.

Die Rechtsprechung unterscheide zwischen dem Totschläger und dem vorsätzlichen Mörder. Ersterer würde somit nach geltendem Recht mit dem Schwert, der Mörder aber mit dem Rad bestraft werden.

Jedoch wurde empfohlen, die beiden Raubmörder mit dem Rad von oben und nicht mit der wesentlich schmerzhafteren Variante von unten zu richten. Eigentlich hätten die Täter wegen der besonders abscheulichen, geplanten, niederträchtigen und heimtückischen drei Morde das Rad von unten verdient und außerdem mit der glühenden Zange gerissen werden sollen. Aber man befände sich jetzt im Jahr 1806, und da könne man heutzutage bei einer öffentlichen Hinrichtung dem Publikum einen solchen empörenden Anblick nicht mehr zumuten, weshalb diese Art der Hinrichtung kaum noch stattfände. Es sei daher vielmehr die erkannte Strafe des Räderns von oben durch den verschärfenden Zusatz der Schleifung erhöht worden. Es verstehe sich von selbst, so hoben die Juristen der Erfurter Universität hervor, daß hierbei nicht das früher angewandte unmenschliche Schleifen über Stock und Stein gemeint sei, sondern man die Delinquenten auf einen mit Kuhhaut überzogenen Schlitten setzen und sie zum Richtplatz fahren müßte.

Allgemeine Milderungsgründe könnten auch nicht geltend gemacht werden, weil zum einen alle Merkmale einer grausamen Tat vorhanden seien, zum anderen die Verbrecher – volljährig und bei gesundem Verstand – hätten einsehen müssen, daß ihr Verbrechen unrechtmäßig sei, und sie sich obendrein aus eigenem Willen zur Tat entschlossen hätten.*

Am 29. Oktober 1806 wurden Eckardt und Dreßler in die Verhörstube des Amtsgerichts Königsee gebracht, wo ihnen unter Anwesenheit ihres Advokaten Christian Friedrich August Hofmann das Urteil und die höchste Resolution Serenissimi auf deren Begnadigungsantrag offeriert wurden. Diese von Fürst Ludwig Friedrich II. von Schwarzburg-Rudolstadt** getroffene Entscheidung beinhaltete die Umwandlung der Hinrichtung zum Tode mit dem Schwert. Anschließend brachte man die beiden Straftäter mit angelegten Fesseln auf die Königseer Fronfeste zurück.

---

* Vgl. ThStA Rudolstadt, Sammlung Z Nr. 621.

** Ludwig Friedrich II. von Schwarzburg-Rudolstadt (*9. August 1767, †28. April 1807) regierte von 1793 bis zu seinem Ableben.

Die öffentliche Hinrichtung erfolgte am Freitag, dem 15. Mai 1807 auf dem Königseer Galgenberg durch das Schwert. Da Fürst Ludwig Friedrich II. am 28. April 1807 verstorben war, erfolgte die Hinrichtung der beiden Mörder unter der Herrschaft der verwitweten Fürstin Karoline Louise, die zu dieser Zeit vormundschaftlich für ihren damals 14jährigen Sohn Friedrich Günther regierte.* An der Hinrichtung selbst nahm die geborene Hessen-Homburgerin nicht teil.

Der besonders grausame Mord an den drei Lindauers fand auch seinen Niederschlag in einem Kirchenbuch des Pfarramtes Königsee aus dem Jahr 1807:

*»Nr. 32 und 33 Nicolaus Caspar Eckardt und Johann Heinrich Dreßler, beyde Einwohner in Deesbach überfielen in der Nacht vom 29sten auf den 30sten Junius 1805 den im Friedrichs Grunde ganz einzeln ½ Stunde von Deesbach gelegenen dem Geh. Förster Kämpf von Neuhaus zuständigen Drathammer, ermordeten grausam den darinnen wohnenden Drathammer-Pächter Lindauer, deßen Weib u. achtjährige Tochter u. raubten das diesen Unglücklichen zuständiges Geld und Effecten. Es fiel bald Verdacht auf diese zwey Raubmörder, sie wurden von hiesigen Fürstl. Amte in Verhaft genommen, bald zum Bekenntniß dieser unmenschl. Greulthat gebracht von der Juristen Facultät zu Erfurth zum Rade verdammt, dieses Urtheil aber vom Serenissimo gemildert und ihnen das Schwerdt zuerkannt, welches den 15ten May 1807 an ihnen vollzogen wurde. Ihre Cadavers wurden auf den Richtplatze eingegraben. Beyderseits Eltern waren noch am Leben.«***

---

* Karoline Louise (*26. August 1771, †20. Juni 1854) regierte von 1807 bis 1814 Schwarzburg-Rudolstadt vormundschaftlich; Friedrich Günther (*6. November 1793, †28. Juni 1867) war von 1814 bis 1867 Fürst von Schwarzburg-Rudolstadt.

** Evangelisches Pfarramt Königsee, Kirchenbuch K6/14-3.

Urtel und Recht
nach dem Original
wörtlich abgedruckt
der
beeden Raubmörder
Dreßler und Eckardt,
aus Deesbach, bey Königsee,
im
Schwarzburg Rudolstädtischen.
Sammt der hierauf erfolgten Begnadigung, und der am 15. May 1807. zu Königsee an gedachten Mördern vollzogenen Todesstrafe.
In Versen beschrieben
von
Johann Simon König,
Schuhmacher zu Königsee.

Preiß 1 Groschen 6 pf.

*Titelblatt der Schrift Urtel und Recht …
(um 1807) von Johann Simon König.*

Kurze Zeit später erschien eine 20seitige Schrift mit dem Titel: »*Urtel und Recht nach dem Original wörtlich abgedruckt der beeden Raubmörder Dreßler und Eckart, aus Deesbach, bey Königsee, im Schwarzburg Rudolstädtischen. Samt der hierauf erfolgten Begnadigung, und der am 15. May 1807. zu Königsee an gedachten Mördern vollzogenen Todesstrafe. In Versen beschrieben von Johann Simon König, Schuhmacher zu Königsee.*«*

* ThStA Rudolstadt, Sammlung Z Nr. 256.

DAS HEILENDE BLUT DES SAALFELDER RAUBMÖRDERS (1831)

Mit einem einzigen, kräftigen Schwerthieb schlug Christian Hübner ohne Vorwarnung den Kopf des Mörders ab.

Am 28. April 1831 abends, die 18. Stunde des Tages hatte bereits geschlagen, meldete der Schultheiß Avold des kleinen thüringischen Ortes Remschütz dem Herzoglichen Verwaltungsamt zu Saalfeld, daß der Holzmacher Georg Kämmer in einer Waldung im Grauwinkeltal eine gut gekleidete männliche Person am Wege liegend gefunden habe. Dieser Kämmer, gerade mit dem Schlagen von Holz beschäftigt, habe ein starkes Schreien und Hundegebell gehört. Anfangs hätte sich der Mann nicht weiter um diese eindringlichen Laute gekümmert, weil er meinte, es käme ja nicht so selten vor, daß ein Forstbediensteter mit einem Waldfrevler in heftige Auseinandersetzung geriet. Als jedoch das Hundegebell nicht aufhören wollte, sei Kämmer auf den Ort der Unruhe zugegangen und hätte schließlich eine männliche Person in gräßlichem Zustand gefunden. Schultheiß Avold hatte sich sogleich mit einigen Remschützer Dorfbewohnern an besagten Ort begeben. Man fand einen regungslosen, blutüberströmten Mann mit dem Gesicht auf dem Erdboden liegend vor. In der Nähe der Person lagen einige Stücke eines zerschlagenen Stockes. Etwas weiter entfernt entdeckten die herbeigeeilten Dorfbewohner einen Filzhut. Zu Füßen des leblosen Mannes saß ein kleiner Dachshund, welcher, bedrohlich bellend, niemanden in die Nähe desselben ließ. Bevor der Schultheiß dem Saalfelder Amt Meldung erstattete, hatte er einige Männer zur Bewachung des Fundortes aufgestellt.

Die Beamten des Verwaltungsamtes verfügten sich noch am selben Abend mit ärztlichem Personal an Ort und Stelle des vermuteten Verbrechens. Dieser lag etwa eine dreiviertel Stunde von Remschütz entfernt, unweit des sogenannten Katzenweges im Grauwinkeltal. Nachdem es einigen beherzten und weniger furchtsamen Beamten mit Mühe gelungen war, den Dachshund von dem am Boden liegenden Mann zu entfernen und in einen Sack zu stecken, konnte der Aufgefundene umgedreht und auf den Rücken gelegt werden. Der Herzogliche Amtsphysikus Oberamtmann Bechmann, der Hofmedikus Dr. Wagner und der Amtschirurg Müller stellten nun fest, daß eine Rettung oder Wiederbelebung des unbekannten Mann nichts mehr helfen würde, denn dieser war schon ganz kalt und steif und hatte große Verletzungen am Kopf. In seiner Nase steckte, wie einer Akte des Sachsen-Meiningischen Amtsgerichts Saalfeld zu entnehmen ist, deutlich sichtbar der Splitter eines Stockes mit ledernem Senkel, der in der Nähe des Toten aufgefunden wurde. Während die Beamten die ersten Untersuchungen am Leichnam vornahmen, gelang dem Hund die Flucht aus dem Sack in Richtung Naschhausen. Die Einwohner von Remschütz äußerten die Vermutung, daß der Tote der Zöllner von Naschhausen sein könnte, welcher bei den Flößern in der Gegend Brückengelder eingesammelt habe. Am Abend nannte der Remschützer Johann Gottlieb Bock den Namen des Toten, den er als den Naschhausener Tischler Amende erkannte.*

---

* Vgl. ThStA Meiningen, Sachsen-Meiningisches Amtsgericht Saalfeld Nr. 1982.

Pfarrer Christian Wagner, der in einer Druckschrift die Ereignisse um den Mordfall im Herzogtum Sachsen-Meiningen des Jahres 1831 festhielt, schrieb:

*»Nach 9 Uhr Abends langte in den Personen des Herrn Assessors Helmershaußen, Herrn Auditors Oberländer und der Herren Schöppen Schirmer und Engelhardt, das Herzogl. Kreis-Gericht an dem von Saalfeld gegen 1 ½ Stunde entfernten Blutort an, hob, nachdem es die nothwendige Besichtigung vorgenommen hatte, das corpus delicti auf, und ließ es in die Gemeindescheune nach Remschütz schaffen, woselbst es um 3 Uhr Morgens eintraf. Bald darauf begann die Obduktion und Section des Cadavers, mit welcher man bis Mittag zubrachte.«**

Bekleidet war der ermordete sachsen-altenburgische Landsmann Johann Gottlieb Samuel Amende mit einer grünen Tuchjacke, einer rot-weiß-violett gestreiften Weste und einer graublau melierten Hose. Dazu trug er lederne Schuhe. Der Mann wird im Obduktionsbericht als groß und gut genährt beschrieben, dem Anschein nach sei er 40 Jahre alt, der Kopf war stark mit braunen, kurzen Haaren bedeckt. Am Körper des Entleibten bemerkte man mehrere Wunden. Das Nasenbein war gebrochen und der obere Teil des rechten Auges geschwollen. In der Hornhaut desselben stak ein langer Holzsplitter. Auch auf dem linken Augenlied wurde eine quer verlaufende Wunde, von welcher das obere Augenlied durchschnitten war, registriert. Dem Toten

* Christian Wagner: Ausführliche Beschreibung der am 28sten April 1831 auf der vordern Heyde ohnfern Remschütz bey Saalfeld an dem Tischlermeister Johann Gottlieb Samuel Amende aus Naschhausen unter Orlamünde vom Handarbeiter Johann Christian Mackedanz aus Saalfeld verübten schrecklichen Mordthat und Begräbnißes des Ermordeten, nebst dem dabey gehaltenen Vortrage, Saalfeld bey Constantin Riese, ohne Datum, S.11.

fehlte ein Schneidezahn. Blutergüsse und Eindrücke zeigten sich an zahlreichen Stellen des Körpers. Am Hals unter dem Kinn war eine zweieinhalb Zoll lange Schnittwunde zu sehen, welche die Muskeln bis auf den Kehlkopf freigelegt, den Kehlkopf selbst aber nicht verletzt hatte. Der linke Arm war innerhalb der Achselhöhle nach vorn ausgerenkt. Knochenbrüche zeigten sich am linken Scheitelbein, welche als teils eingedrückt beschrieben wurden. Die Ärzte nahmen auch die zahlreichen Brüche am Kopf und dem ganzen Körper akribisch auf. Im Ergebnis der Obduktion wurde die Vermutung aufgestellt, daß der erste Schlag, welchen der Getötete empfing, derjenige gewesen sein mußte, der die Nase sowie beide Augen traf und verletzte. Wenn auch der dicke Filzhut des Tischlermeisters die Wirkung des wuchtigen Schlages gemindert hatte, konnte er nicht die gleichzeitige Verletzung der Schläfe verhindern.

Die Öffnung des Körpers offenbarte, daß einerseits die Lungen schwarzblau mit Blut gefüllt und andererseits das Herz sowie die Gefäße blutleer waren. Die Obduzenten urteilten sogleich einheitlich, daß vor allem die Schädelverletzungen absolut tödlich gewesen sein mußten, weil die Verletzung der Blutgefäße des Gehirns nach dem Gutachten, unterschrieben von dem Amtsphysikus Dr. Wagner, Verblutungen nach sich gezogen hatten.

In Folge der weiteren Untersuchungen vernahm das Herzogliche Kreisgericht Saalfeld mehrere Zeugen. Der 52jährige Handarbeiter Johann Georg Kämmer vom Stift Graba bei Saalfeld, war, wie bereits oben beschrieben, der Auffinder des Leichnams. Der Mann war am 28. April 1831 von morgens sechs Uhr bis abends in einem dem Johann Christian Unbehaun von Remschütz gehörigem Waldstück mit dem Holzmachen beschäftigt gewesen. Plötzlich habe er in einem Abstand von etwa einer *»halben Viertelstunde«*

zweimal kurz hintereinander den Schrei *»Ach Gott!«* gehört, jedoch weiter keine Notiz davon genommen, weil er annahm, daß der Förster jemanden gepfändet habe. Allein da das Bellen des Hundes immer fortdauerte, so sei er eine oder eineinhalb Stunden nachdem er den Ruf gehört habe zu der Stelle gelaufen, wo er Amende liegen sah, wobei der Hund ihn nicht näher an den Mann heran ließ.*

Die 41jährige Ehefrau des Verstorbenen, Charlotte Regine, geb. Krieg aus Hummelshain, die seit 16 Jahren mit dem Ermordeten verheiratet war, vernahm das Gericht am 30. April 1831. In den Gerichtsakten ist des weiteren dokumentiert, daß Amende neben seinem Handwerk seit sechs Jahren auch das Einfordern der Zollmarken für das Brückenamt Kahla besorgt habe. Sie hätte mit ihm sechs noch lebende Kinder gezeugt und sei mit dem siebenten hochschwanger. Ihr Mann wäre stets gesund und nur zuweilen vom Schnupfen geplagt gewesen. Für das Einsammeln des Brückengeldes, welches in der Regel zu Ostern und zu Michaelis, also zweimal jährlich erfolgte, habe er von den Förstern gewisse vom Brückenamt angesetzte Botenlöhne erhalten. Ihr Mann sei stark, gewandt und gar nicht furchtsam gewesen. Am Donnerstag, dem 28. April 1831, früh halb sechs Uhr, sagt sie, verließ er ganz gesund Naschhausen, um sich bis Saalfeld zu begeben und in denen auf diesem Wege und an der Saale gelegenen Orten die Brückenzollreste einzusammeln. Er versprach, am selben Tage wiederzukommen, und hatte hierin in der Vergangenheit immer pünktlich Wort gehalten. Aber diesmal nicht, und die Ehefrau war sehr besorgt, um so mehr, als in der Nacht des folgenden Tages gegen zwei Uhr nur der Dachshund an die

---

* Vgl. ThStA Meiningen, Sachsen-Meiningisches Amtsgericht Saalfeld Nr. 1982.

heimische Haustür kam und winselte. Die Frau öffnete dem Tier und erschrak sehr, da sie den Hund ohne ihren Mann sah. Der wachsame und treue Dachshund huschte sofort hinauf in die Werkstätte seines Herrchens, warf sich auf der Erde hin und her und begann jämmerlich zu winseln. Als man der armen Frau den Leichnam zeigte, so erkannte sie zwar die Kleidung ihres Gatten, meinte aber, daß sie ihren Mann nicht mehr erkennen könne und entfernte sich weinend und schluchzend. Die Gerichtsdiener riefen Frau Amende jedoch zurück und sie konnte nur mit Mühe dazu bewogen werden, die Identität ihres ermordeten Ehemannes festzustellen. Sie erklärte dann, sie könne ihren Gatten an bestimmten Merkmalen wie der Haarfarbe, dem fehlenden Schneidezahn, Brust, Achseln, Händen und Füßen erkennen. In dem Aktendokument über die Vernehmung der Frau wurde noch vermerkt, daß die Identifizierung des Toten bei ihrem Zustand ein sehr gewagtes Unterfangen gewesen sei und dies bei der bekannten Beweislage in der Tat der armen Frau hätte erspart werden können.

Durch die Befragung weiterer Zeugen konnte im Folgenden der Weg des Amende bis zur Mordstelle nachvollzogen werden. Der von Beobachtern mehrmals erwähnte Begleiter des Getöteten fiel schon am 1. Mai 1831 dem in Uhlstädt stationierten sachsen-altenburgischen Gendarmen Beer auf, der ihn schließlich auch zur Haft brachte und nach Saalfeld ablieferte. Beer erwies sich dabei als aufmerksamer und klug handelnder Ordnungshüter. Am 30. April abends hatte er die an der Mordstelle gefundenen Stockstücke in Augenschein genommen und war dann nach Langenschade geritten, wo er von einer Zeugin die Erkundigung einzog, daß der Begleiter Amendes ein Flößer gewesen sein mußte.

Der 17jährige Johann Heinrich Reichmann, Stiefsohn des Schneiders Adam Henning aus Kleinkrossen, ebenfalls ein

Flößer, bot nun Beer seine Mithilfe bei der Entlarvung des Mörders an mit der Begründung, er kenne den Besitzer des Stockes, da er mit ihm jüngst auf dem Floß gearbeitet habe. Beer mietete einen Pferdewagen und nahm den jungen Flößer mit auf die Suche nach dem Besitzer des Stockes.

Die Fahrtroute war zunächst von Unterkrossen über Rudolstadt nach Saalfeld geplant. Reichmann wurde unter einem Teppich versteckt, damit ihn der Täter nicht zufällig frühzeitig erkennen konnte. Vor dem Dorf Schwarza bei Rudolstadt, eine Stunde von Saalfeld entfernt, begegneten Beer und Reichmann mehrere Arbeiter mit Schubkarren. Plötzlich erkannte Reichmann unter ihnen den Mörder Amendes. Beer sprang sogleich von dem Wagen, setzte den angezeigten Mann fest und durchsuchte ihn. Er fand bei ihm ein Messer und eine silberne Uhr mit zwei Gehäusen. Da auf diese Weise die Verhaftung des völlig überraschten Mannes auf dem Gebiet des Fürstentums Schwarzburg-Rudolstadt erfolgt war, benötigte der Gendarm Beer vom schwarzburgischen Amt Rudolstadt eine Genehmigung zur Überführung des Gefangenen ins sachsen-meiningische Saalfeld, die er flugs mit der notwendigen Erklärung einholte. Dabei war natürlich entscheidend, daß Reichmann angab, den Verhafteten Johann Christian Mackedanz sehr gut von der Arbeit zu kennen.

Mackedanz, so besagt eine der überlieferten Saalfelder Gerichtsakten, sei mit einem graulichen Tuchrock, ein paar streifigen Sommerhosen, einer gestrickten wollenen Unterjacke, einer blauen Mütze mit einem ledernen Schild, auf dem Weintrauben abgebildet waren, und langen Stiefeln bekleidet gewesen. Eine Jagdtasche aus Hundefell baumelte über seiner Schulter.

Während Gendarm Beer seine Anzeige aufgab, brachte man Mackedanz in Verwahrung und führte ihn kurz darauf zu einem ersten Verhör. Auf die Frage, wo er am Donnerstag, dem 28. April 1831, gewesen sei, reagierte er verlegen. Unter auffallenden Zeichen der Angst – ihm zitterten die Knie und sein Herz klopfte wie wild – gab er an, am Morgen des genannten Tages sechs Uhr von Uhlstädt aufgebrochen und um elf Uhr nach Saalfeld gekommen und dabei immer allein gewesen zu sein. Zufällig war jedoch noch der Hund der bereits befragten Ehefrau Johann Gottlieb Amendes in der Gerichtsstube und verkroch sich beim Anblick des Mackedanz winselnd unter der Gerichtstafel. Der Verdächtige erklärte jedoch schnell, daß er den Hund nicht kenne. Bei der weiteren Wahrheitsfindung sollte nun der Umstand eine Rolle spielen, daß der Leichnam des Getöteten trotz Anordnung noch nicht bestattet worden war. Beers Ankunft mit dem Arrestanten Mackedanz bewirkte einen Aufschub der Beerdigung und führte zu dem Beschluß, den vermeintlichen Mörder auf eine etwas ungewöhnliche Weise, unter Hinzuziehung eines Geistlichen, der Tat zu überführen.

Den Verdächtigen brachte man mit verbundenen Augen und gefesselt in einem Wagen nach Remschütz, wo der Leichnam in der Gemeindescheune lag. Der tote Amende war mit den Füßen in Richtung Tür gelegt worden. Mit den bei ihm gefundenen Kleidungsstücken bedeckte man ihn so, als ob er sie an habe, die Jagdtasche an der rechten Seite, der Hut lag links neben dem Kopf. Zu beiden Seiten der Leiche beleuchteten sechs brennende Lichter den Toten, oberhalb des Hauptes saß der Dachshund des Verstorbenen. Mackedanz wurde am 1. Mai 1831, abends 21 Uhr, mit verbundenen Augen in die Scheune gebracht und so neben den Leichnam gestellt, daß ihn derselbe gleich nach abgenommener Binde in das Auge fallen mußte. In diesem Augenblick fuhr Mackedanz zusammen, faßte sich aber gleich wieder. Das Gericht legte ihm in einer kurzen

Anrede die Frage vor, ob er diesen Leichnam kenne. Mackedanz verneinte es. Er mußte die Hand auf das Haupt, auf die Brust und endlich auf die Hände des Leichnams legen und tat dies schnell in anscheinender Ruhe mit den Worten: *»Diesem Menschen habe ich im Leben nichts getan.«*

Auch der anwesende Pfarrer Wagner ermahnte den Mackedanz nun in einer langen und feierlichen Rede, die Wahrheit zu sagen. Dieser unterbrach ihn mit den Worten: *»Ich kann es nicht gestehen, wenn ich es nicht getan habe.«*

Der Beschuldigte blieb dabei, auch bei seiner Behauptung, daß er auf dem Wege von Uhlstädt nach Saalfeld allein gewesen sei. Anschließend brachte man ihn in das Gefängnis nach Saalfeld zurück.*

Am folgenden Tag, man schrieb den 2. Mai 1831, kamen noch weitere Anzeigen gegen Johann Christian Mackedanz zu Papier. So brachte nachmittags der 21jährige gebürtige Blankenburger Dienstknecht im Saalfelder Gasthaus »Zum Roten Hirsch«, namentlich Wilhelm Carl Schellhorn, eine Uhr ins Gericht, die selbiger am Sonnabend, dem 30. April 1831, von dem Mörder gegen eine andere Uhr und der Hinzugabe von sechs Groschen eingetauscht hatte. Diese wurde später von der Witwe Amendes und auch von dem Uhrmacher Friedrich Wilhelm Wirth aus Kahla, welcher erst im 17. Jahr seines Lebens stand und daher bei der Vernehmung nicht mit Eid belegt worden war, als Besitz des Tischlers aus Naschhausen erkannt. Obwohl die Gegenüberstellung des Verdächtigen mit dem Leichnam nicht sogleich zu Mackedanz' Geständnis geführt hatte, so schien sie doch in seinem Innern einen gewichtigen Eindruck hinterlassen zu haben.

---

* Ebenda.

Die weitere Untersuchung des Kriminalfalls wurde vom Gericht auch im Folgenden mit außerordentlicher Energie – bei Tag und bei Nacht – geführt. Gleich zu Beginn des nächsten Verhörs fiel Mackedanz auf die Knie und jammerte: *»Ich weiß von nichts, ich bin unschuldig, der gerechte Gott weiß es!«*

Nachdem seine Personenbeschreibung aufgenommen worden war und man ihn ermahnt hatte, endlich die Wahrheit zu sagen, verließ ihn die Fassung immer mehr. Schließlich brach er in Tränen aus und schluchzte am 2. Mai 1831: *»Meine Eltern sind schuld, meine Eltern haben nichts für mich getan.«*

Später fiel er abermals auf die Knie und bekannte unter heftigem Weinen: *»Ich will Ihnen alles gestehen. Bei der [...] Mühle kam ich zu dem Mann, ging mit ihm bis nach Langenschade, trank mit ihm bei dem Büttner Haun ein Glas Bier und ging mit ihm nach Saalfeld über die Heide. Oberhalb Langenschade las er mir aus einem Verzeichnisse vor bei wem er alles Geld ein zu sammeln habe. Wir gingen zusammen bis über die Bocksacker auf dem Katzensteig. Hier gab ich ihm von hinten mit einem Stocker einen Schlag über den Kopf. Er riß in die Büsche hinein rechts (von Langenschade gerechnet) aus. Ich folgte ihm nach und gab ihm unterwegs noch einen Schlag über den Kopf. Er fiel mehrere Male hin, und stieß sich mit dem einen Auge in einen Stock; auf das andere Auge schlug ich. Unten fiel er auf einen alten Fahrweg, so daß er mit dem Bauche auf die Erde zu liegen kam. Ich gab ihm noch einige Schläge über den Kopf.«** Auf das Befragen hin, was nun weiter geschah, gab Mackedanz schließlich noch an,

* ThStA Meiningen, Sachsen-Meiningisches Amtsgericht Saalfeld Nr. 1982.

daß er Amende noch mit seinem Brotmesser *»einen Ritz in den Hals und mit einem Steine ein paar Schläge auf den Kopf gegeben«* habe.

Zu seinem Motiv befragt, erklärte Mackedanz, er sei acht Tage bei den Flößern gewesen und habe davon nur zwei Tage gearbeitet. Der verdiente Lohn sei schnell verzecht gewesen, obwohl er immer Geld für den Unterhalt bei seinen Eltern mitzubringen hatte. Den Vorsatz zu töten leugnete Mackedanz zunächst, gab aber später zu, den Mann absichtsvoll getötet zu haben, was aus seiner ganzen Handlung und besonders der beharrlichen Fortsetzung der Mißhandlungen des Ermordeten hervorging. Es folgten weitere Verhöre, und Mackedanz schilderte nach und nach seine brutale Vorgehensweise in allen Einzelheiten.

Das dem Opfer entwendete Geld, so stellte sich später heraus, hatte der Mörder Johanne Marie Margarete Eilhauer aus Saalfeld übergeben, mit der er seit einigen Jahren bekannt war, ohne daß aber von einer Heirat die Rede gewesen sei – ihre Eltern hätten es nicht zugelassen, weil sie Mackedanz' starken Hang zum *»Großtun«* und *»Verschwenden«* kannten. Am Donnerstag, dem 28. April, so sagte Frau Eilhauer aus, sei Mackedanz abends nach sechs Uhr zu ihr gekommen und bis 20.30 Uhr geblieben. Sie habe in seiner Stimmung nichts Besonderes bemerkt. Auch am Freitag wäre der Beschuldigte bei ihr gewesen und hätte ihr das geraubte Geld, welches er vorgab, beim Flößen auf der Saale bei Uhlstädt verdient zu haben, zum Aufbewahren übergeben. Als sich nun das Gerücht verbreitete, daß Mackedanz der Mörder Amendes sei, schickten die Eltern der Eilhauer dieses Geld zu der Mutter des Mörders, die es wenig später einem Saalfelder Gerichtsdiener übergab. Der Betrag bestand aus einem 1-Kronen-Taler, einem preußischen 8-Groschen-Stück und sechs preußischen

4-Groschen-Stücken. Diese Übergabe geschah am 4. Mai. Wahrscheinlich, so urteilte das Gericht, handelte es sich dabei nicht um den gesamten Geldbetrag, den der Raubmörder erbeutet hatte, denn es war wohl auch schon einiges davon bis zu seiner Festnahme ausgegeben worden.

Schon am 10. Mai 1831 übersandte das Saalfelder Gericht die Ermittlungsakten an den Jenaer Schöppenstuhl*. Dieser bewertete im November 1831 das Verfahren zur Ermittlung des Täters im großen und ganzen als den gesetzlichen Bestimmungen entsprechend. Die bestellten Verteidiger des Mackedanz hatten vor allem die Durchführung von Nachtverhören moniert. Dazu schrieb der Gerichtsstuhl, es stehe nirgends in den Gesetzen verordnet, daß ein Kriminalverhör nicht zur Nachtzeit abgehalten werden dürfe. Nach den Kenntnissen des Jenaer Schöppenstuhls wurde Johann Christian Gottfried Mackedanz am 21. Juni 1801 geboren und war zur Tatzeit 29 Jahre sowie beinahe zehn Monate alt. Seine Mutter, Anne Catharine Margarethe Steiner, habe ihn außerehelich mit dem Dienstknecht Johann Christian Peter Mackedanz gezeugt. Das Kind wurde daher auf den Namen Steiner getauft. Später heirateten die Eltern des Johann Christian Mackedanz und lebten als Tagelöhner in Saalfeld. Seine Mutter hatte schon früher ein uneheliches Mädchen zur Welt gebracht. Dieses bekam den Namen Catharine Steiner. Sie war sieben oder acht Jahre älter als der Inquisit und verdingte sich zum Zeitpunkt des untersuchten Mordes bereits einige Jahre als Dienstmagd im sachsen-altenburgischen Kahla.

---

* Der Schöppenstuhl war ein historischer Spruchkörper eines Gerichts. Im engeren Sinne handelte es sich um ein Obergericht, das sich zu Rechtsfragen überregional äußerte und somit vorbildhaft für Vorabentscheidungsverfahren galt.

Mackedanz, so wurde festgehalten, war im Dorf Graba* bei Saalfeld zur Schule gegangen, aber ausschließlich im Winter und auch da nicht durchgehend. Er hatte daher das Lesen und Schreiben nicht gelernt. In Graba ist der Junge damals auch konfirmiert worden. Er sollte dann bei seinem Onkel väterlicherseits im sachsen-weimar-eisenachischen Sundremda das Leinenweberhandwerk erlernen. Dort blieb der junge Mann aber nur ein Vierteljahr und diente anschließend mehrere Jahre bei Hirten und Bauern. Die letzten zwei Jahre vor der Begehung der Mordtat an Amende brachte er bei seinen Eltern zu, ernährte sich von Tagelohn und Chausseearbeit, die ihm wöchentlich sechs bis sieben Kupferstücke einbrachten.

Mackedanz war immer gesund und es fehlte ihm nie an Arbeit. Er war zweimal in Untersuchungshaft genommen worden, zuerst im Jahre 1827 wegen eines Unfugs, den mehrere junge Leute beim Tanzen in einer Saalfelder Bierschenke getrieben hatten. Obwohl sie *»durch schimpfen und herumzerren«* aufgefallen waren, war der Angeklagte als der reuigste Schuldige befunden worden. Zwei andere Teilnehmer an den Exzessen wurden damals mit Peitschenhieben, er aber nur mit einer kleineren Geldstrafe, belegt. Schwerer strafbar machte sich Mackedanz im Jahr 1830. Der Tagelöhner Blochberger hatte des Inquisiten Mutter beschuldigt, aus dem Holz des Färbers Thom, mit dessen Aufsicht er beauftragt war, etwas entwendet zu haben. Einige Zeit danach warf der junge Mann Blochberger im Wald nieder und mißhandelte ihn heftig mit Stockschlägen. Dafür bestrafte man ihn, dem Reskript des Herzoglichen Oberlandesgerichts Hildburghausen vom 14. August 1830

* Heute ein Stadtteil der Stadt Saalfeld im thüringischen Landkreis Saalfeld-Rudolstadt.

folgend, zu 40 Tagen Gefängnishaft. Bei seinen Eltern hatte er Wohnung und Kost, gab aber von seinem Verdienst dafür etwas zur Haushaltung ab, dessen Betrag, wie beide Eltern bezeugten, sich nach den finanziellen Umständen des Gesamthaushaltes richtete. Es hatte dabei nicht immer gegenseitige Zufriedenheit geherrscht. Die Eltern mahnten ihn, so viel als möglich nach Hause zu bringen, der Inquisit gab jedoch an, daß die Eltern einige drückende Schulden gehabt hätten, weshalb sie ihn ständig drängten, mehr zu zahlen. Er selbst aber wünschte sich, die von ihm geschwängerte Frau Eilhauer zu heiraten und dafür etwas Geld für sich zu behalten. Mackedanz war auch darüber unzufrieden, daß sein Vater nicht das Bürgerrecht erwerben wollte, galt dies doch als eine Voraussetzung für seine Verheiratung. Die Eltern gaben an, daß sie im wesentlichen mit dem Benehmen des Sohnes zufrieden gewesen wären. Und auch von seinen Dienstherren hatte er gute Zeugnisse erhalten, mit Ausnahme des Wöhlsdorfers Johann Georg Kühn, aus dessen Dienst er vor Ablauf der Dienstzeit weggegangen war. Dieser Kühn hatte ihn der Lässigkeit und Unhöflichkeit beschuldigt. Was des Sohnes Kenntnisse betraf, so seien diese freilich aufgrund der geringen Schulbildung wenig zufriedenstellend gewesen. Doch hatte Mackedanz allgemeine Begriffe von Religion durchaus aufgefaßt, ohne die er auch nicht hätte konfirmiert werden können. Die umfassenden medizinischen Untersuchungen des Mannes hatten letzten Endes bewiesen, daß seine Verstandeskräfte nicht mangelhaft genannt werden konnten, wenngleich sie nicht durch Lernen weiter ausgebildet worden waren.* Des weiteren wurde eine ärztliche Prüfung seines Geisteszustandes

* Vgl. ThStA Meiningen, Sachsen-Meiningisches Amtsgericht Saalfeld Nr. 1982.

veranlaßt mit dem Ergebnis, daß Mackedanz zwar kein gebildeter Mensch, jedoch auch nicht geisteskrank oder dem *»Blödsinn«* nahe gewesen sei. Er wußte, so urteilten die Justizbeamten, daß seine Tat unrechtmäßig und strafbar war, denn der Mörder habe nach seinem Verbrechen Angst und Reue empfunden. Auch wenn Mackedanz von der Größe der Strafe, die ihn erwartete, keine realistische Vorstellung hatte – denn er meinte, mit einer Kirchenbuße davonkommen zu können –, so sei doch auch eine solche bestimmte Wissenschaft nicht notwendig und es genüge, das dem Täter beiwohnende, allgemeine Bewußtsein der Unrechtmäßigkeit und Strafbarkeit seines Verbrechens vorauszusetzen, um die Strafgesetze in Anwendung zu bringen. Dies könne man bei jedem in der bürgerlichen Gesellschaft aufgewachsenen Menschen annehmen. Um bei einem bestimmten Individuum berechtigte Zweifel zu äußern, müßte ein besonderer Grund angeführt werden können, wovon aber im Mordfall Mackedanz keine Spur vorhanden gewesen sei.

Das hohe Gericht führte weiterhin aus, daß der Täter nicht nur geständig gewesen sei, sondern es auch genügend Beweise und Zeugen für die grausame Tat gegeben habe. Den Entschluß zur Tat hätte der Mörder etwa eine *»halbe Viertelstunde«* vor der tatsächlichen Ausführung gefaßt und die Mißhandlungen – mit dem Ziel des Raubes – so lange fortgesetzt, bis er sein Opfer für tot hielt. Daher kamen die Richter zu dem Schluß, Mackedanz habe die Tötung eines Menschen mit Überlegung sowie Beharrlichkeit vollbracht. Er habe den Mord nicht durch Zorn oder Aufregung des Gemüts herbeigeführt, sondern in gewinnsüchtiger Absicht, um sich einiger Taler zu bemächtigen. Also könne nicht von Totschlag, sondern nur von einem vorsätzlichen und mutwilligen Mord gesprochen werden. Was der Verteidiger des Mackedanz anführe, so der Schöppenstuhl, um diese qualifizierte Todesstrafe bzw. die Todesstrafe überhaupt von dem Inquisiten abzuwenden, habe keine Erheblichkeit. Seine Erinnerungen gegen die Beweiskraft des im nächtlichen Verhör am 2. Mai 1831 abgelegten Geständnisses sowie seine Zweifel gegen die Zurechnungsfähigkeit des Schuldigen seien bereits oben gewürdigt und widerlegt worden. Die Erziehung des Delinquenten wäre zwar mangelhaft, aber nicht verwahrlost gewesen. Mackedanz war nach Auffassung des Schöppenstuhls sowohl über allgemeine menschliche Rechte und Pflichten, als auch über den Unterschied zwischen guten und schlechten Handlungen im Bilde. Der Mörder selbst habe auf die Frage: *»Was hältst du von deiner Tat?«*, zur Antwort gegeben: *»Ich glaube, daß es eine schlechte Handlung war.«*

Mit welcher Kälte und Gemütsruhe er die Mordtat ausgeübt habe, zeige sein Verhalten während und nach dem Tötungsdelikt. Er sei nach Hause gegangen und habe mit dem Messer gegessen, an welchem noch das Blut des Ermordeten klebte. Der Verteidiger des Mackedanz, der Regierungsadvokat Friedrich August Opitz, habe versucht, die Todesstrafe generell als dem natürlichen Recht zuwiderlaufend darzustellen. Es sei bekannt, wie sehr in der neuesten Zeit die Diskussion über Rechtmäßigkeit oder Unrechtmäßigkeit der Todesstrafe wieder in Anregung gebracht worden wäre und wie manche gelehrte Schrift den Versuch unternommen habe, die Todesstrafe als ungerecht und unzweckmäßig darzustellen. Jedoch wäre diese Ansicht weder allgemein anerkannt geworden, noch hätte sie Eingang in die Gesetzgebung gefunden. Und da die Gerichte verpflichtet seien, die bestehenden Gesetze zur Richtschnur zu nehmen, so sei der Schöppenstuhl gänzlich der falsche

Ort, um über die Rechtmäßigkeit der Todesstrafe an sich und über die Fälle, auf welche sie etwa zu beschränken sei, zu entscheiden. Wenn man die Todesstrafe aber nicht ganz abschaffen könne und dürfe, so gehöre gewiß der Raubmord zu den Fällen, in welchen sie am unbedenklichsten und notwendigsten erscheine.

Leider müsse der Richter seine Ansichten dem Gesetz unterordnen. Da die Strafe des Rades mit ausdrücklichen Worten auf den vorsätzlichen und mutwilligen Mord gesetzt sei, so könne sich auch das richterliche Urteil davon nicht entfernen. Es wäre jedoch nur auf die Strafe des Rades an sich, nicht auf die härtere Art der Vollziehung von unten herauf zu erkennen gewesen. Ebenso wenig habe man geglaubt, darauf erkennen zu müssen, daß der Körper des Verurteilten nach der Hinrichtung auf das Rad geflochten werde. Der Verurteilte besitze zwar nach seiner Angabe und dem, was sonst aus den Akten bekannt sei, kein Vermögen, dessen ungeachtet müsse darauf geachtet werden, daß die Kosten der Untersuchung aus seinem Nachlaß zu erheben wären, weil eine Verbindlichkeit nicht von den Mitteln ihrer Erfüllung abhänge, sondern die Verbindlichkeit selbst eben eine rechtliche Folge der Verurteilung zu einer Strafe sei. Unterzeichnet und gesiegelt wurde das Urteil mit folgendem Schriftzug: *»Verordnete Dechant, Senior und andere Doctores des Schöppenstuhls zu Jena.«**

Am 15. November 1831 wurde Mackedanz im Stadtgericht Saalfeld vorgeführt und ihm das Urteil des Schöppenstuhls eröffnet. Unter diesen behördlichen Akt setzte der des Schreibens unkundige Mackedanz zum Zeichen der Kenntnisnahme drei Kreuze. Sein Saalfelder Verteidiger war, wie bereits erwähnt, der Regierungsadvokat Friedrich

* Ebenda.

August Opitz. In seiner 27seitigen Verteidigungsschrift vom 11. August 1831 hatte er die medizinische Untersuchung seines Mandanten gefordert, weil dessen Geisteskräfte von der Natur vernachlässigt und nahe an *»Blödsinn«* reichten.

Opitz setzte seine Bestrebungen zur Verteidigung des Johann Christian Mackedanz auch nach dem Urteil des Jenaer Schöppenstuhls fort und erreichte, daß ein weiteres Gutachten, diesmal vom Spruchkollegium* der Großherzoglichen Badischen Universität zu Heidelberg, erstellt wurde. Zum Entsetzen des Anwaltes Opitz erkannten die Heidelberger Juristen am 4. Mai 1832, daß die Hinrichtung seines Klienten zwar nicht durch das Rad zu erfolgen habe, aber der Delinquent durch das Schwert vom Leben zum Tode zu befördern sei. Auf das Heidelberger Urteil nahm Opitz in einer weiteren Verteidigungsschrift an das Kreis- und Stadtgericht Saalfeld vom 6. Juni 1832 Bezug und forderte darin, abermals Abstand von der Todesstrafe zu nehmen.

In der Folgezeit beschäftigten sich noch zwei weitere juristische Hochschulen mit dem Raubmordprozeß. In diesen Gutachten wurde jedoch ebenfalls das Todesurteil für Mackedanz empfohlen und dieser Mann als *»der Gnade unwürdig«* angesehen. Opitz versuchte weiterhin verzweifelt, seinen Mandanten vor dem Tode zu bewahren. Schließlich lehnte am 20. August 1834 noch der sachsen-meiningische Herzog Bernhard II. Erich Freund** das Begnadigungsgesuch des Mackedanz ab. Das an dessen Sommersitz Schloß Altenstein abgefaßte Schreiben brachte zum Ausdruck, daß der Monarch das gegen Johann Christian Gottfried Mackedanz aus Saalfeld gefällte Todesurteil wegen des am

---

* Spruchkollegium ist ein für ein Urteil zuständiges Kollegium, z. B. einer juristischen Fakultät.

** Bernhard II. Erich Freund Herzog von Sachsen-Meiningen (*17. Dezember 1800, †3. Dezember 1882), regierte von 1826 bis 1866.

28. April 1831 von ihm an dem Tischler Johann Gottlieb Samuel Amende aus Naschhausen verübten Raubmordes bestätige. Gleichzeitig erteilte er dem Oberlandesgericht den Auftrag, die zuerkannte Todesstrafe an Mackedanz mittels Schwertes zu vollziehen.

Auch noch zu diesem Zeitpunkt versuchte Rechtsanwalt Opitz, die Hinrichtung des Mörders zu verhindern. Am 23. September 1834 verfaßte er im Namen des Verurteilten abermals ein an den Herzog gerichtetes Begnadigungsgesuch. Darin bat Mackedanz, die Todesstrafe in eine Zuchthausstrafe auf unbestimmte Zeit umzuwandeln. Sein rohes, brutales Verbrechen zugebend, habe er selbiges tief bereut. Von der Kindheit an sei er nur an die niedrigsten Arbeiten gewöhnt und von der Schule abgehalten worden. Er habe die Werte des Lebens und die Pflichten des Menschen nie richtig kennengelernt. Mit der Holzaxt habe man ihn gelehrt, Brot zu verdienen, und brachte er den Eltern nicht ausreichend Verdienst nach Hause, gingen Flüche und Verwünschungen auf ihn nieder. Jeder klare Begriff von Recht und Rechtsverletzung, mehr noch jedes religiöse Gefühl sei ihm fremd gewesen. Weder wäre er des Lesens noch des Schreibens kundig gewesen. Kurzum, sein rohes Verbrechen stelle sich in diesem Kontext als schreckliche Folge einer Verkettung trauriger Umstände dar.

Dessen ungeachtet, erging im Namen »Seiner Herzoglichen Durchlaucht« und über Anweisungen an das Herzogliche Sächsische Oberlandesgericht in Hildburghausen am 16. Oktober 1834 die Anordnung, daß die Todesstrafe nach entsprechender Ordnung – und mit den üblichen Maßnahmen – auf den Weg zu bringen sei. Der Landesvater hatte schließlich dem Todesakt zugestimmt, dem ersten in seinem Leben! Mackedanz hatte zu diesem Zeitpunkt bereits ungefähr dreieinhalb Jahre hinter dicken Gefängnismauern in der Saalfelder Fronfeste gesessen.

Über die Vorgänge am Vorabend der Hinrichtung berichtete der in Saalfeld erschienene *Thüringer Stadt- und Landbote. Eine Monatszeitschrift zur Belehrung und Unterhaltung*. So habe sich der Verbrecher im Gefängnis eifrig mit Lesen, Schreiben und Zeichnen beschäftigt. Nicht ohne Interesse sehe man die Zeichnungen und Gemälde an, die er hier fertigte. Seine Hand, die weder Griffel noch Feder jemals geführt hatte, brachte es zu einer Fertigkeit im Schreiben und Zeichnen, die nach Maßgabe seines Standes und seiner Bildung für Bewunderung sorgten. Ebenso erlernte Mackedanz erst im Gefängnis das Lesen, und zwar so gut, daß man verstand, was er in der Bibel las. Diese Fertigkeiten schien der Mörder mit immer größerem Eifer zu betreiben, da er sich damit den Gnadenweg zu bahnen hoffte. Aber die Gemälde, die Mackedanz fertigte und in denen er die einzelnen Szenen seiner blutigen Tat in grellen Bildern wiedergab, schienen den Außenstehenden nur eine seelische Verhärtung zu beweisen. Wahre Reue, so glaubten sie, hätte den Täter gewiß vor dem Ausmalen seiner Tat zurückschaudern lassen müssen.

Dieses hohe Maß an Verhärtung und Gefühllosigkeit zeigte sich letztlich auch am Vorabend seines zeitlichen Gerichtes, wo ihn nicht bloß der Anblick der Kinder und der Frau seines Gemordeten unbewegt ließ, sondern auch der Genuß des heiligen Nachtmahles bei feierlicher Erleuchtung. Die tiefergreifenden Worte des Geistlichen, die seine Tat und Lage in das rechte Licht zu stellen wußten, der erhebende Männergesang, all das ging vorüber, ohne ihm eine Träne oder gar einen anteilnehmenden Seufzer zu entlocken. Fürchterlich fiel dieser rohe Gleichmut auf die Seelen der Anwesenden in dieser wichtigen, heiligen Stunde.*

---

* Vgl. *Thüringer Stadt- und Landbote* 1834 Nr. 11.

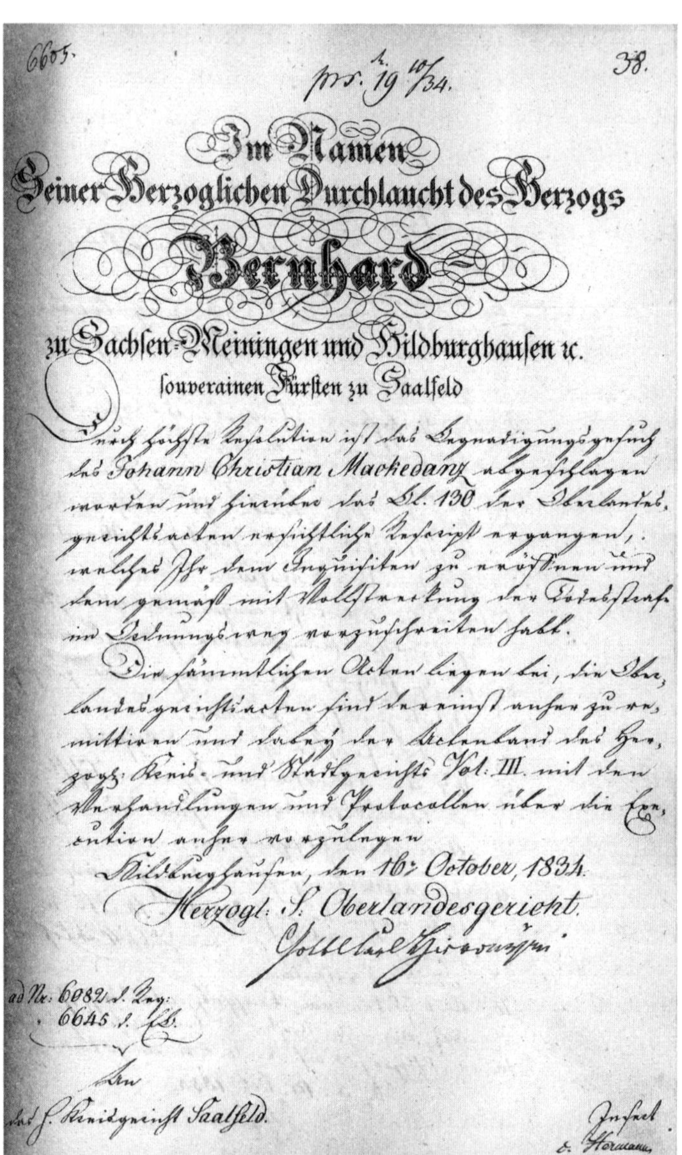

6605. pr. 19/10 34. 38.

Im Namen
Seiner Herzoglichen Durchlaucht des Herzogs
Bernhard
zu Sachsen-Meiningen und Hildburghausen rc.
souverainen Fürsten zu Saalfeld

Durch höchste Resolution ist das Begnadigungsgesuch des Johann Christian Mackedanz abgeschlagen worden und hierüber das Bl. 130 der Oberlandesgerichtsacten ersichtliche Rescript ergangen, welches Ihr dem Inquisiten zu eröffnen und demgemäß mit Vollstreckung der Todesstrafe im Rechtswege vorzuschreiten habt.

Die sämmtlichen Acten liegen bei, die Oberlandesgerichtsacten sind demnächst anher zu remittiren und dabey der Actenband des Herzogl: Kreis- und Stadtgerichts Vol: III. mit den Verhandlungen und Protocollen über die Execution anher vorzulegen.

Hildburghausen, den 16. October, 1834.

Herzogl: S. Oberlandesgericht.

ad Nr: 6082 d. Reg: 6645 d.

An das h. Kreisgericht Saalfeld.

Anweisung des Herzoglich-Sächsischen Oberlandesgerichts Hildburghausen vom 16. Oktober 1834 zur Vorbereitung der Hinrichtung des Mackedanz.

Das *Rudolstädter Mittwochsblatt* berichtete, Mackedanz habe sogar einen Vogel im Gefängnis umgebracht, den ihm der Gefangenenwärter aus Mitleid zur Unterhaltung übergeben hatte. Dieselbe Stumpfheit habe der Delinquent gezeigt, als er am Hinrichtungstag, Dienstag, dem 28. Oktober 1834, morgens neun Uhr, aus seinem Gefängnis abgeholt und von Gerichtsdienern, Geistlichen und Schülern unter Begleitung des Militärs und sonstiger Schutzmänner zum öffentlichen hochnotpeinlichen Halsgericht auf den Saalfelder Markt geführt wurde.* Dort befand sich eine aus Brettern errichtete Estrade** und darauf ein Tisch, hinter welchem wiederum das Gerichtspersonal Platz genommen hatte. Das Podest war ringsherum umgeben von zahlreichen mit Flinten bewaffneten Saalfelder Bürgern. Herzogliche Feldjäger und städtische Polizeibeamte waren damit beschäftigt, Ruhe und Ordnung unter den Menschenmassen auf dem Marktplatz zu bewahren. Nachdem die Gerichtsbank besetzt war und die »Arme-Sünder-Glocke« vom Turm der Johanneskirche ertönte, wurde Mackedanz, von herzoglichen Jägern geschützt, aus Richtung der Fronfeste über die Neue Gasse und Fleischgasse kommend, auf den Marktplatz geführt. Der Zug wurde von einem Kreuzträger angeführt. Hinter diesem liefen die Witwe des getöteten Amende und deren Kinder, danach die Geistlichen und Schüler.

Mackedanz, vor Übergriffen der Bevölkerung geschützt, befand sich am Ende des Zuges. Als er dem Halsgericht zugeführt wurde, zog Kreisrichter Rückert seinen Degen und forderte die Menge im Namen des Herzogs von Sachsen-Meiningen auf, sich ruhig und still zu verhalten sowie keinen Tumult zu erregen. Das Volk solle sich gegenüber

---

* *Rudolstädter Mittwochsblatt* 1834, S 676.

** Podium, Tribüne.

dem Gericht ehrerbietig aufführen. Insbesondere wurden die Offiziere und Soldaten des herzoglichen Militärs aufgefordert, das Gericht gegen alles *»Zudrängen und gegen alle Beunruhigungen«* zu schützen. Nachdem der Delinquent bereits dem Gericht vorgeführt worden war, stellte der Saalfelder Scharfrichter Johann Matthäus Christian Hübner* laut vernehmbar dem Kreisrichter Rückert die Frage, ob es nicht recht und billig sei, daß man das Urteil dem armen Sünder *»von seines besten Verstandes willlen vorlese und höre, ob er seine Mißthat geständig, damit ich Recht thue und Unrecht lasse?«*

»Ja! Es soll geschehen«, antwortete Rückert und wandte sich mit folgenden Worten an Mackedanz: *»Johann Christian Gottfried Mackedanz, hast du am 28. April 1831 zur Vormittagszeit, auf dem Wege von Langenschade nach Saalfeld [...] den Entschluß gefaßt, deinen damaligen Begleiter, den Tischlermeister Amende aus Naschhausen zu erschlagen und seiner Barschaft zu berauben?«*

Mackedanz antwortete: *»Ja!«*

Rückert fragte des weiteren: *»Hast du in dieser Absicht [...] dem Tischlermeister Amende aus Naschhausen mit deinem in der rechten Hand geführten Stock von hinten einen Hieb über die rechte Seite nach dem Undertheile des Kopfes zu so versetzt, daß ein Stück von dem Stocke abgesprungen?«*

»Ja!« lautete die Antwort.

Der Kreisrichter hakte weiter nach: *»Hast du, als sodann der Tischlermeister Amende aus Naschhausen mit lautem Geschrey rechts in den Wald hinein gesprungen ist,*

---

* Das Scharfrichterprivileg war seit 1818 in der Hand der aus Suhl stammenden Familie Hübner. Johann Michael Hübner übergab das Amt 1836 an seinen Sohn Johann Matthäus Christian Hübner (*1808, †1884), der schon 1834 mit der Hinrichtung des Mackedanz sein »Meisterstück« vollbrachte.

denselben etwa über hundert Schritte verfolgt, und ihm, da er [...] in der Nähe eines Baumpfads auf den Bauch niederstürzte, einen zweyten Schlag mit einem Stocke über den Ohrkopf gegeben, so daß ein ganzes Stück von dem Stocke abgesprungen ist?«

Mackedanz antwortete: *»Ja!«*

Kreisdirektor Rückert fuhr fort: *»Bist du, nachdem der Tischlermeister Amende aus Naschhausen hierauf sich wiederum aufgerafft und nach dem Grauwinkel zu die Flucht ergriffen, demselben etwa über hundert Schritte nachgerannt, um fest ihm, als er ohngefähr 4. Minuten danach über eine Erhöhung von einem Eichenbaum auf den Vordertheil seines Körpers niedergefallen war, mit deinem Stocke auf die Mitte des Kopfes in einem Zeitraum von ohngefähr 2. Minuten, zwey Schläge zugefügt, so daß abermals ein Stück deines Stockes abgesprungen ist?«*

Der Inquisit antwortete: *»Ja!«*

Rückert: *»Hast du, da sodann der Tischlermeister Amende aus Naschhausen sich matt erhob, zwey Schritte am Wege im Grauwinkel hinging und sodann über den Fahrweg auf den Bauch stürzte, denselben etwa 4. Minuten später, mit deinem abgekürzten Stocke, zwey Schläge auf die Mitte des Kopfes gegeben?«*

Mackedanz: *»Ja!«*

Rückert: *»Versetztest du dem Tischlermeister Amende aus Naschhausen, als derselbe über den Fahrweg im Grauwinkel hinaus lag, ohngefehr 1 ½ Minuten lang weiter mit einem etwa zweypfündigen, viereckigen Sandstein hinter, neben und über den Mittel des Kopfes, ohngefehr innerhalb einer Minute, zwey bis drey harte Schläge?«*

Inquisit antwortete: *»Ja!«*

»Hast du etwa vier Minuten darauf den Tischlermeister Amende aus Naschhausen in seiner Lage nur wenig her-

Scharfrichter Johann Matthäus Christian Hübner
*(*1808, †1884)*

umgewendet um ihm mit deinem aus der Tasche genommenen Brodmesser über den Hals einen Schnitt zugeben?«

»Ja!«

»Hast du, alsdann, als der Tischlermeister Amende aus Naschhausen sich nicht mehr bewegte, aus dessen Westentasche in kleinen Stücken mit einem Cronenthaler, einen fürstl. halben Gulden, sechs preuß. Münzstücken, einem Sechsceuzerstück und fünfzehn bis achtzehn Cupferpfennigen, ingleichen aus deßen Hosentasche eine [...] silberne Taschenuhr [...] genommen und zu dir gesteckt?«

»Ja!«

Hierauf sagte Kreisrichter Rückert: *»Dieweil du nun dein Verbrechen vor diesem gesagten hochnothpeinlichen Halsgerichte nochmals gestanden, so sollen auch die eingelangten Erkenntniße, so wie das höchste Bestätigungsrescript publiciret werden.«*

Mackedanz war bei der Bejahung seines Verbrechens vor der großen Menschenmenge völlig kalt geblieben. Als die Kirchturmuhr zehn Uhr schlug, drehte er sich ganz ruhig um und schaute zu ihr herauf. Etwas später sprach Kreisrichter Rückert, dem Scharfrichter zugewandt:

*»Nachdem der gegenwärtige arme Sünder vor diesem hochnothpeinlichen Halsgerichte seine Mißethat nochmals öffentlich gestanden, so ist er wohl befugt, denselben nunmehr hinzurichten und an ihm die Strafe des Schwerts, wie Urtheil und Recht vorschreibt, zu vollziehen. Ich will ihm demnach solchen hiermit übergeben und die Strafe zu vollziehen anbefohlen haben.«**

Wenig später wurde Mackedanz vom Scharfrichter übernommen und von dessen Leuten an den Händen gefesselt zum Richtplatz abgeführt, welcher eine halbe Stunde von

* ThStA Meiningen, Sachsen-Meiningisches Amtsgericht Saalfeld Nr. 1788.

der Stadt, unweit von Garnsdorf*, auf dem sogenannten Eckartsanger lag. Neben dem Verurteilten liefen Oberpfarrer Wagner und Pfarrer Grabe. Unter Zuspruch der beiden Kirchendiener und dem Gesang der Schüler wurde Mackedanz an die Treppen des Schafotts geführt, wobei ihm die Geistlichen Trost spendeten. Von dem Oberpfarrer eingesegnet, bestieg er nun das Schafott. In freier Rede ermahnte er die Witwe seines Mordopfers, sich ein Beispiel an ihm zu nehmen und ihre Kinder durch Unterricht und Sorgfalt zu guten Menschen zu erziehen, kniete nieder, betete ein Vaterunser. Danach setzte sich Mackedanz auf den für ihn bereitstehenden Richtstuhl. Auf diesem entkleideten ihn die Gehilfen des Scharfrichters bis auf die Schultern und legten ihm eine schwarze Binde um die Augen. Mit einem einzigen kräftigen Schwerthieb schlug Christian Hübner ohne Vorwarnung den Kopf des Mörders ab, der laut hörbar für die zahlreich versammelte Menschenmenge auf die Bretter des Schafotts fiel.

Der Scharfrichter wandte sich nun mit den Worten an das Gericht: *»Herr CreisRichter hab ich recht gerichtet?«*

»Ja! Du hast gerichtet was Urtheil und Recht mitgebracht«, lautete Rückerts Antwort.

Die letzte öffentliche Hinrichtung in der Nähe des sachsen-meiningischen Saalfeld, zu der sich auch viele Bürger des benachbarten Fürstentums Schwarzburg-Rudolstadt eingefunden hatten, war somit vollzogen. Schon der Riechheimer** Mörder Johann Nicol Kaufmann, der am 25. Oktober 1854 den 72jährigen Landwirt Heinrich Huth in seiner Wohnung in Riechheim beraubt und getötet hatte, wurde

* Heute Ortsteil der Stadt Saalfeld im thüringischen Landkreis Saalfeld-Rudolstadt.

** Riechheim gehörte zum sachsen-meiningischen Amt Kranichfeld.

am 31. März 1855 im Saalfelder Rathaushof, allerdings unter Ausschluß der Öffentlichkeit, von Johann Matthäus Christian Hübner mit dem Beil gerichtet.*

Nach der öffentlichen Hinrichtung des Raubmörders Mackedanz legte man den *»Justificirten«,* den Gerichteten, in den bereitstehenden Sarg und verbrachte die zwei Leichenteile unter militärischem Schutz auf den Gottesacker nach Graba. Im Beisein von Kreisrichter Rückert, der drei Assessoren, der Schöppen und des Oberpfarrers Wagner wurde er hier unter die Erde gebracht. Der Bericht über die Vollstreckung der Todesstrafe an Johann Christian Mackedanz aus Saalfeld erreichte Herzog Bernhard II. Erich Freund nach dem 31. Oktober 1834. Dieser monierte, daß die Hinzuziehung der Witwe und deren Kinder hätte unterbleiben sollen. Im übrigen sei jedoch gegen das Verfahren nichts weiter einzuwenden gewesen.**

Gleich nach der Hinrichtung, bevor der Leichnam abtransportiert werden konnte, kam es indes zu einem Ereignis, das in verschiedenen zeitgenössischen Zeitungen große Aufmerksamkeit erregte. So wurde berichtet, daß, nachdem der Kopf des Hingerichteten gefallen war, plötzlich eine Frau auf das Schafott eilte, das warme Blut aus den Halsadern in einem kleinen Töpfchen auffing und sofort hastig trank. Dann sei sie schnellen Schrittes davongeeilt, wohl in der Absicht, das getrunkene Blut möge durch die Erschütterung des Laufes so schnell wie möglich den eigenen Körper durchdringen. Kurz nach der Frau hatte noch ein junges Mädchen mit einem Tuch das frische Blut des Mackedanz aufgenommen und wiederholt im Mund ausgesaugt. Offensichtlich

---

* Vgl. *Saalfische. Beiblatt zum Saalfelder Kreisblatt* Nr. 48 vom 31.12. 1925.

** Vgl. ThStA Meiningen, Sachsen-Meiningisches Amtsgericht Saalfeld Nr. 1788.

unterlagen die armen Frauen dem Irrglauben, so ihren epileptischen Anfällen zu entrinnen.*

Einen sehr aufschlußreichen Leserbeitrag erlaubte sich wenig später ein Autor namens Probus aus Saalfeld im *Rudolstädter Mittwochsblatt* des Jahres 1834 zu veröffentlichen. Darin schrieb Probus, er habe zur Feder gegriffen, weil auch hinter dem Verbrecher ein Mensch stecke. Über die grausame Tat hinaus würde der Mensch Johann Christian Mackedanz ganz vergessen, so daß der Autor mahnte:

»Seine höllische That war damals zu neu; blutig, grässlich stand das Bild des ermordeten Reisegefährten, eines Gatten und Vaters vor uns. Da fordert die uns angeborene Stimme des Rechtsgefühls laut und unabweisbar Vergeltung, Blut um Blut. Hätte Mackedanz damals hingerichtet werden können, ich bin vest überzeugt, es wäre gut gewesen. Aber jetzt war zu glauben, daß seine Unthat ziemlich vergessen und das gereizte Rechtsgefühl wieder in das Gleichgewicht mit der reifen Ueberlegung gekommen sei. Es stand zu erwarten, man würde jetzt mehr den durch die lange Gefangenschaft mürbe gewordenen Menschen ins Auge fassen, als die That. Aber das geschah nicht. [...] und ich glaube, daß Folgendes zu berücksichtigen gewesen wäre: 1) Seine Erziehung, ja richtiger, der gänzliche Mangel aller Erziehung an ihm. [...] Ich selbst könnte Wunderdinge davon erzählen, will aber nur im Allgemeinen bemerken, daß es heute noch Aeltern gibt, die ihren Kindern schlechterdings verbieten, in der Schule etwas zu lernen, und die allen obrigkeitlichen Anordnungen gegen Schulversäumnisse Hohn sprechen. Was lernen die Kinder nun zu Hause? Die Ruchlosesten Reden, Entwürdigung

* Vgl. *Thüringer Stadt- und Landbote oder Saalfelder Stadt- und Landbote. Eine Monatszeitschrift zur Belehrung und Unterhaltung* 1835 und *Saalfische. Beiblatt zum Saalfelder Kreisblatt* Nr. 48 vom 31. 12. 1925.

*der obrigkeitlichen Personen und der Lehrer [...]. Denkt euch, möchte ich allen den strengen und mitleidlosen Verurtheilern des hingerichteten Mackedanz zurufen, wie er als Kind blos seinen Trieben und Begierden folgen konnte, wie er eine Sprache des Rechtes, der Schonung, nie hörte. Denkt ihn in Ställen bei dem Viehe, in Hunger und harter Behandlung von seinen Mitmenschen und sagt, konnte er das haben, was wir menschliches Gefühl nennen? Mit diesem Gefühle ist es eine andere Sache, als viele Leser des Mittwochsblattes wol glauben mögen, welche denken, das bilde sich von selbst, unter Menschen werde der Mensch Mensch. Dieses eine will ich nur erzählen, daß die Geliebte des Mackedanz am Tage seiner Hinrichtung die erste Person war, die den Sohn des Mackedanz an ihrer Hand, aus einer Dachöffnung schon morgens 7 Uhr das blutige Schauspiel mit anzusehen gekommen war, und keine Thräne vergossen hat [...]. Zu berücksichtigen ist 2) der psychologische Moment bei der ungeheuren Blutthat selber. Am Morgen des schweren Verbrechens hatte Mackedanz so wenig daran gedacht, als du, lieber Leser oder Leserin, einen Menschen zu morden jetzt denkst.«**

Im weiteren läßt Probus den Leser wissen, die Tat wäre unterblieben, wenn Mackedanz nicht plötzlich bewußt geworden wäre, daß sein Reisebegleiter Geld mit sich führte, das er selbst dringend gebraucht hätte. Eine Verknüpfung verschiedener Umstände habe dann zu dem Mord an dem Tischlermeister Amende geführt, weil der Teufel in den Täter fuhr.

»Nicht das Leben des ihm fremden Mannes begehrte Mackedanz, sondern blos einige Thaler Geld [...]. Der Teufel hatte sich seiner bemächtigt: um ein paar Thaler auf dem kürzesten Wege zu haben, ergriff er seinen Stock und schlug

* *Rudolstädter Mittwochsblatt* 1834, S. 705f. und S. 713ff.

zu, ohne Haß, ohne Erbitterung, ohne Mordlust, blos aus Geldlust, die der nicht zeigt und hat, welcher mich wissentlich um einen Thaler betrügt, oder einen Groschen heimlich nimmt. Der Schlag, der einzige Schlag war Mackedanzens Verbrechen und verdiente die lange Gefangenschaft, verdiente den Schwertstreich und noch Entsetzlicheres. Aber was dem unheilbar tödlichen Schlage folgte, ein zweiter Schlag, mehrere Schläge, mit dem Sandsteine, das Messer ansetzen, mußte nun folgen; Mackedanz war nun dazu gezwungen. Das eben ist der Fluch der bösen That, daß sie fortzeugend Böses muß gebären. [...]. Und nun werde ich noch kühner, und bitte die Leser sogar, zu berücksichtigen 3) daß es noch unzählige Mackedanze gibt, die nicht hingerichtet werden dürfen, weil kein Gesetz dazu vorliegt, oder weil ihr tägliches Morden nicht so augenfällig ist, um auch nur zur Verantwortung gezogen werden zu können. [...] Ich kenne mehr als eine, und noch dazu junge, schöne, gebildete Gattin, deren Leben eine Art von langsamer Tödtung durch ununterbrochenen Verdruß ist. Eine Kränkung folgt auf die andere, ein herzzerschneidendes Wort nach dem anderen durchbohrt das fort und fort blutende Herz der Hilflosen. Sie leidet zehnfachen Tod. [...] Ich mag es überlegen, wie ich will, dieser Gatte – und ach, es gibt deren viele, oft in den vornehmsten Familien! – ist hundertmal grausamer, als der Mackedanz, der doch mit einem Schlage sein Opfer erlegen wollte. Aber ihm thut niemand etwas: er steht in Ehren und Ansehen. [...] An jedem Orte wohnt ein alter Vater, der seinem Sohne sein Haus und seine Güter abgetreten hat und von diesem verpflegt werden soll. Er ist sehr alt, bedarf der Wärme, der Suppe, wol auch eines Gläschen Herzstärkung. Aber man heizt ihm so wenig ein, wie möglich: man sieht den Greis beständig vom Froste erstarrt. Er hat nichts zu seiner Labung. Die unverdaulichsten Speisen werden ihm täglich vorgesetzt, damit er nicht viel essen soll. Der Sohn zürnt nämlich über das ihm viel zu lange Leben des Vaters, und will durch dieses Erfrieren und die harten Nahrungsmittel den Tod des Alten befördern. Und wie spricht der Sohn mit dem Vater! Wie ist jedes Wort verletzend! ›Der alte Faulenzer‹ heißt es, ›der Tagedieb! Er will nur immer was Gutes essen und Schnaps trinken!‹

Mackedanz! Komm aus deinem Grabe wieder hervor, ich will lieber mit dir leben, als mit einem solchen Sohne, oder mit einem Teufel, den ich vorhin geschildert habe. Mackedanz, du bist noch ein Engel an Erbarmen. Dein Stock von Kienholz. Der Sandstein, den du erhubst, das Messer, das du anwendetest, um die Todesqual zu verkürzen, sind noch wohltätige Werkzeuge gegen die Wortspitzen, womit Gatte fort und fort die treue Hausfrau und Mutter zu tödten sucht, und gegen den Kieselstein, in welchem das Herz des Sohnes sich verwandelt hat, um das Leben des Vaters früher auszutreiben, als die Natur wollte.«

Danach kritisiert der Autor, die Presse habe die Gefühllosigkeit des Mörders empörend gefunden, als dieser seinem schauderhaften Tod entgegengegangen sei. Einige Menschenkenner hätten jedoch festgestellt, daß Mackedanz bis zum letzten Augenblick fest an eine Begnadigung geglaubt hatte. Allen Vorgängen und Zeremonien hatte der Mann sich nur unterworfen, weil er sie für Versuche hielt, ihn durch Angst zur Besserung zu führen. Vielmehr habe Mackedanz sich die Befreiung aus der Kerkerhaft gewünscht und schon einen neuen Lebensplan entworfen. Abschließend zitierte Probus Friedrich Schiller mit den Worten:

»Großmuth auch dem Bösewicht! –
Gnade auf dem Hochgericht! –
Allen Sündern soll vergeben,
Und die Hölle nicht mehr sein!«

DER ERMORDETE SCHWARZBURG-RUDOLSTÄDTISCHE PRINZ – EIN KOLLATERALSCHADEN IN DRESDEN (1849)

Es ist davon auszugehen, daß der Schuß in das rechte Schultergelenk mit Zerschmetterung des Oberarmknochens sowie ›Zerreißung‹ der größeren Blutgefäße den Tod Wilhelms herbeiführte.

Die Tür sprengten die sächsischen und preußischen Truppen auf und stürmten in das Hotelzimmer. Der Diener warf sich schützend vor seinen Herrn. Es half nichts! Von Kugeln und scharfen Bajonetten durchbohrt, sanken beide tot zu Boden. Dresden beklagte während des Maiaufstandes am 6. Mai 1849, einem Sonntag, viele Opfer, darunter Unbeteiligte. Zu den Getöteten gehörte auch der schwarzburg-rudolstädtische Prinz Wilhelm, der regelrecht hingerichtet wurde.

Doch wer war dieser Mann? Prinz Maria Wilhelm Friedrich wurde am 31. Mai 1806 geboren. Die Mutter Louise Ulrike*, Tochter des Landgrafen Friedrich V. von Hessen-Homburg und Gattin des schwarzburg-rudolstädtischen Prinzen Karl Günther**, hatte ihn als fünftes Kind zur Welt gebracht.

---

* Louise Ulrike zu Schwarzburg-Rudolstadt (*26. Oktober 1772, †18. September 1854).

** Karl Günther von Schwarzburg-Rudolstadt (*23. August 1771, †4. Februar 1825).

Porträt des Prinzen Maria Wilhelm Friedrich von Schwarzburg-Rudolstadt.

Nachdem der Prinz seine Jugendjahre in Rudolstadt verlebt hatte, stand er im Militärdienst der kaiserlich-österreichischen Armee. Rasch stieg Wilhelm beim Militär auf und brachte es bis zum Oberst im Kürassierregiment »Kaiser« und stand mit seiner Truppe in Brandeis* an der Elbe.

* Heute Ort in Tschechien.

Viele Jahre schon behinderte den Militär ein Augenleiden. So entschloß sich der Prinz im Frühjahr 1849, von Böhmen nach Rudolstadt reisend, in Dresden bei einem bekannten und geschickten Augenarzt zur Behandlung der Krankheit. Nach dem ärztlichen Eingriff, der auch Heilung versprach, nahm sich Wilhelm von Schwarzburg-Rudolstadt für einige Tage im Dresdner Hotel »Stadt Rom« ein Appartement. Sein Aufenthalt in der sächsischen Residenzstadt fiel unglücklicherweise in die bewegte Zeit der sogenannten Reichsverfassungskampagne und der in Abstimmung mit dem sächsischen König Friedrich August II. angedrohten militärischen Intervention durch preußische Truppen in Sachsen. In deren Folge versuchten am 3. Mai 1849 empörte Dresdner Bürger das Zeughaus zu stürmen, um sich in den Besitz von Waffen zu bringen. Ein Bataillon des »Prinz Albert-Regiments« eröffnete das Feuer auf die

Maiaufstand 1849 in Dresden, die Erstürmung des Hotels »Stadt Rom« am Neustädter Markt durch sächsische und preußische Truppen.

Dresdner Bürger, die mehrere Tote auf dem Platz vor dem Zeughaus liegen lassen mußten. Diese brutalen Morde steigerten schließlich die Wut vieler Dresdner, und der Ruf nach Rache ertönte. In der Altstadt wurden nun Steine aus Pflasterstraßen gerissen und Barrikaden errichtet. Am 4. Mai floh der König auf die Festung Königstein, denn die Hauptmacht der sächsischen Truppen befand sich zu diesem Zeitpunkt in Schleswig-Holstein. Die dem König entgegenstehenden Demokraten bildeten eine provisorische Regierung und zogen alle verfügbaren bewaffneten Aufständischen im Zentrum Dresdens zusammen. Das Militär hatte jedoch mit der Besetzung der einzigen Brücke Dresdens, dem Zeughaus und der Brühlschen Terrasse klar die günstigeren strategischen Positionen eingenommen. Am 5. Mai rückten schließlich preußische und sächsische Truppen mit Kanonen vom Schloßplatz zum Dresdner Neustädter Markt, wo sich auch das Hotel »Stadt Rom« befand.

Die Aufständischen, die sich auf dem Markt und in den umliegenden Straßen verschanzt hatten, kämpften tapfer, waren aber der militärischen Übermacht hoffnungslos unterlegen. Es entstand ein wüstes Durcheinander: Donnernde Kanonenschüsse, prasselnde Gewehrschüsse, das entsetzliche Geschrei Sterbender, dazu Sturmglockengeläut, und das die ganze Nacht hindurch! Das Militär griff wegen der zu erwartenden Opfer kaum Barrikaden an, aber eroberte – mit äußerster Brutalität vorgehend – Haus für Haus. Am Morgen des 6. Mai 1849, als die Sonne bereits ihre ersten Strahlen zur Erde schickte und versuchte, die durch den Rauch von Gewehrsalven geschwängerte Luft hartnäckig zu durchdringen, da geschah ein fataler Irrtum! An diesem Tag, so schrieb 50 Jahre später der Rudolstädter Hugo Hickethier in der Ausgabe *Schwarzburg-Rudolstädtische Landeszeitung* vom 11. Mai 1899, näherte sich der

Blick von der Brühlschen Terrasse auf die Frauenkirche.

Kampf auch dem Hotel »Stadt Rom« am Neustädter Markt, *»[...] in dem Prinz Wilhelm zu Schwarzburg-Rudolstadt logierte. Die ganze Vorderseite des Gebäudes war noch in den Händen der Aufwiegler; sie hielten noch immer jedes Fenster besetzt und machten dem stets näher rückendem Militär jeden Schritt streitig. Indes begann das Militär Anstalten zu treffen, das Hotel zu stürmen. In dem letzten Augenblicke begab sich der Wirth [...] noch einmal zu seinem Gaste und forderte ihn auf, mit ihm gemeinsam in den Keller zu fliehen, um sich dort vor den Aufständischen, die schon auf ihren Rückzug bedacht seien, oder vor den eindringenden Soldaten, vor deren erster Wuth man auf jede Art sich in acht zu nehmen Ursache haben werde, zu verbergen.«*

Später wurde folgender Handlungsverlauf durch die Aussagen des Hoteliers in Rudolstadt aktenkundig:

Der Herr des Hauses sagte, daß er den Prinzen gebeten habe, sich in den Keller zurückzuziehen. Dieser sei ihm auch bis zur Hälfte der Kellertreppe gefolgt. Allein die unangenehme und ungesunde Kellerluft, die sie dort unten berührt hätte, mochte wohl den Prinzen bewogen haben, wieder in seine Zimmer zurückzukehren.*

Wenn er sich auch in jenen Stunden in Zivil, mit einem Morgenmantel bekleidet, in den Räumlichkeiten des Hotels aufhielt, so war Wilhelm doch ein kaiserlicher Oberst. Er, so wird der Prinz wohl gedacht haben, in dessen Adern »blaues Blut« floß, der zum stolzen Geschlecht der Schwarzburger, einer der ältesten Adelssippen Deutschlands gehörte, würde doch nicht wegen des Aufruhrs von ein paar hundert dahergelaufenen Aufständischen in einen modrigen Keller flüchten! Welch ein unerhörtes Ansinnen von diesem Wirt!

---

* Vgl. ThStARud. Geheimes Ratskollegium Rudolstadt Nr. 10143.

Und schließlich würde er sich den preußischen und sächsischen Truppen schon rechtzeitig zu erkennen geben, auf deren Seite er ja stand!

Während der Wirt mit anderen Gästen weiterhin schnellen Schrittes in den Keller eilte, näherte sich der gräßliche Gefechtslärm immer bedrohlicher. Schon war der Hof des Hotels von den meisten Aufständischen geräumt, die sich hinter einer Barrikade in der Kreuzstraße sammelten, da drängten die wütenden preußischen und sächsischen Soldaten in größeren Gruppen, fast sich selbst behindernd, auf den Hof des Hotels, nachdem sie so manchen ihrer Kameraden bei der Erstürmung des Gebäudes fallen gesehen hatten. Nun stürmten die bis an die Zähne bewaffneten Krieger die Treppe hinauf, um in die Zimmer des Hauses einzudringen, von welchen in den vergangenen Stunden so viele tödliche Kugeln in ihre Reihen entsandt worden waren. In besagter Zeitung ist weiter zu lesen:

»Diejenigen [...], welche sich entweder nicht zeitig genug hatten zurückziehen können oder auch entschlossen waren, von ihren Posten nicht zu weichen, fielen in diesen stürmischen Augenblicken durch die Bajonette oder die Kugeln der Soldaten. Diese durchsuchten die verschiedenen Räumlichkeiten des Hauses und jeder Bewaffnete, den sie in irgend einem Verstecke entdeckten, ward sofort ohne Schonung ein Opfer ihrer Wuth.

Auch die Thür, die zu dem Zimmer des Prinzen führte, wurde gesprengt und ein Haufen Soldaten trat ins Gemach. Der Prinz stand, ohne jeglichen Schmuck, der seinen militärischen Rang hätte kennzeichnen können, im einfachen Hausgewande [...]; die Binde, die er um den Kopf geschlagen hatte, gab ihm das Aussehen eines Verwundeten; sein Kammerdiener namens Riemann [...] befand sich bei ihm.«

Tod des Prinzen Wilhelm von Schwarzburg-Rudolstadt im Hotel »Stadt Rom« in Dresden.

Über die Einzelheiten der spontanen Hinrichtung des nur wenige Wochen vor seinem 43. Geburtstag stehenden schwarzburg-rudolstädtischen Prinzen und seines Dieners ist nichts bekannt geworden, da die beteiligten Militärs entweder in den folgenden Kämpfen mit den Aufständischen fielen bzw. nie nach den dramatischen Ereignissen jenes Morgens befragt wurden. Bewiesen ist nur, daß die wutentbrannten Militärs die beiden offensichtlich für Aufständische hielten und daher mit ihnen kurzen Prozeß machten.

Eine Vorstellung von der Erstürmungssituation gibt der aktenkundig gewordene Autopsie-Bericht des Arztes Dr. Rabacher. Danach stellte der Mediziner bei dem Prinzen folgende Blessuren fest, die insgesamt darauf hinwiesen, daß die Soldaten offensichtlich den Befehl erhalten hatten, keine Gefangenen zu nehmen.

»1. Am Kopf ein die Kopfhaut durchdringender Bajonettstich, ohne Beschädigung des darunter liegenden Schädelknochen.

2. Am linken Arm eine Schußwunde durch das Elnbogengelenk mit Zerschmettrung der in der Nähe gelegenen Oberarm- und der beyden Vorderarmknochen, so wie Zerreißung der weichen Theile.

3. Verlust des linken Daumen durch Schuß.

4. Streifschuß des linken Zeigefingers.

5. Schußwunde des rechten Schultergelenkes mit Zerschmettrung des Oberarmknochens, Zerreißung der weichen Theile und besonders der größern Blutgefäße. [...]

*6. Eine wahrscheinlich von einem Bajonett herrührende silbergroschengroße leichte Hautverletzung am Oberleibe.«**

Es ist davon auszugehen, daß der Schuß in das rechte Schultergelenk mit Zerschmetterung des Oberarmknochens sowie *»Zerreißung«* der größeren Blutgefäße den Tod Wilhelms herbeiführte.

Der Doppelmord blieb mehrere Stunden unbeachtet, bis es im stark beschädigten Hotel ruhiger geworden war. Dann aber verbreitete sich schnell das Gerücht vom Tod des Prinzen und seines getreuen Dieners, der sich wohl noch schützend vor seinen Herren geworfen hatte.

Das Gerücht, welches sich zum Leidwesen der schwarzburg-rudolstädtischen Herrscherfamilie dann auch bald bestätigen sollte, erreichte am 9. Mai 1849 die Residenz in Rudolstadt.

Während die Leiche des treuen Kammerdieners schnell und ohne Aufwand der Dresdner Erde übergeben wurde,

* ThStARud., Geheimes Archiv Restbestand B IV 2a Nr. 2.

überführte man die des Prinzen im Auftrag des regierenden Fürsten Friedrich Günther am 15. Mai nachts in einem verschraubten Sarg in die Rudolstädter Heimat, wo man sie in der Milizkirche aufbahrte und am folgenden Tag in aller Stille im fürstlichen Grabgewölbe auf dem alten Kirchhof beerdigte.

Am 19. Mai 1849 gab das *Fürstl. Schwarzb. Rudolst. gnädigst privilegirtes Wochenblatt* unter der Rubrik »Bekanntmachungen« zu lesen:

»Wegen des erfolgten Ablebens des Durchlauchtigsten Prinzen Wilhelm zu Schwarzburg hat der hiesige Fürstliche Hof vom 10ten dieses Monats an auf sechs Wochen, und zwar die ersten drei Wochen tiefe Trauer angelegt.

Rudolstadt, den 16. Mai 1849.«

In den folgenden 17 Jahren ruhten die irdischen Überreste des so tragisch aus dem Leben Gerufenen auf Rudolstadts altem Friedhof. Dann wurden die Gebeine des toten Prinzen Wilhelm nach Schwarzburg in die dortige Familiengruft unter der Schloßkirche überführt.

Übrigens führten die in Dresden nur halbherzig aufgenommenen Ermittlungen über den Tod des Mitgliedes eines deutschen Herrscherhauses nicht einmal zur Befragung der an der Hinrichtung des Prinzen beteiligten Soldaten. Das nachfolgende, mit relativ großem zeitlichem Abstand verfaßte Beileidsschreiben des sächsischen Königs wurde im Haus Schwarzburg-Rudolstadt wohl auch nur als eine wenig überzeugende Formalität begriffen:

»Durchlauchtiger Fürst, besonders lieber Oheim. Ew. (Euer – d. Verf.) Liebden haben mich durch gefällige Zuschrift vom 11. d. Mts. davon in Kenntnis gesetzt, daß ihr Herr Vetter der Prinz Maria Wilhelm Friedrich zu Schwarzburg am 6ten dieses Monats bei Erstürmung des Gasthofes zur Stadt Rom in Dresden sein Leben verloren hat. An diesem Todesfall nehme ich im Hinblick auf die dabei nicht

genug zu beklagenden besonderen Umstände einen doppelt warmen Antheil und füge dem Wunsche für Ihr und Ihres Fürstlichen Hauses stetes Wohlergehen die wiederholte Versicherung der Gesinnungen bei, womit ich Ihnen zur Erweisung freundlicher Gefälligkeiten stets willig und bereit verbleibe.

Dresden den 26. Mai 1849
Ew. Liebden
freundwilliger Friedrich August«[*]

* Jens Beger: Ein fataler Irrtum – Zum Tod des Prinzen Wilhelm von Schwarzburg-Rudolstadt im Mai 1849 in Dresden, in: Landkreis Saalfeld-Rudolstadt – Jahrbuch 2000 (Hrsg. Landkreis Saalfeld-Rudolstadt), S. 106.

DIE KINDERLEICHE IM BAUM BEI APOLDA

(1856)

... erst eine schreckliche Entdeckung, vermochte die Untersuchung der Umstände des Verschwindens des kleinen Wilhelm Preller wieder zu beleben.

Am 27. und 28. April 1860 wurde eine Anklage gegen Ferdinand Bechmann aus Coppanz* wegen Mordes vor dem Gemeinschaftlichen Schwurgericht** des Großherzogtums Sachsen-Weimar-Eisenach und der beiden schwarzburgischen Fürstentümer Rudolstadt und Sondershausen in Weimar verhandelt.***

---

* Damals Ort im Justizamt Jena des Großherzogtums Sachsen-Weimar-Eisenach, heute Ortsteil der thüringischen Gemeinde Bucha im Saale-Holzland-Kreis.

** Um die Mitte des 19. Jahrhunderts wurden in den thüringischen Staaten als erstinstanzliche Spruchkörper für schwere Delikte wie z. B. Mord und Totschlag Schwurgerichte eingerichtet, in denen gewählte Laien, sogenannte Geschworene, Schuld sprachen, während das Gericht das Strafmaß festsetzte. Schwurgerichte wurden 1850 in Sachsen-Weimar-Eisenach, Sachsen-Meiningen sowie den beiden schwarzburgischen Staaten Rudolstadt und Sondershausen, 1858 in Sachsen-Coburg und Gotha, 1863 in Reuß j. L. und 1868 in Reuß ä. L. eingeführt. Sachsen-Altenburg besaß vor 1879 kein Schwurgericht. Hier bestand für schwerste Verbrechen ein aus Berufsrichtern zusammengesetzter »Gerichtshof«.

*** Unter dem Oberappellationsgericht Jena hatten sich ab 1850 für die thüringischen Staaten drei große Gerichtsbezirke gebildet: 1. Die Gerichts-

Den Gerichtsprozeß leitete als Präsident der Geheime Justizrat Dr. A. von Gersdorff. Die Anklage vertrat Oberstaatsanwalt Dr. von Groß und die Verteidigung Rechtsanwalt Hering aus Eisenach.

Der zum Zeitpunkt der Gerichtsverhandlung 28jährige Angeklagte hatte während seiner Dienstzeit in verschiedenen Dörfern in der Umgebung von Jena und Apolda die Bekanntschaft mit der ledigen Dienstmagd Marie Elisabeth Preller gemacht. Zunächst entwickelte sich zwischen dem Paar ein vertrautes, bald aber ein intimes Verhältnis. Ihre wiederholten sexuellen Begegnungen blieben nicht ohne Folgen. Der unehelich gezeugte Sohn erblickte am 18. September 1854 das Licht der Welt und erhielt in der Taufe den Namen Wilhelm August Albert Preller.

Anfänglich zahlte Bechmann für den Knaben Alimente. Es gingen jedoch nur wenige Monate ins Land, da zog sich der Angeklagte von der Mutter seines Kindes zurück und unterließ die Zahlung des sogenannten Ziehgeldes. Marie verklagte nun auf Anraten ihres Rechtsanwaltes den Vater ihres Kindes auf Zahlung und Nachzahlung der Alimente. Es kam zum Vergleich, in welchem man sich darauf einigte, daß Ferdinand Bechmann nun die Sorge für das Kind übernahm. Selbiger übergab schließlich das 14monatige Kleinkind im November 1855 seiner Mutter in Coppanz gegen ein jährliches Ziehgeld von 16 Talern zur Pflege. Seine Eltern widmeten sich dieser Aufgabe mit Liebe, Sorgsamkeit und Hingabe. Die finanzielle Last von jährlich 16 Talern erschien dem Angeklagten jedoch unerträglich.

---

gemeinschaft der thüringischen Staaten, bestehend aus dem Großherzogtum Sachsen-Weimar-Eisenach und den beiden schwarzburgischen Fürstentümern, denen sich 1863 das Fürstentum Reuß j. L. und 1868 Sachsen-Coburg und Gotha sowie das Fürstentum Reuß ä. L. anschlossen; 2. Sachsen-Meiningen und 3. Sachsen-Altenburg.

Auszug
aus dem Kirchenbuche der protestantischen Stadtgemeinde zu Jena im Großherzogthum Sachsen-Weimar-Eisenach.

Seite 140. No. 490.

In der Großherzogl. Entbindungs-Anstalt zu Jena wurde am achtzehnten September 1854 – Ein Tausend Acht hundert Vier und Fünfzig – Abends fünf Uhr geboren und am 23sten desselben Monats getauft

Wilhelm August Albert Preller,

unehelicher Sohn der ledigen Maria Elisabeth Preller, aus Vierzehnheiligen. Pathen waren:

1, Jgfr. Wilhelmine Friedel aus Lausdorf.
2, Wilhelm Preller aus Vierzehnheiligen.

Für die Treue dieses Auszugs bürgt mit Unterschrift und Kirchensiegel Jena, am 29. Febr. 1860.
das Oberpfarramt daselbst.

D. J. C. E. Schwarz.

Bestt
zu den Akten.
2. 3/60
[illegible]

Kirchenbuchauszug über die Geburt des Jungen Wilhelm August Albert Preller.

Überdies hatte der junge Mann inzwischen körperliche Kontakte zu weiteren Frauen geknüpft. Schließlich geriet er an eine Frau, mit der er sich besonders gut verstand und alle seine sexuellen Phantasien ausleben konnte. Diese Frau wollte er für immer »sein eigen nennen« und heiraten. Nun stand jedoch die Existenz des unehelichen Kindes, vor allem aus finanziellen Gründen, einer Verheiratung mit der neuen Geliebten im Wege. Dieser Umstand rief in ihm den teuflischen Gedanken wach, das gemeinsam mit der Preller gezeugte Kind »auf die Seite zu schaffen«. Zur Tat reifte der verbrecherische Entschluß am Sonntag, dem 6. Juli 1856. Aus seinem damaligen Dienstort Apolda kommend, begab sich Bechmann über Krippendorf, wo er seine arbeitende Mutter von dem Vorhaben in Kenntnis setzte, das Kind anderweitig unterbringen zu wollen, nach Coppanz. In der elterlichen Wohnung angekommen, forderte er seinen Vater auf, ihm das Kind bis ins Mühltal bei Jena zu tragen. Angeblich würde sie dort eine junge Frau mit Kinderwagen erwarten, welche den Knaben mit nach Amerika nehmen wolle, wo er bessere Lebensbedingungen vorfinden werde. Der Großvater trug das Kind bis zur Papiermühle im Mülhltal, in welcher ihm Bechmann das Kind mit dem Hinweis abnahm, daß er sich das Kind noch einmal ansehen möge, da er es wegen der Reise nach Amerika nicht wieder zu sehen bekomme. Der Vater sollte, so Ferdinand, der angeblich wohlhabenden Amerikareisenden wegen seiner ärmlichen Kleidung, obgleich dieser seinen Sonntagsrock trug, nicht unter die Augen kommen. Ferdinand Bechmann entfernte sich nun mit dem Sohn von seinem Vater und trug ihn in Richtung Apolda.

Der Angeklagte wurde lediglich zwischen fünf und sechs Uhr abends noch einmal in dem etwa eine Stunde von Apolda entfernten Dorf Kleinromstedt mit einem kleinen

Kind auf dem Arm gesehen. Von da an war der Junge verschwunden. Nachforschungen, die die Mutter des Kindes, Marie Preller, und dessen Großeltern zwei Tage später und in der Folgezeit immer wieder nach dem Kleinkind anstellten, blieben erfolglos. Sie bestürmten Ferdinand Bechmann mit der Frage, wohin er das Kind gebracht habe. Erst vorsichtig und leise hinter vorgehaltenem Mund, später aber immer lauter und offener, wurde im Umfeld vor allem der Großeltern des verschwundenen Jungen der Verdacht geäußert, Bechmann habe vielleicht seinem eigen Fleisch und Blut etwas angetan. Schließlich, im März 1857, verließ Ferdinand Bechmann heimlich seinen Dienst in Kösnitz*, nachdem er vernommen hatte, ins Gerede gekommen zu sein. So äußerte der Angeschuldigte vor Zeugen:

»Holen lasse ich mich nicht, eher bringe ich mich ums Leben!«

Angeblich wollte sich der Angeschuldigte freiwillig dem Gericht stellen, tat dies aber nicht, sondern trieb sich umher, bis ihn seine Mutter zum Dienstherrn in Kösnitz zurückgebrachte, wo er bald darauf verhaftet und in Untersuchung genommen wurde. Da Bechmann der Tat nicht überführt werden konnte, die Untersuchung folglich ohne Resultat blieb, stellte die Justiz das gegen ihn gerichtete Verfahren wieder ein und ließ den Dienstknecht laufen.

Erst eine schreckliche Entdeckung vermochte die Untersuchung der Umstände des Verschwindens des kleinen Wilhelm Preller wieder zu beleben. Im Dezember 1859 sah der Apoldaer Wirkermeister Pfeiffer aus einem Weidenbaum zwischen Apolda und Kleinromstedt etwas herausragen, was ihn an einen menschlichen Schädel erinnerte. Wegen

---

* Ort in Sachsen-Weimar-Eisenach, heute Ortsteil der Gemeinde Saaleplatte im thüringischen Landkreis Weimarer Land.

des kalten Tages unterließ er damals jede weitere Nachforschungen, begab sich aber am Neujahrstag 1860 mit einigen Bekannten wieder an die fragliche Weide und untersuchte diese. Im Gerichtsbericht der Sondershäuser Zeitung *Der Deutsche* vom 8. Mai 1860 schrieb ein ungenannter Gerichtsreporter:

»Einer der Anwesenden [...], (ein gewisser Herr – d. Verf.) Hornbogen, erweiterte die schon darin befindliche Öffnung und es zeigte sich ein Kindergerippe in dem Baume. Den Kopf nach unten, die Füße nach oben gerichtet, welches beim Herausnehmen zerfiel; über das Gerippe war Ackererde gedeckt gewesen. Hornbogen nahm den Schädel und einige andere Knochen mit und lieferte diese an die Polizeibehörde die schon anderweit von der Sache gehört und Verhandlungen angeordnet hatte, ab; bei einer gerichtlichen Besichtigung wurden auch die übrigen Knochen gesammelt und in Verwahrung genommen; auch hierbei wurde bemerkt, daß in dem fragl. Baumstamme Ackererde, nicht Baumerde, sich befand; Reste von Kleidungsstücken sind nirgends zu finden gewesen. Die hierdurch veranlaßte Wiederaufnahme der Untersuchung führte, in Verbindung mit den bereits geführten Ermittlungen, dessen Resultat sich aus der Beweisaufnahme ergeben wird, zur Erhebung der Anklage, unter welcher B. wegen Mordes seines Kindes vor den Geschworenen steht.

Der Angekl., dem ein früheres Heirathsproject nicht gelungen war, weil damals sein Kind noch lebte, erklärte bei seiner Vernehmung: Er habe Anfang Juni 1856 zu einer Zeit, in der er seine jetzige Ehefrau noch nicht näher gekannt habe, während seiner Dienstzeit in Apolda ein Nähmädchen aus der Zimmermannschen Fabrik, Caroline Tittrich [...] kennen gelernt, der er gefallen und die ihm etwas später gesagt habe, er müsse ihr Schatz werden; sie *wolle nach Amerika gehen, wo ihre Mutter verheirathet sei [...] und sie wolle sein Kind auf eigene Kosten mitnehmen. Und, so seine Einlassung, sie habe gewollt, daß er nachkomme. Zu diesem Behufe habe sie ihm nicht nur einiges Geld gegeben, sondern auch versprochen, für ihn und seinen Bruder Julius das Reisegeld aus Amerika zu schicken. Er sei darauf eingegangen und habe mit dem Mädchen, welches am Lindenberge gewohnt habe, in deren Wohnung er jedoch nie gekommen sei, verabredet, sein Kind am 6. Juli aus Coppanz abzuholen und ihr zu übergeben; er habe Ersteres auch in der oben angegebenen Weise gethan; das Mädchen sei ihm aber nicht im Mühlthale, sondern erst zwischen Kleinromstedt und Apolda entgegengekommen und mit ihm nach letzterem Orte zurückgekehrt; hier sei er mit demselben erst in der Dunkelheit angekommen und im Gasthof zur Weintraube eingekehrt, habe der Tittrich dann das Kind überliefert und sich noch an der Weintraube von ihr getrennt und nach Hause begeben; am folgenden Tage sei die Tittrich, die er nicht wieder gesehen habe abgereist; im October habe er von ihr einen Brief aus Amerika erhalten, worin sie ihm mitgetheilt, daß sein Sohn am zehnten Tage der Seereise an den Blattern gestorben sei; nunmehr habe er den Entschluß, selbst nach Amerika auszuwandern, aufgegeben. Den Brief habe er in den Futterkasten seines damaligen Dienstherrn, des Bürgermstr. Razmann aus Mattstedt*, gelegt gehabt und wisse nicht, wohin derselbe (den auch sein Mitknecht gelesen habe) gekommen sei.«*

Diese recht unwahrscheinliche Erzählung hatte der Angeklagte bereits in der Voruntersuchung zelebriert. Dabei verwickelte er sich nun in Widersprüche, denn noch in der

* Ort in Sachsen-Weimar-Eisenach, heute Ortsteil der Gemeinde Ilmtal-Weinstraße im thüringischen Landkreis Weimarer Land.

Voruntersuchung hatte Bechmann angegeben, mit der Tittrich lediglich zehn bis zwölf Wochen vor dem 6. Juli 1856 bekannt gewesen zu sein und daß dieselbe erst Mitte August nach Amerika ausgewandert sei. Als jedoch die Mutter Bechmanns mit Marie Preller am 8. Juli, also zwei Tage nach dem Verschwinden des Kindes, nach dem Verbleib des Knaben fragte, erwiderte ihr der Angeklagte, er könne ihr nicht sagen, wo das Kind hingekommen sei. Erst viel später hatte Ferdinand Bechmann den beiden Frauen bekundet, daß das Kind von seinem Mädchen mit nach Amerika genommen worden sei. Fleischermeister Hähner, bei dem der Angeklagte im Juli 1856 diente, und dessen Gattin sagten aus, sie hätten nie etwas von einer Bekanntschaft ihres Knechtes mit einer Caroline Tittrich und ebenso wenig davon gehört, daß der Bechmann sein Kind einem Mädchen nach Amerika habe mitgeben wollen. Als Letzterer am 6. Juli nach Hause zurückgekehrt sei, habe er weder an diesem, noch an folgenden Tagen die Abreise seines Kindes erwähnt und erst davon gesprochen, als seine Mutter massiv nach dem Verbleib ihres Enkelsohnes überall nachforschte. Von einem Brief, den der Angeklagte vorgab, aus Amerika erhalten zu haben, wußte kein Zeuge etwas auszusagen. Für die Aussage des Angeklagten sprach jedoch, daß Frau Razmann bekundete, Bechmann wäre, während er beim Bürgermeister im Dienst stand, tatsächlich fast jeden Sonntag zur Post gegangen, um sich nach einem erwarteten Brief zu erkundigen, und sie habe gehört, daß die Korrespondenz eines Tages mit der traurigen Nachricht vom Tod des kleinen Jungen eingetroffen sei, worauf der Angeklagte seinen Auswanderungsplan fallen lassen habe.

Der Dienstknecht Schreiber, der nach den Ausführungen Bechmanns den Brief gelesen haben soll, gab auf Nachfrage des Oberstaatsanwaltes Dr. von Groß beschämt zu, Analphabet zu sein. Auch ließ sich die Existenz einer Caroline Tittrich trotz akribischer und umfassender polizeilicher Nachforschungen nirgends ermitteln. So gingen die Gendarmen am Apoldaer Lindenberg von Haus zu Haus und befragten die Bürger, aber keiner wußte etwas von einer Frau Tittrich.

Nach Auskunft der Polizeibehörden in Hamburg und Bremen ließen sich in den einschlägigen Auswanderungslisten des Jahres 1856 die Namen Caroline Tittrich und August Albert Preller nicht ermitteln. Im oben erwähnten Gerichtsreport heißt es weiter:

»Spricht schon dieses dafür, daß die Tittrich eine fingirte Persönlichkeit ist, so wird dies noch wahrscheinlicher dadurch, daß der Angekl. im Juli 1856 mit seiner jetzigen Ehefrau schon in nahen Beziehungen stand und also eine zweite derartige Bekanntschaft wohl schwerlich hatte; auf Veranlassung seiner jetzigen Ehefrau hat er mit derselben am 27. Juni 1856 bei einem Kinde ihrer Schwester Gevatter gestanden und hat dieselbe überhaupt nachweisbar schon im Jahr 1855 kennen gelernt, obgleich er dies anfänglich leugnet und dann wenigstens in der fragl. Zeit noch nicht daran gedacht haben will, sie zu heiraten. Andere Zeugen bekundeten ihre Begegnung mit dem Angekl. bei Kleinromstedt, und wieder andere die Auffindung des Kindergerippes in der schon oben angegebenen Weise. Dafür, daß letzteres mit dem Verschwinden des Kindes in Zusammenhang gebracht werden darf und muß, spricht noch, daß der Angeklagte die Gegend um die fragliche Weide herum nicht kennen will, obgleich ihm nachgewiesen wird, daß er […] von einer ganz in der Nähe befindlichen Wiese seines damaligen Dienstherrn Hähner einen Düngerhaufen abgefahren hat; dabei hat er recht wohl bemerken können, daß die dortige Gegend, durch welche ein Fußweg von Apolda nach Kleinromstedt führt, wenig betreten wird,

und daß man diesen Weg von der Chaussee aus ungesehen gehen kann. Ferner hat der Feldhüter Schimmel vor einigen Jahren an der fragl. Weide eines Montags früh Ackererde umhergestreut gefunden, während er am Abend vorher davon nichts bemerkt hat; eine andere Zeugin hat vor 3–4 Jahren in der Nähe der Weide Land gepachtet gehabt und damals stets einen Geruch von Verfaultem und Verwestem wahrgenommen, jedoch nicht weiter darauf geachtet; im darauf folgenden Frühjahr hat der Zeuge Bratfisch aus der fragl. Weide Fliegengeschmeiß hervorkommen sehen. Es sind weiter in der ganzen Umgegend die sorgfältigsten polizeilichen Recherchen angestellt worden; dieselben haben aber auch nicht den geringsten Anhaltspunkt gewährt, daß daselbst je ein Kind, namentlich ein Kind von ungefähr 2 Jahren, vermißt worden sei, von dem etwa das aufgefundene Gerippe herrühren könnte.«

Der Medizinalrat Dr. Goullon wies an Hand der den Geschworenen vorgelegten Knochen des Kindes den Zeitpunkt des Todes nach. Unter diesen Umständen hätten zwei bis drei Jahre genügt, um eine vollständige Verwesung der Weichteile herbeizuführen. Es zeigten sich zwar am Schädel des Kindes Spuren von Verletzungen, so der Mediziner, die ihrer verwitterten Ränder wegen aus älterer Zeit herrührten, es lasse sich aber nicht nachweisen, ob sie vor dem Tode oder nach demselben, vielleicht beim Eintauchen des Kopfes in den Baum, zugefügt worden seien. Ein sicherer Anhaltspunkt für die Art des Todes fehle daher leider. Nach Abschluß der Beweisaufnahme resümierte Oberstaatsanwalt Dr. von Groß in seinem Plädoyer, daß bewiesen sei, daß dem Angeklagten sein Kind zur Last geworden sei und er dessen Verschwinden nach Amerika vorgetäuscht habe, um das grausame Verbrechen an dem kleinen, hilflosen Wilhelm Preller zu verschleiern. Als Beleg dafür gab der

Anklagevertreter vornehmlich die widersprüchlichen Aussagen Bechmanns, verschiedene Zeugenaussagen und die Umstände der Auffindung des Kindergerippes an, dessen Schädelverletzungen sowie die Art und Weise der Auffindung der Leichenreste in der Weide.

»Beide Momente würden«, so der Bericht des Gerichtsreporters über die Ausführungen des Oberstaatsanwaltes, *»durch den Ort, an welchem das Kind verschwunden und das Skelett aufgefunden sei, durch die Zeitverhältnisse, das übereinstimmende Alter, die Thatsache, daß nirgends in dortiger Gegend ein Kind abhanden gekommen sei, und durch den Umstand, daß der Angekl. den Ort der Auffindung des Gerippes nicht kennen wolle, während er ihn kennen müsse, in den engsten Zusammenhang gebracht und dadurch der Beweis für das von dem Angekl. verübte Verbrechen hergestellt; derselbe habe sein Kind, wie außer den sonstigen Umständen auch die vorher erfundene Entschuldigungserzählung beweise, mit Vorbedacht und Ueberlegung getödet und sei daher des Mordes schuldig«*.

Der Eisenacher Verteidiger Rechtsanwalt Hering ging dagegen davon aus, daß nur bei dem gleichzeitigen Vorhandensein von subjektiven und objektiven Tatbeständen eine Verurteilung des Ferdinand Bechmann erfolgen könne. Es lägen ja wohl nur Indizien* vor, klare Beweise für die Tat durch den Angeklagten würden fehlen. So könnten die Behauptungen seines Mandanten wohl teilweise, aber nicht gänzlich erfunden sein. Einerseits sei Bechmann zu den falschen Aussagen nicht berechtigt gewesen, andererseits

* Unter einem Indiz (von lat: indicare = anzeigen) versteht man einen Hinweis, der für sich allein oder in einer Gesamtheit mit andren Indizien den Rückschluß auf das Vorliegen einer Tatsache zuläßt. Im Allgemeinen ist ein Indiz mehr als eine Behauptung, aber weniger als ein Beweis.

beweise dies noch lange nicht, daß er auch das zu richtende Verbrechen tatsächlich begangen habe. Es würden im Ergebnis der Beweisaufnahme eben nur Vermutungen übrig bleiben, wie auch die Anklage selbst zugegeben habe. Die bloßen Vermutungen, zum Beispiel eine Aussetzung des Kindes und die Mitwirkung einer weiteren Person zur Herbeiführung des Ablebens des Kindes, berechtigten nicht dazu, den Angeklagten schuldig zu sprechen. Zumal, so Hering, der frühere tadellose Lebenswandel des Angeklagten eine solche Ruchlosigkeit, wie sie in dem fraglichen Verbrechen vorliege, nicht annehmen lasse. Überdies könne der objektive Tatbestand nicht konstatiert werden, ob das vorgefundene Gerippe einem Knaben oder einem Mädchen zuzuordnen sei. Möglicherweise würde das angeblich getötete Kind doch noch am Leben sein. Auch werde dadurch, daß in der fraglichen Gegend kein Kind vermißt werde, nicht ausgeschlossen, es könne sich bei dem aufgefundenen Gerippe um einen anderen Menschen handeln. Schlußendlich seien auch die übrigen Momente zur Erbringung des Beweises der Tat nicht ausreichend für eine Verurteilung des Ferdinand Bechmann und es werde daher für die Unschuld des Angeklagten plädiert.

Die Geschworenen bejahten hingegen die an Sie gerichtete Schuldfrage einstimmig.

Der Angeklagte, der den Verhandlungen meist mit wenig Teilnahme und Gleichgültigkeit gefolgt war, sank bei der Verkündung des für ihn so verhängnisvollen Spruchs der Geschworenen ohnmächtig zusammen, da er einen Freispruch erwartet hatte. Kurz darauf entschied am 28. April 1860 der Großherzoglich Fürstlich Schwarzburgische Gerichtshof in Weimar nach stattgefundener Hauptverhandlung vor dem Geschworenengericht in Anklagesachen gegen Ferdinand Bechmann von Coppanz wegen Mordes nach Artikel 119 des Strafgesetzbuchs* für Recht, daß Ferdinand Bechmann wegen des Verbrechens des Mords mit lebenslänglichem Zuchthaus zu bestrafen sei und die Kosten des Strafverfahrens auf dem Grunde des Artikels 359 der Strafprozeßordnung zu tragen habe.**

Da das Gesetz zur Wiedereinführung der Todesstrafe in Sachsen-Weimar-Eisenach*** erst einige Tage nach dem vermeintlichen, aber während der Verhandlungen nicht eindeutig bewiesenen Verbrechen des Ferdinand Bechmann vom 6. Juli 1856 beschlossen und publiziert worden war, konnte es auf Bechmann nicht angewandt und dieser damit nicht zur Höchststrafe verurteilt werden.

Außerhalb des Gerichtes, aber noch am Abend des 28. April 1860, habe Bechmann, so berichtete die Presse, umfassend gestanden, sein Kind, welches ihm aus den oben aufgeführten Gründen längst zur Last gefallen war, in der Nähe der besagten Weide entkleidet, mit den Händen erdrosselt, in den Baum gesteckt und es mit Klee und Erde bedeckt zu haben.

Auf Anfrage der sachsen-weimar-eisenachischen Justizbehörden teilte am 25. Mai 1864 die Großherzogliche Sächsische Zuchthausinspektionen mit, daß der im Zuchthaus Weimar einsitzende Ferdinand Bechmann sich im Allgemeinen befriedigend und recht ruhig betrage und als fleißiger Arbeiter gezeigt habe.

In den folgenden Jahren bat der Verurteilte wiederholt um Aufhebung seiner lebenslangen Zuchthausstrafe und deren Umwandlung in eine zeitlich begrenzte Haft. Alle

---

* Strafgesetzbuch für das Großherzogtum Sachsen-Weimar-Eisenach vom 20.3.1850.

** Vgl. ThHStA Weimar, Bestand Rechtspflege B 2883/27 Band II.

*** Die Wiedereinführung der Todesstrafe mittels Fallbeil erfolgte in Sachsen-Weimar-Eisenach mit Gesetz vom 14. Juli 1856.

diesbezüglichen Anträge wurden regelmäßig abgewiesen. Auch einem Versuch der Angehörigen des Ferdinand Bechmann und des Pfarrers von Coppanz zur Begnadigung erteilte das Weimarer Großherzoglich Sächsische Kreisgericht am 17. Juli 1869 eine Abfuhr.

Am 26. März 1873 schrieb Ferdinands Mutter Christiane Marie Bechmann, geborene König, an den Großherzog Carl Alexander* von Sachsen-Weimar-Eisenach und bat um Begnadigung ihres Sohnes.

»Mein Sohn der Dienstknecht Ferdinand Bechmann von hier Coppanz, hatte vor etwa 16 Jahr ein Mädchen geschwängert, die ein kränkliches und an einem Bruche leidendes Kind gebar. Er konnte das Mädchen später nicht mehr leiden, da dieselbe nur ihn ausschließlich für das Kind sorgen ließ, was er als armer Dienstbote schlechterdings nicht im Stande war, und sich um gar nichts bekümmerte. Hier rüber im Innern tief verärgert, mag er den teuflischen Entschluss gefaßt haben, vorher das Kind zu ermorden und dann nach Amerika zu gehen und möglicherweise hat ihm die Ansicht und Wahrnehmung, daß das Kind durch und durch krank war und sich und Anderen nur zeitlebens zur Last werde, die schändliche Tat plausibel gemacht und erleichtert. Gebüßt hat er dafür bereits sicher viel, denn, abgesehen von der langen Vorverhaftung, hat er bereits nun 13 ein halb Jahre Zuchthaus in Weimar von der ihn zu erkannten lebenslänglichen Strafe verbüßt. Im 42. Lebensjahre jetzt stehend, war dieser mein Sohn ein durch und durch guter und braver Junge, der soviel ich weiß, nicht des geringsten Vergehens sich schuldig gemacht und erst mit diesem schweren Verbrechen hat er zu seinem

---

* Großherzog Carl Alexander von Sachsen-Weimar-Eisenach (*24. Juni 1818, †5. Januar 1901), regierte von 1853 bis 1901.

Unglück einen Fehltritt getan, freilich den unvergleichlichen, wenn auch von seinem Standpunkt aus ihm gerechtfertigte Motive vor geschwebt zu haben scheinen. Dieser mein Sohn Ferdinand war das beste von meinen vielen Kindern. Umso mehr beugte mich seine Tat nieder. Tag und Nacht habe ich mich gegrähmt und geweint, so, daß ich seit nunmehr acht Jahren mit einem Auge erblindet und von Kummer so schwach bin, daß ich seit mehreren Jahren an einem Stock hingehen muss. Im 71. Lebensjahr jetzt stehend, erblindet und schwach, lebe ich mit meinem Ehemann nicht mehr zusammen, denn er war lange Jahre liederlich und sorgte weder für mich noch für die Kinder. So stehe ich von Gott und der Welt verlassen da in meinem hohen Alter und hilfsbedürftig, denn alles was dieser mein Sohn und ich erspart hatten, ging durch dieses Unglück verloren, die Frau meines Sohnes ließ sich von ihm scheiden, und beider Tochter kommt zu Ostern dieses Jahres aus der Schule, bei der Mutter, die jetzt in Herrassen verheiratet ist. Und, ach! Der Vater sitzt zeitlebens im Zuchthause! Ja ich Arme, alte und teilweise erblindete Frau bin von Gott und aller Welt verlassen. Bei keinem meiner noch lebenden Kinder kann ich Unterkommen finden, weil sie selbst arm und verheiratet sind, was bei drei Söhnen der Fall ist, von einem Sohn, der auch diente, weiß ich augenblicklich gar nicht, wo er sich aufhält. Und, in meinen alten Tagen, durch und durch kränklich, muss ich mich zudringlich unter fremden Leuten herumdrücken, die mich lieber gehen als kommen sehen. Dieses Unglück ist für mich schierer größer, als das namentliche Unglück meines Sohnes. Ich vertraue nun nach wie vor lediglich auf meinen Sohn Ferdinand. Aber er sitzt lebenslänglich. Der Gedanke liegt Zentner schwer auf meinem Herzen und peinigt mich Tag und Nacht. Mein Sohn Ferdinand *hat im Zuchthause die Schuhmacherei erlernt, worin er ganz geschickt sein soll, wie denn, dem Vernehmen nach auch während seiner langen Haft schlechterdings nichts nachteiliges vorgekommen und seine Aufführung, nach dem übereinstimmenden Zeugnis seiner Vorgesetzten, untadelhaft gewesen ist. Ach! Wie glücklich würde ich [...] wenn dieser mein Sohn für mich sorgen und zu diesem Zwecke aus der Haft entlassen werden könnte. [...] Königliche Hoheit! Es sind schon so viele durch fürstliche Huld und Gnade dem nützlichen Leben wieder gegeben worden, die zeitlebens in die Nacht schweren Kerker verurteilt waren – wollten eure Königliche Hoheit nicht die flehentlichen Bitte einer alten, kranken und gebrechlichen Frau erhören und ihrem in schweres Unglück geratenen Sohn die Freiheit schenken, in der Überzeugung, daß derselbe so lange und so schwer gebüßt hat.«**

Auch dieses Gesuch wurde in Weimar mit Datum vom 16. April 1873 abschlägig beschieden.

In einem seiner späteren Gnadengesuche schrieb Ferdinand Bechmann, daß er sich zu der Tat getrieben fühlte, hätte seine Ursache in dem Umstand, daß er an seine Vaterschaft bei dem kleinen Preller nicht geglaubt habe. Das Kleinkind habe er teils auch deshalb umgebracht, weil es weinerlich sowie wegen eines Bruchleidens kränklich gewesen sei. Nie wieder wollte er etwas mit der Mutter des Kindes zu tun haben. Die Erziehungskosten hätten ihn überfordert, da ihm nur sehr wenig Lohn zur Verfügung stand.

Um 1873 bzw. 1874 wurde der Delinquent in das Zuchthaus nach Tonna, dem späteren Gräfentonna, verlegt. Ferdinand schrieb auch in den folgenden Jahren wiederholt

---

* ThHStA Weimar, Bestand Rechtspflege B 2883/27 Band II.

Gnadengesuche, um endlich wieder freie Luft atmen zu dürfen. Alle diesbezüglichen Papiere legte man zwar dem Großherzog vor, dieser aber wies sie immer wieder ab. Am 16. März 1881 teilte schließlich der Direktor des Zuchthauses Gräfentonna der Staatsanwaltschaft beim Großherzoglich Sächsischen Landgericht Weimar mit, daß am 11. März genannten Jahres der Handarbeiter Ferdinand Bechmann im Zuchthaus verstorben sei.

Der hier geschilderte Kriminalfall hatte übrigens ausgelöst durch einen Brief des Gemeindevorstandes Jena vom 8. Dezember 1873 an das Großherzogliche Sächsische Kreisgericht, Abteilung für Untersuchungssachen in Weimar, eine ausgesprochen bürokratische Note erhalten, die durchaus als makaber angesehen werden kann. Darin wurde geschildert, daß der am 18. September 1854 in Jena geborene Wilhelm August Albert Preller, Sohn der unverehelichten Marie Elisabeth Preller aus Vierzehnheiligen, wenn er noch am Leben wäre, im Laufe des nächsten Jahres in das militärpflichtige Alter eintreten würde. Derselbe soll aber im dritten Lebensjahre in der Nähe von Apolda von Ferdinand Bechmann aus Coppanz ermordet worden sein. Wo die Beerdigung der Leiche stattgefunden hat, ließe sich in Jena nicht ermitteln. Behilfs der Aufstellung der Stammrolle ersuche man daher das Großherzoglich Sächsische Kreisgericht ergebenst, auf der Grundlage der Akten gefälligst eine Bescheinigung über das Ableben des kleinen Preller zu übermitteln. In der Antwort des Kreisgerichts vom 10. Dezember 1873 an den Gemeindevorstand in Jena wurde bestätigt, daß das Kind Opfer einer Mordtat gewesen und das dessen Gerippe in einer hohlen Weide gefunden worden sei. Die sterblichen Überreste des Ermordeten habe man als »Corpus Delicti« gebraucht und später vernichtet.

DER TOTE JENAER PROFESSOR UNTER DER KANALBRÜCKE

(1861)

Es ist Johann Gottlob Rodeck, von Lobeda, wegen des an dem Professor der Philosophie Dr. Ferdinand Wachter, von Lobeda, verübten Raubmordes mit dem Tode durch Enthauptung mit dem Fallbeil zu bestrafen.

Der grausame Mord an dem Professor bewegte schon einige Monate nicht nur die Gemüter der Universitätsstadt Jena. Am 18. November des Jahres 1861 sollte nun endlich das Urteil über dessen kaltblütigen Mörder gesprochen werden. Die *Weimarische Zeitung* teilte ihrer Leserschaft in einer Eilmeldung unter der in dicken Lettern geschriebenen Überschrift *»Schwurgerichtsverhandlungen«* das Ergebnis des Gerichtsprozesses mit:

»Nachm. 1 Uhr. In der soeben beendigten heutigen Sitzung des Schwurgerichts wurde der Zimmergesell Gottlob Rodeck aus Lobeda des Raubmordes, verübt an dem Professor Dr. Wachter zu Lobeda, für schuldig erklärt und zum Tode durch Enthauptung mit dem Fallbeil verurtheilt.«

Was war am späten Abend des 19. Juli 1861 geschehen? Der 67jährige Philosophieprofessor und frühere Dozent an der Universität Jena Ferdinand Wachter* lebte bereits eineinhalb

* Wachter besuchte seit 1807 die Domschule in Naumburg und studierte ab 1816 in Jena Jura, später Geschichte. Den Grad eines Doktors der Philosophie erlangte er 1819, habilitierte sich 1820 in der Saalestadt durch

Jahre in Lobeda bei Jena. Dort bewohnte der am 29. Juni 1794 in Renthendorf* geborene Sohn eines Rittergutsbesitzers ganz allein das ihm gehörige Haus. Der wohlhabende Professor führte, so die Presse in ihrer Berichterstattung über den Prozeß später, ein höchst eigentümliches Leben. Niemand bekam in der letzten Zeit Einlaß in sein Haus. Seine Haushälterin entließ er, weil sie sich einmal unterfangen hatte, in Wachters Stube aufzuräumen. Nur eine Gewohnheit brachte ihn mit seinen Mitmenschen in Kontakt: Fast täglich, abends gegen 18 Uhr, verließ er seine Wohnung, ging von Lobeda nach Wöllnitz, trank dort einige Kännchen Bier und kehrte regelmäßig gegen 23 Uhr nach Lobeda zurück.

Auf seinem Heimweg traf der Professor am 19. Juli auf seinen Mörder Johann Gottlob Rodeck. Dieser war nicht nur ein »alter Bekannter« des Hochschullehrers, sondern auch der Justiz. Etwa ein Jahr zuvor war der Zimmergeselle, während Wachter in Wöllnitz Bier genoß, in dessen Haus eingebrochen und hatte daraus verschiedene Gegenstände gestohlen. Rodeck wurde als Dieb ermittelt und vom Großherzoglichen Kreisgericht in Weimar am 17. Oktober 1860 zu drei Monaten Arbeitshaus verurteilt. Diese Strafe verbüßte er in der Zeit vom 17. Oktober 1860 bis zum 15. Januar 1861. Zudem entzog man ihm die staatsbürgerlichen Rechte auf zwei Jahre.

Im Januar 1861 aus der Strafanstalt entlassen, verfiel der junge Mann wieder in seinen alten Trott des Müßiggangs. Einst führte ihn sein Vater mit straffer Hand, doch dieser war nun schon verstorben und der Mutter fehlte die Kontrolle über ihren Sohn. Da Johann Gottlieb keiner Arbeit

---

die öffentliche Verteidigung einer lateinischen Abhandlung über die Bedeutung der Siegfriedsage und wurde 1834 außerordentlicher Professor der Philosophie. 1854 erfolgte seine Entlassung aus dem Staatsdienst.

* Gemeinde im thüringischen Saale-Holzland-Kreis.

nachging, herrschte in seiner Geldbörse chronische Ebbe. Daher paßte Rodeck den heimkehrenden Professor wiederholt ab und bettelte ihn, den er ein Jahr zuvor bestohlen hatte, um Darlehen zwischen zwei und zehn Talern an. Ja, der Taugenichts versperrte Wachter frech den Weg, und das so oft, daß jener mehrmals seine Angst gegenüber verschiedenen Zeugen äußerte. Trotzdem wies der Gelehrte stets die Forderungen Rodecks zurück.

Im Gerichtsprozeß behauptete der Mörder später zu seiner Entlastung, der Professor Wachter habe ihn provoziert, ihn einmal sogar als einen *»Räuberhauptmann«* verunglimpft und ihn obendrein mit seinem Stock auf den Kopf geschlagen. Dies jedoch glaubte ihm das hohe Gericht nicht, denn Wachter war schließlich ein betagter, schon etwas gebrechlicher, friedfertiger Mensch. Außerdem war der Mann eher scheu und furchtsam. Am wenigsten hätte er es gewagt, den frechen Bettler Rodeck durch Gewalt gegen sich aufzubringen.

Wie oft der Täter den Plan geschmiedet hatte, den Professor zu ermorden, konnte das Gericht nicht ermitteln. Am 19. Juli 1861, abends 21 Uhr, muß jedoch der teuflische Plan des Zimmergesellen festgestanden haben. Mit einer Flößeraxt bewaffnet, festen Schrittes und mit haßerfülltem Blick verließ er die Wohnung seiner Mutter. Sie und die Schwester flehten ihn schluchzend und unter Tränen an, nicht fortzugehen, wahrscheinlich weil sie ahnten, daß er Böses im Schilde führte.

Die verhängnisvollen Ereignisse nahmen ihren Lauf. Rodeck positionierte sich in der Nähe der Burgauer Kanalbrücke unweit von Lobeda und lauerte dort seinem Opfer auf. Als Wachter gegen 23 Uhr nichtsahnend an seinem Widersacher vorbeilief, schlug dieser ihm mit der Axt auf das Hinterhaupt. Der Professor stürzte sofort zu Boden. Der

Täter versetzte dem wehrlosen Mann noch sieben weitere Hiebe auf den Kopf. Dann griff er in die Taschen des Leblosen und nahm daraus die Schlüssel und das Portemonnaie mit etwa 20 Silbergroschen. Nachdem Rodeck hierauf den Erschlagenen unter die Kanalbrücke gezerrt hatte, eilte der Mörder zum Haus des Opfers, öffnete die Wohnung und durchsuchte sie nach Geld und Wertgegenständen. Dabei schlug er von einem Tischchen in der Wohnstube die Platte ab, öffnete eine Kommode und unternahm vergebliche Versuche, mit seiner Axt zwei große schwere eiserne Kisten in Wachters Schlafkammer aufzubrechen. Enttäuscht vom mageren Ergebnis seines Raubes, eilte Rodeck nach Hause, wo er das Mordinstrument in einem Kleiderschrank versteckte. Gegen vier Uhr am frühen Morgen verließ er seine Wohnung heimlich und streifte mehrere Tage lang in der Nähe Lobedas umher.

Am 20. Juli 1861, gegen 14 Uhr, fanden zwei Männer, die sich auf dem Weg von Jena nach Lobeda befanden, unter besagter Kanalbrücke, etwa 400 Schritte von Lobeda entfernt, eine Leiche, die sofort als die des Professors Wachter identifiziert werden konnte.

Im Polizeibericht hieß es, daß man in einer Entfernung von nur drei Schritten neben dem Chausseegraben bzw. Kanal am Boden einige mit Blut getränkte Stellen entdeckte. Die Mütze und der Stock Wachters lagen etwas unterhalb der Überbrückung nach der Saale zu und waren dahin wahrscheinlich durch das Wasser geführt worden.*

Die Kleidungsstücke des Verstorbenen waren durchnäßt und mit Schlamm bedeckt. Blutspuren fanden sich an denselben nicht, dagegen war das Kopfhaar mit Blut getränkt. Neben einer oberflächlichen Hautwunde an der Nase und

* Vgl. ThHStA Weimar, Bestand Rechtspflege B 2883/36 Band II.

einigen Blessuren im Gesicht zeigten sich am Kopf des Leichnams acht erhebliche Wunden. Vier dieser Wunden waren mit Frakturen des Schädelknochens verbunden. In der Schädelhöhle befand sich eine beträchtliche Menge an Blut. Auch auf dem Gehirn und auf der Hirnhaut war die Ansammlung von schwarzem Blut feststellbar. Ansonsten wies der Körper keine weiteren Verletzungen auf. Dies sprach zweifellos dafür, daß der Tod infolge der gravierenden Kopfverletzungen sehr rasch eingetreten sein mußte, und zwar durch eine hochgradige Erschütterung in Verbindung mit der dadurch hervorgerufenen Lähmung des Gehirns.

Dem Bürgermeister Lobedas, Herrn Wilhelm von Obstfelder, fiel sogleich auf, daß bei der Leiche keine Hausschlüssel gefunden wurden. Dies ließ den Schluß zu, daß die Schlüssel vom Täter benutzt worden waren, um die Professorenwohnung auszurauben. Eine sofortige Untersuchung des Wachterschen Hauses ergab, daß es zwar verschlossen, das Türschloß aber durch verschmutzte Hände verunreinigt war. Nach Öffnung der Eingangstür konnte das ganze Ausmaß der Gewaltausübung erkannt werden.

Am 20. Juli 1861, dem Tag, als der Leichnam entdeckt wurde, lief die Schreckensnachricht wie ein Lauffeuer zunächst durch Jena, später durch das Großherzogtum Sachsen-Weimar-Eisenach und dann hinaus über die Grenzen Thüringens. Es hieß, der in Lobeda wohnhafte, betagte 67jährige Professor der Philosophie Dr. Ferdinand Wachter sei unweit seines Wohnortes erschlagen, unter der Burgauer Kanalbrücke versteckt, aufgefunden worden.

Der Urheber des entsetzlichen Verbrechens sollte nicht lange unerkannt bleiben. Von vornherein fiel der Verdacht der Täterschaft auf Johann Gottlob Rodeck, der mit seiner 14jährigen Schwester und seiner Mutter in Lobeda wohnte, währenddessen drei Brüder in auswärtigen Diensten oder in der Lehre standen. Der Leumund der Familie war sehr schlecht. Vor allem Gottlob galt als träger, arbeitsscheuer Mensch. Derselbe hatte das Zimmerhandwerk erlernt und auch bei mehreren Zimmermeistern in Lobeda und Jena als Geselle gearbeitet, es aber nirgends lange ausgehalten. Der Verdacht, daß Rodeck der Mörder sei, verdichtete sich von Stunde zu Stunde, vor allem als man bei einer Hausdurchsuchung in dessen Wohnung die zur Tat verwendete blutverschmierte Axt entdeckte. Daraufhin wurde die gerichtliche Untersuchung eingeleitet und Rodeck zur Fahndung ausgeschrieben.

Gottlob streifte nach wie vor in benachbarten Ortschaften umher. Vier Tage nach seinem brutalen Verbrechen konnte der Täter am 23. Juli 1861 von mehreren Bauern in der kleinen sachsen-altenburgischen Gemeinde Schirnewitz bei Rothenstein ausfindig gemacht und zur Haft gebracht werden. Bei ihm fanden die Gendarmen einen Zettel, auf welchem Abschiedsworte an seine Mutter und die Schwester geschrieben standen. Rodeck wollte, wie er später angab, sich selbst das Leben nehmen, fand aber nicht den Mut dazu. Nach einigen Vernehmungen gab der Mörder die grauenhafte Tat unumwunden zu. Der Angeschuldigte versicherte, das Verbrechen allein und ohne Wissen anderer verübt zu haben, und räumte damit wenigstens den zu diesem Zeitpunkt noch auf seiner Mutter und der Schwester liegenden Verdacht aus.

In den Vernehmungen behauptete der überführte Mörder weiter, daß er sich an Wachter für die Beschimpfungen und den Hieb mit dem Stock habe rächen wollen und denselben daher erschlagen habe. Den Philosophieprofessor zu bestehlen kam ihm erst nach dessen Ermordung ganz spontan in den Sinn. Später mußte er, dem Untersuchungsdruck und der Beweislast folgend, eingestehen, daß er auch zum Zweck des Raubes den Mord verübt hatte. Aller Wahrscheinlichkeit nach, so die Anklage, war dies das wahre und einzige Motiv für das Verbrechen.

Die Anklageerhebung wegen Raubmordes gegen den ledigen, unvermögenden Johann Gottlob Rodeck aus Lobeda erfolgte am 30. September 1861. Am 18. November 1861 hatte sich Johann Gottlob Rodeck in der öffentlichen Sitzung des Gemeinschaftlichen Geschworenengerichts des Großherzogtums Sachsen-Weimar-Eisenach und der beiden schwarzburgischen Fürstentümer Rudolstadt und Sondershausen in Weimar zu verantworten. Vor dem Prozeßpublikum stand ein über 20 Jahre alter Mann, von mittlerer Statur, mehr schmächtig als untersetzt, der durchaus nicht den Eindruck erweckte, mit großer Körperkraft ausgestattet zu sein.

»Den Blick«, so der Bericht eines nicht benannten Gerichtsreporters der *Weimarischen Zeitung* vom 19. November 1861, *»... senkte er zu Boden, sowohl wenn er die dichtgefüllten Zuhörerräume passierte, als auch beim Verhör auf der Anklagebank. Seine Antworten waren meist unverständlich, weil er sehr schnell und leise sprach; sie mußten deshalb fast stets von den ihm zunächst sitzenden Gerichtspersonen verdeutlicht werden. Bekanntlich hatte er bereits in der Voruntersuchung das Verbrechen in allen seinen Einzelheiten zugestanden; heute wiederholte er dieses Zugeständnis mit geringen Abweichungen, oft weinend und mit der Erklärung auf eine an ihn gerichtete Frage, daß er das Gethane bereut habe und noch bereue.«*

Das Gericht unter Leitung seines Präsidenten des Geheimen Justizrates Dr. A. von Gersdorff fällte folgendes Urteil:

»Nach stattgefundener Hauptverhandlung vor dem Geschworenengerichte, nachdem die Geschworenen die an

*sie gerichteten beiden Fragen einstimmig bejaht haben, auf dem Grunde dieses Ausspruchs und der Art 152 d. StGB** verbunden mit § 1 und 2 Ziffer 3 und § 5 des Ges. vom 14. July 1856* (wird – d. Verf.) *für Recht* (erkannt – d. Verf.)*: Es ist Johann Gottlob Rodeck, von Lobeda, wegen des an dem Professor der Philosophie Dr. Ferdinand Wachter, von Lobeda, verübten Raubmordes mit dem Tode durch Enthauptung mit dem Fallbeil zu bestrafen und sind die Kosten des Strafverfahrens auf dem Grunde des Artikel 359. der St.P.O.*** aus seinem Vermögen beizubringen.«****

Der Verbrecher vernahm dem Anschein nach ohne alle innere Bewegung das Todesurteil, wohl wissend, daß einige Jahre zuvor die Todesstrafe für Kapitalverbrechen wieder eingeführt worden war. Demnach blieb Rodeck nur noch die Chance, über den Gnadenweg sein Leben zu retten. Ein solches Gesuch wurde am 18. Dezember 1861 durch den Großherzog Carl Alexander von Sachsen-Weimar-Eisenach abschlägig beantwortet.

Noch am selben Tag begannen die intensiven Vorbereitungen zur Hinrichtung des Johann Gottlob Rodeck. Für die Exekution des Todesurteils wurde der Scharfrichter Ernst Samuel Heinrich Fritzsche aus Dresden gewonnen, der auch das erforderliche Hilfspersonal und die Fallbeilmaschine stellte. Die Hinrichtung fand am 6. Januar 1862 im Hof des Kriminalgerichtsgebäudes in Weimar statt. Am genannten Tag, 7.30 Uhr, fanden sich am frühen Morgen nach und nach unter anderem folgende Personen ein: Der Kreisgerichtsdirektor von Egloffstein, der Leiter der Untersuchungsabteilung Kreisgerichtsvizedirektor von Göckel,

---

* Strafgesetzbuch.

** Strafprozeßordnung.

*** ThHStA Weimar, Bestand Rechtspflege B 2883/36, Band V.

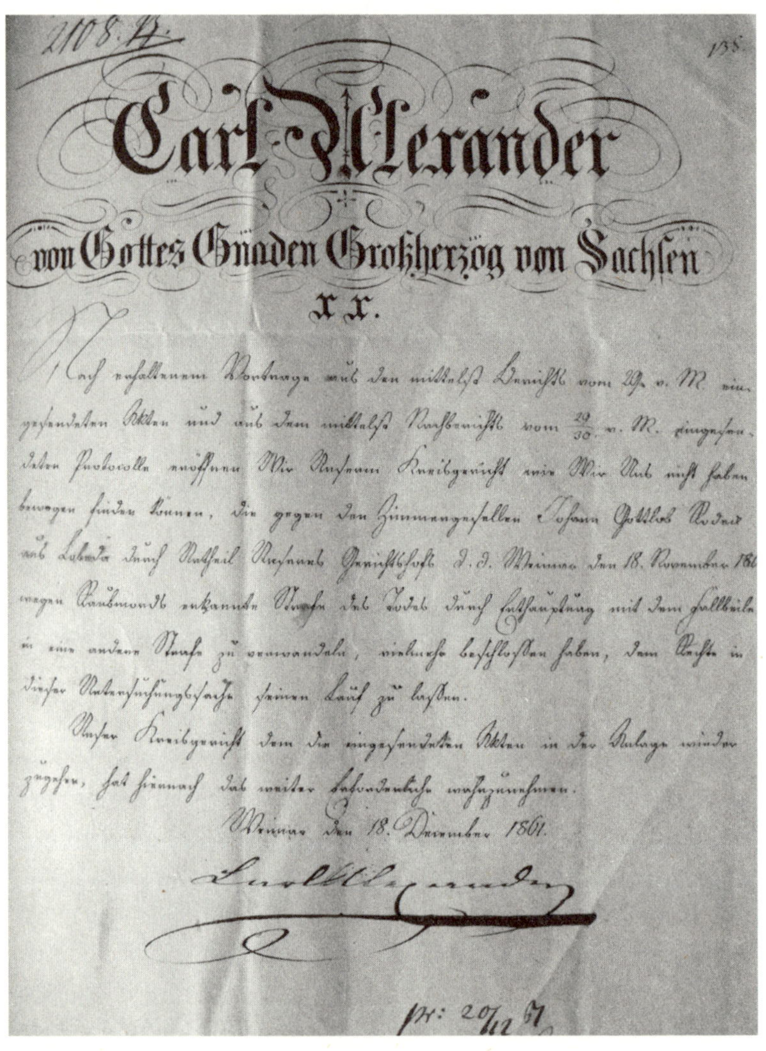

2108. B. 135

Carl Alexander

von Gottes Gnaden Großherzog von Sachsen

x. x.

Nach erhaltenem Vortrage aus den mittelst Berichts vom 29. v. M. eingesendeten Akten und aus dem mittelst Nachberichts vom 29/30. v. M. eingesendeten Protocolle eröffnen Wir Unserem Kreisgerichte wie Wir Uns nicht haben bewogen finden können, die gegen den Zimmergesellen Johann Gottlob Rodeck aus Lobeda durch Urtheil Unseres Schwurgerichtshofs d. d. Weimar den 18. November 1861 wegen Raubmords erkannte Strafe des Todes durch Enthauptung mit dem Fallbeile in eine andere Strafe zu verwandeln, vielmehr beschlossen haben, dem Rechte in dieser Untersuchungssache seinen Lauf zu lassen.

Unser Kreisgericht dem die eingesendeten Akten in der Anlage wieder zugehen, hat hiernach das weiter Erforderliche wahrzunehmen.

Weimar den 18. December 1861.

Carl Alexander

pr: 20/12 61

Ablehnung von Rodecks Gnadengesuch durch Großherzog Carl Alexander von Sachsen-Weimar-Eisenach vom 18. Dezember 1861.

Kriminalrat Keil, Vertreter der Staatsanwaltschaft, Pfarrer Schulz und zwölf weitere vom Gemeindevorstand Weimar ausgewählte Personen, drei Mediziner sowie Scharfrichter Fritzsche mit zwei Gehilfen. Pünktlich 7.30 Uhr wurde das Zeichen zum Läuten der sogenannten Beichtglocke des Weimarer Stadtturms gegeben, nachdem schon ein Militärkommando von 25 Mann unter Führung des Hauptmanns Schwabe den Hinrichtungsort abgesichert hatte. Alle Gefangenen, die hofseitig untergebracht waren, wurden schon am Tag zuvor in andere Zellen verbracht, so daß sie der Hinrichtung vom Fenster aus nicht folgen konnten, um eventuelle Unruhen im Gefängnis zu vermeiden.

Nun teilte man dem Geistlichen Schulz mit, daß die Stunde der Hinrichtung gekommen sei.

Bald darauf wurde der Gefangene Johann Gottlob Rodeck aus Lobeda in seiner eigenen zivilen Kleidung vorgeführt. Schulz ging ihm zur rechten Seite und spendete dem Delinquenten geistlichen Zuspruch. Anschließend verlas der Gerichtsschreiber das Todesurteil laut Gerichtsurteil und verkündete die großherzogliche Ablehnung des Rodeckschen Gnadengesuches. Danach befahl der Kreisgerichtsvizedirektor von Göckel dem Scharftrichter Fritzsche vorzutreten und sprach:

»Ich übergebe dem Nachrichter diesen Verbrecher Johann Gottlob Rodeck aus Lobeda zur Vollstreckung des Urteils«.*

Hierauf übernahm Scharfrichter Fritzsche zusammen mit seinen Gesellen den Raubmörder Rodeck und führte ihn bei heftigem Schneetreiben zum Schafott, wohin ihn Pfarrer Schulz zur rechten Seite bis an die Stufen der Hinrichtungsstätte begleitete. Während Fritzsches Gesellen den zum

---

* Veraltete Bezeichnung für Scharfrichter.

Tode Verurteilten die Stufen des Schafotts emporführten, spendete der Geistliche dem Sünder weiterhin Zuspruch. Auf dem Hinrichtungspodest angekommen, entkleideten der Scharfrichter sowie seine Gesellen den Hinzurichtenden so weit als nötig und schnallten ihn auf das Richtbrett. Danach schoben sie ihn in Richtung des Fallbeils. Rodeck setzte sich heftig zur Wehr. Er versuchte, sich selbst in dieser Lage noch umzuwenden, und er hatte zum Teil auch Erfolg. Als sein Hals endlich unter dem Fallbeil zum Liegen kam, vernahmen die Anwesenden noch das letzte Wort des Hinzurichtenden: *»Macht!«*

Im selben Augenblick krachte das Beil auf den Nacken und trennte den Kopf vom Rumpf, der in den unterhalb stehenden Kasten fiel. Die Militärangehörigen umstellten nunmehr das Schafott. Pfarrer Schulz sprach abschließend noch ein Gebet. Der ganze Akt der Hinrichtung dauerte acht Minuten, drei davon verstrichen von der Besteigung des Schafotts bis zum Abschlagen des Kopfes, wie später aktenkundig wurde.

DER OBERREICHENAUER SERIENBEILMÖRDER FRANZ BERNHARD SCHLÖRR IN GERA UND TRIEBES

(1874)

Jederzeit drohte eine erneute abscheuliche Tat.

Man hätte eine Stecknadel fallen hören können! Als Bernhard Schlörr aus Oberreichenau* am Freitag, dem 1. Oktober 1875, den Weimarer Schwurgerichtssaal betrat, fragten sich viele Prozeßbeobachter im Stillen: Sieht der Mensch wohl wie ein Mörder aus?

Das von der Schwurgerichtsverhandlung des Gemeinschaftlichen Gerichtes der thüringischen Staaten in Weimar ausführlich berichtende *Arnstädter Nachrichts- und Intelligenz-Blatt* ließ ihre vornehmlich schwarzburg-sondershäusische Leserschaft unter anderem an dem Ereignis mit einer Beschreibung des Täters Teil haben:

»Schlörr, ein kleiner Mensch von kleiner Statur und wenig kräftigem Körperbau, steht in dem 26. Lebensjahre; die Form seines Gesichts ist eine gewöhnliche, eine stark hervorspringende spitze Nase, scharf zusammengekniffene Lippen geben dem blassen Gesicht den Ausdruck großer Energie und nimmt man hinzu, daß Schlörr ein moralisch vollkommen gesunkener Mensch war, so erscheint er als

* Heute ein Ortsteil der Stadt Pausa-Mühltroff im sächsischen Vogtlandkreis.

ein recht wohl geeignetes Subjekt in einem Zeitraum von nicht 14 Tagen zweimal zum Mörder zu werden.«

Im Oktober 1874 wurde zuerst die reußische Stadt Gera in größte Aufregung versetzt. Im Handumdrehen verbreitete sich die Nachricht vom Mord an der verwitweten Lederhändlerin Christiane Anders in ihrem Laden in der Schloßstraße Nr. 12. Die am 4. Oktober in einer Blutlache aufgefundene bejahrte Besitzerin des Grundstücks war, wie spätere Ermittlungen ergaben, bereits abends zuvor mit einem wuchtigen schneidenden Instrument umgebracht worden. Der Kopf, der neben dem Ladentisch aufgefundenen wurde, war mit einem Beil derart zertrümmert worden, daß er bei der späteren Sektion völlig auseinanderfiel. Außer diesen – zweifelsohne – tödlichen Wunden am Kopf ließen sich noch zwei tiefe Schnittwunden am Hals und ein in der linken Brust steckendes Messer ermitteln, welches aus dem Haushalt der Anders stammte. Die Tiefe des mit großer Wucht ausgeführten Stiches betrug 16 Zentimeter.

Über den Mörder konnten zunächst kaum Erkenntnisse gewonnen werden. Lediglich zwei junge Frauen, die zwischen 20 und 21 Uhr am 3. Oktober an dem Haus der Händlerin vorbeieilten, sagten aus, ein junger Mann von kleiner Statur und mit blonden gekräuselten Haaren hätte an der Haustür der Witwe gestanden. Der Täter mußte umsichtig gewesen sein, denn er hatte keinerlei verwertbare Spuren oder Gegenstände von sich zurückgelassen, und dies, obwohl sämtliche Schlösser an Schränken und Kisten aufgebrochen worden waren. Der Räuber hatte offensichtlich genug Zeit gehabt, sämtlichen wertvollen Schmuck und alles Geld mitzunehmen.

Während sich die Aufregung über den Mord in Gera noch nicht gelegt hatte, geschah in der nicht weit entfernten Stadt Triebes ebenfalls etwas Unfaßbares. Am 18. Oktober 1874 verbreitete sich die Nachricht, daß der dortige Gastwirt

Dietzel unter ähnlichen Umständen wie die Lederhändlerin in Gera ums Leben gekommen sei. Die Ermittlungen ergaben Folgendes: Die Eheleute Dietzel waren am Abend der Tat im Begriff gewesen, zu Bett zu gehen, als noch ein junger Mann mittlerer Größe eintrat und etwas Essen und Trinken erbat. Während sich der Wirt mit dem Fremden unterhielt, ging dessen Ehefrau schlafen. Nachdem sie wiederholt das Bett verlassen und gehorcht hatte, ob ihr Mann noch im Gespräch mit dem Fremden sei, hörte sie endlich gegen ein Uhr nachts den Fremden weggehen. Nun ging sie in die Wirtsstube, um ihren Mann zu holen. Als sie ins Zimmer trat, sah sie ihren Mann am Boden liegen. Fast gelähmt vor Schreck, eilte sie ins Schlafzimmer zurück und rief zum Fenster hinaus laut um Hilfe. Die herbeigeeilten Nachbarn fanden den Wirt erschlagen, im Blut liegend vor. Der Kopf war, ganz ähnlich wie bei der Witwe Anders, augenscheinlich mit einem Beil zertrümmert worden. Sogar der Hals war vollständig bis auf den Wirbelknochen durchschlagen. Die polizeiliche Untersuchung ergab zunächst ebenfalls keinen Hinweis auf die mögliche Täterschaft, zumal Frau Dietzel nicht im Stande war, über die Person des Mörders Angaben zu machen.

In den folgenden Wochen verbreitete sich in Gera und dem ganzen Fürstentum Reuß jüngerer Linie* Angst und Schrecken unter der Bevölkerung, vor allem weil sich der brutale Mörder – vermutlich ein Wiederholungstäter – noch unerkannt im Land aufhielt. Jederzeit schien eine weitere Bluttat möglich! Die reußische »kriminelle Exekutivgewalt« agierte in dieser Phase der Untersuchung hektisch und aktionistisch. Ohne dringende Beweismomente

---

* Das Fürstentum Reuß jüngerer Linie (kurz: j. L.) war ein Kleinstaat im Osten des Landes Thüringen mit Gera als Landeshauptstadt.

wurde ein Mann der Morde verdächtigt und mußte bald wieder wegen mangelnder Verdachtsgründe in die Freiheit entlassen werden. Ein anderer Mann, der wegen seines schlechten Rufes in Verdacht geriet, blieb so lange in Haft, bis ein glücklicher Zufall die Ermittler auf die Spur des wirklichen Täters führte. Auch über dieses Ereignis berichtete das genannte Blatt aus Arnstadt:

Am 21. Dezember 1874, gegen 21 Uhr, kehrte bei dem Gastwirt Patzer in Gräfenbrück ein Fremder ein, der im Laufe des Gespräches mit anderen Gästen unter anderem auch seinen Namen nannte und Angaben über seine Wohnung in Gera machte. Gräfenbrücks Bürgermeister Taute, der sich in der Schenke ein abendliches Bier gönnte, fand die Angaben des Fremden verdächtig und beobachtete den Mann daher schärfer. Den mißtrauischen Beamten machte vor allem die auffallende Weise stutzig, wie sich der Unbekannte im Gastraum und den angrenzenden Räumlichkeiten zu orientieren suchte. Bei erster sich bietender Gelegenheit trat Taute an den Wirt heran und setzte ihn über seine Beobachtungen in Kenntnis. Als der Fremde zu einem späteren Zeitpunkt unter Zurücklassung seiner Mütze und eines wollenen Halstuches das Zimmer verließ, folgten ihm Taute und der Wirt nach. Bald holten sie ihn ein. Während der Bürgermeister näher an den Unbekannten herantrat und ihn aufforderte, sich zu legitimieren, bemerkte er unter dessen Rock den hölzernen Stiel eines größeren Gegenstandes. Blitzschnell, ohne daß der überraschte Fremde reagieren konnte, griff Taute nach dem Stiel und hielt sogleich ein scharfkantiges Beil in seiner Hand. Dabei schrie er ihm ins Gesicht: *»Sie sind ein Mörder!«* In größter Bestürzung entgegnete der Mann: *»Ja, der bin ich auch!«* Aufs Äußerste geängstigt, bat er, von seiner weiteren Verfolgung abzusehen.

Sofort nach Weida abgeführt und dann an das Fürstliche Kreisgericht Gera überführt, findet Schlörr schnell seine innere Ruhe wieder und leugnet seine Identität mitsamt der ihm vorgeworfenen Taten vor dem Untersuchungsrichter. Seine Personalien konnten jedoch festgestellt werden. Darüber hinaus belasteten ihn Indizien so schwer, daß er sich zu einem offenen Geständnis während der Untersuchung und später vor dem Gerichtshof entschloß.

In der vom Präsidenten des Gerichts, Dr. Otto, geschickt geführten Verhandlung schilderte der Mörder im vollbesetzten Weimarer Schwurgerichtssaal am 1. Oktober 1875 nochmals seine wahrhaft grauenerregende Morde.

Der Angeklagte Schlörr erzählte mit einer beispiellosen Ruhe und dabei oft schreckliche Details schildernd, ohne die geringste Reue zu offenbaren, aus seinem Leben. Nachdem er schon mehrfach Mordversuche geplant hatte, richtete er seine Aufmerksamkeit auf die Witwe Anders in Gera, eine Lederhändlerin, die auszurauben ihm besonders geeignet erschien, da sie allgemein für eine wohlhabende Frau gehalten wurde. Daher begab sich Schlörr am 3. Oktober 1874 von Oberreichenau auf den Weg nach Gera. Auf der Strecke dorthin nahm er das von ihm zuvor im Wald versteckte Beil mit der festen Absicht an sich, mit demselben die Witwe Anders zu töten. In Gera kehrte Schlörr in den »Gasthof zum Bären«, nahe der Wohnung seines Opfers, ein. Dort verblieb er den ganzen Vormittag und nutzte die Zeit, den anvisierten Tatort zu beobachten. Bei Einbruch der Dunkelheit begab sich Schlörr zum Wohnhaus der Lederhändlerin und signalisierte ihr durch Drücken der Haustürklinke seine Anwesenheit. Alsbald öffnete Frau Anders und ließ den vermeintlichen Einkäufer hinein. Während sie im Laden verschiedene Leder vom Regal nahm, holte der Kunde schon zum Schlag mit dem Beil aus. Aber erst als sich die Ahnungslose bückte, um von einem am Fußboden liegenden Stück Sohlenleder abzuschneiden, traf er sie mit dem Rücken des Beils auf einer Kopfseite. Anders stürzte augenblicklich unter Stöhnen zusammen. Es folgten weitere Schläge gegen den Kopf, bis der Mörder seinem Opfer mit der scharfen Kante des Beils den Hals durchschlug und ihm schließlich ein großes Messer in die linke Brust stieß.

Die bis ins Detail veranschaulichte Schilderung versetzte alle Prozeßbeobachter in Empörung. Als der Angeklagte vom Präsidenten des Gerichts noch über den außerordentlich heftigen Stoß mit dem 16 Zentimeter langen Messer tief ins Herz seines Opfers befragt wurde, erklärte er:

»Wenn ich es recht sagen soll, ich habe das Messer noch mit dem Fuße hineingetreten!«

Nachdem der Mörder das blutige Beil sorgfältig an den Kleidungsstücken der Leiche abgewischt, der Leiche aber mit der Schürze das Gesicht bedeckt hatte, weil ihm der Anblick unheimlich war, machte er sich an eine gründliche Durchsuchung der Wohnung. Schlörr fand Geld, Schmuck und eine Uhr. Plötzlich, während seines Raubes, hörte der Mörder im darüber liegenden Stockwerk jemanden nach Hause kommen. Die Geräusche zwangen den Täter noch so lange untätig abzuwarten, bis davon auszugehen war, daß sich der Obermieter zu Bett begeben hatte. Erst jetzt konnte Schlörr seinen Raubzug fortsetzen. Daraufhin saß der Verbrecher noch bis zur Morgendämmerung nur wenige Schritte von der Leiche entfernt, bevor er in der sechsten Morgenstunde das Haus verließ. Eine ganze Strecke vom Hause entfernt, fiel ihm plötzlich ein, daß er auf einem Stuhl noch drei Doppeltaler liegen gelassen hatte, und war abgebrüht genug, in der siebenten Morgenstunde zum Haus zurückzukehren und zu holen, was er vermißte. Anschließend trat er unter Nutzung der Post seine Heimreise an, erwarb in Weida verschiedene

Kleidungsstücke und vergaß auch nicht sein Mordwerkzeug, das Beil, in das alte Versteck im Wald zu bringen.

Am 14. Oktober reiste Schlörr nach Leipzig, wo er nach einem *»mehrtägigen lustigen Aufenthalt«* ohne Geld zurückkehrte. Schon wieder mittellos, kam ihm in den Sinn, einen weiteren Raubzug zu begehen.

Der Schenkwirt Dietzel in Triebes schien ein geeignetes Opfer mit vielversprechender Beute zu sein. Am 18. Oktober traf er in der achten Abendstunde ein. Doch erst gegen Mitternacht, als sich die letzten Gäste entfernt hatten, trat Schlörr in die Gaststube ein, in der er sich mit einem Likör und später auch mit einem herzhaften Essen verköstigen ließ. Dabei gelang es ihm, den Wirt in eine lange Unterhaltung zu verwickeln. Nachdem sich Dietzels Frau in die oben gelegene Schlafkammer zurückgezogen hatte, forderte Schlörr noch einige Zigarren vom Wirt. Dieser begab sich deshalb in den an den Gastraum anstoßenden Laden. Der Mörder folgte ihm auf dem Fuße, und während sein Opfer nach einer hochgestellten Zigarrenkiste griff, erfolgte ein erster Beilhieb auf den Hinterkopf des Wirts. Dieser sank sofort zu Boden. Nun zertrümmerte Schlörr den Schädel des Dietzel – auf gleiche Weise wie der Anders – und schlug ihm schließlich den Hals bis auf die Wirbelsäule durch. Danach kehrte der brutale Verbrecher seelenruhig an seinen Platz im Lokal zurück, lehnte das mit Blut besudelte Beil an das Tischbein und wartete auf Frau Dietzel, um, wie er in der Gerichtsverhandlung ausdrücklich bemerkte, dieselbe bei ihrem Eintritt sofort niederzuschlagen. Tatsächlich forderte Frau Dietzel ihren Mann zweimal zum Schlafengehen auf. Beide Male aber führte ein glücklicher Zufall sie nicht in das Zimmer – und damit nicht in ihr sicheres Verderben. Den Mörder verließ schließlich die Geduld. Er ging, ohne Beute zu machen, aber, wie er dem Gericht versicherte, mit der festen Absicht, zu einem günstigeren Zeitpunkt wiederzukehren. Sowohl dieser als auch andere Pläne blieben dank seiner Festnahme in Gräfenbrück unverwirklicht. Nach Beendigung des schauerlichen Verhörs trat das Prozeßpublikum dem Gutachten des Physikatsarztes* von Gera bei, der geäußert hatte, *»daß der Angeklagte nur die Gestalt eines Menschen habe, im Übrigen ein Teufel sei.«*

Mit einem Obduktionsbericht, in dem hervorgehoben wurde, daß der Mörder in allen Fällen mit klarem Bewußtsein gehandelt habe, endete der erste Tag des aufsehenerregenden Gerichtsprozesses.

Zu Beginn des zweiten und letzten Verhandlungstages am Sonnabend, dem 2. Oktober 1875, wurden Schlörr zunächst die Mordwaffen Beil und Messer sowie das Raubgut zur Wiedererkennung vorgelegt, bevor man die Befragung der Zeugen fortsetzte. Die Angaben des Verhörs vom vorhergegangenen Prozeßtag bestätigten die Zeugenaussagen der Ehefrau Dietzel, des Bürgermeisters Taute, der Schwiegertochter der Witwe Anders und deren Ehemann sowie des Gerbers Hertel, voll und ganz, so daß auf Antrag der Staatsanwaltschaft bei einer Zustimmung der Strafverteidigung auf weitere Aussagen verzichtet werden konnte. Daraufhin erhielt der Oberstaatsanwalt Berninger des Fürstentums Reuß j. L. das Wort. In seinem Plädoyer charakterisierte er Schlörr als einen überaus eitlen Menschen, dessen Wesen ihn auch während des Verhörs am Vortrag dazu getrieben hätte, mit unglaublicher Kälte und Gleichgültigkeit auszusagen.

»Eine weitere Charakteristik dieses Scheusals zu geben«, so erfuhren die Zeitungsleser am 6. Oktober 1875, *»dafür scheine ihm die Sprache keine Worte zu haben und es bleibe*

* Veraltet für Amtsarzt.

ihm nur übrig, bei den Geschworenen das Verdikt ›Schuldig des doppelten Mordes‹ zu beantragen.*

Der Vertheidiger Dr. Böttcher hob in kurzer, würdiger Weise hervor, wie die Vertheidigung sich einem solchen Verbrecher gegenüber zu stellen habe. Man könne bei Verbrechen solch blutiger Art, wie sie vielleicht in der Geschichte der Kriminaljustiz einzig daständen, recht wohl sagen: ›Wozu hier noch eine Vertheidigung?‹ Er könne nimmermehr der Ansicht beitreten, daß der Vertheidiger unter allen Umständen für seinen Klienten schützend einzutreten habe und er stelle sich in vorliegendem Falle nur vor die Frage, ob der Angeklagte bei Ausführung seiner Verbrechen vollständig zurechnungsfähig gewesen sei. Hierüber sei das Verhör von gestern gewiß geeignet, die Geschworenen schlüssig zu machen, besonders wenn sie das gestern gehörte Gutachten des Physikatsarztes mit berücksichtigten.

›Bloße Worte machen, meine Herren Geschworenen, verbietet der furchtbare Ernst des Falles, sprechen Sie darum ihr Verdikt!‹«

Danach zogen sich die Geschworenen in ihr Beratungszimmer zurück und sprachen nach kurzer Beratung einstimmig das *»Schuldig wegen Mordes«* aus. Nur wenig später beantragte der Staatsanwalt die Todesstrafe nach § 211 des Strafgesetzbuches für das Deutsche Reich vom 15. Mai 1871.** Der Gerichtshof folgte diesem Antrag. Franz

---

* Entscheidung, Urteil, Wahrspruch.

** Verbrechen und Vergehen wider das Leben § 211, (I) Der Mörder wird mit dem Tode bestraft. (II) Mörder ist, wer aus Mordlust, zur Befriedigung des Geschlechtstriebes, aus Habgier oder sonst aus niedrigen Beweggründen, heimtückisch oder grausam oder mit gemeingefährlichen Mitteln oder um eine andere Straftat zu ermöglichen oder zu verdecken, einen Menschen tötet. (III) Ist in besonderen Ausnahmefällen die Todesstrafe nicht angemessen, so ist die Strafe lebenslanges Zuchthaus.

Bernhard Schlörr wurde sofort nach seiner Verurteilung ins Zuchthaus nach Gräfentonna überführt. Noch am 2. Oktober 1875 erfolgte eilends die Aufsetzung eines Berichtes, den der Gerichtshof des Gemeinschaftlichen Geschworenengerichts und der reußische Oberstaatsanwalt in der Anklagesache gegen den Eisenbahnarbeiter und Harmonikamacher Franz Bernhard Schlörr aus Oberreichenau wegen Mordes an das Ministerium in Gera übersandten. Darin heißt es, daß auf mündliche Veranlassung seiner Exzellenz, des Herrn Staatsministers Dr. von Harbou zu Gera, der Gerichtshof des Gemeinschaftlichen Geschworenengerichts und der Fürstlich Reuß j. L. Oberstaatsanwalt sofort zur Klärung der Frage zusammentraten, ob in der Anklagesache gegen Schlörr Momente hervorgetreten seien, welche eine Begnadigung des wegen zweifachen Mordes zum Tode Verurteilten angemessen erscheinen ließen.

Der Gerichtshof, bestehend aus dem Präsidenten des Gerichtshofs, dem Appellationsgerichtsrat Jungherr aus Eisenach, dem Kreisgerichtsrat Dr. Ortloff aus Weimar, und dem Oberstaatsanwalt, gelangte dabei einstimmig zu der Ansicht, es sei weder aus der Hauptverhandlung ein Grund zu entnehmen, der für eine Begnadigung des Mörders spräche, noch sonst ein plausibler Einwand aufzufinden. Es sprächen vielmehr die Art und Weise der Ausführung der beiden begangenen Morde, die dabei bewiesene Planmäßigkeit, Rohheit und Kaltblütigkeit, ferner der sich in dem Verhalten Schlörrs hervorgetretene Mangel jeglichen Gefühls und jeglicher Reue sowie endlich die Gemeingefährlichkeit des Verbrechers dafür, daß die ihm zuerkannte gesetzliche Strafe auch vollzogen werden solle, um im Interesse der Gerechtigkeit und der bürgerlichen Gesellschaft die begangenen Verbrechen zu sühnen. Das Dokument trägt für den Gerichtshof des Gemeinschaftlichen Geschworenengerichts die Unterschrift seines Präsidenten Dr. Otto und die des Fürstlich Reuß j. L. Oberstaatsanwalts Berninger.

Am 15. Oktober 1875 teilte daraufhin Fürst Heinrich der XIV. von Reuß j. L.* von seinem Regierungssitz im Schloß Ebersdorf auf Anraten des Ministeriums in Gera mit, daß er keine Veranlassung zu einer Begnadigung des zum Tode verurteilten Schlörr sehe. Es sei daher die Vollziehung der Todesstrafe zu veranlassen. Schon einen Tag später beauftragt das Fürstliche Ministerium über das Fürstliche Kreisgericht in Gera die Vorbereitung des Todeskandidaten auf dessen Hinrichtung dem Archidiakon Barth zu übertragen.

Am 27. Oktober 1875 verkündet das *Amts- und Verordnungsblatt für das Fürstentum Reuß jüngerer Linie* die einige Tage zuvor erfolgte Hinrichtung Franz Bernhard Schlörrs, nicht ohne vorher die brutalen Verbrechen des Verurteilten und dessen Lebenswandel der Leserschaft mitzuteilen. Diesen Ausführungen zufolge war der am 17. Dezember 1849 im sächsischen Obereichenau geborene Harmonikamacher Franz Bernhard Schlörr als jüngstes Kind des Instrumentenmachers Carl Eduard Schlörr und dessen Ehefrau Wilhelmine, geborene Weichold, zur Welt gekommen. Seine Eltern zogen 1853 mit ihm nach Gera, wo er einige Jahre später eingeschult und 1864 konfirmiert wurde. Danach lernte und arbeitete Franz Bernhard Schlörr in Gera als Harmonikamacher, während seine Eltern, die sich unterdessen getrennt hatten, Gera verließen. 1867 begab sich der damals 18jährige auf die Wanderschaft. Hier begann seine kriminelle Karriere. So soll er seinem Arbeitgeber im westfälischen Haltern 70 bis 80 Taler unterschlagen haben. 1870 stellte sich Schlörr schließlich beim Militär vor, von dem er aber wegen seiner

---

* Fürst Heinrich XIV. von Reuß jüngerer Linie (*28. Mai 1832, †29. März 1913), regierte von 1867 bis 1908.

zu geringen Körpergröße freigestellt wurde. Ab Herbst desselben Jahres ernährte sich der Handwerker in der Gegend von Plauen von seiner Händearbeit. Im November 1871 kam er beim Königlich Sächsischen Bezirksgericht wegen eines Mordverdachtes in Untersuchungshaft. Ihm wurde vorgeworfen, am 24. Oktober 1871 einen Mann namens Johann Gottlieb Hellinger aus Pillmannsgrün* getötet zu haben. Sein Schicksal schien besiegelt. Doch wegen Mangels an Beweisen wurde die Untersuchung des Falls auf Anweisung des Königlich Sächsischen Bezirksgerichtes in Plauen am 6. März 1873 eingestellt und der vermeintliche Mörder wieder auf freien Fuß gesetzt. Seitdem hielt sich Schlörr – meist als Eisenbahnarbeiter – an verschiedenen Orten, längere Zeit aber auch in Triebes auf. Am 29. September 1874 zog er zu seiner in Oberreichenau lebenden Mutter, bei welcher er bis zur neuerlichen Verhaftung in Thüringen wohnte.

Die in Gera gegen ihn eingeleitete Untersuchung erbrachte nach und nach Beweise seiner Schuld und zugleich dafür, beinahe gewerbsmäßig mit seinem Beil auf Mord ausgezogen zu sein. Nach Abschluß der Voruntersuchung gab Schlörr unumwunden zu Protokoll, daß er seinerzeit nicht nur die Anders und den Dietzel ermordet, sondern auch dem Hellinger aus dem sächsischen Pillmannsgrün das Leben genommen sowie mehrfach weitere Mordtaten geplant habe. Dabei zeigte der dreifache Mörder nicht die geringste Spur von Reue. Seine Geständnisse bestätigten zugleich die Annahme, daß er bei der Ausübung seiner grausamen Verbrechen keine Mittäter gehabt hatte.

---

* Pillmannsgrün war damals ein Ort im Amt Voigtsberg im Königreich Sachsen.

*Scharfrichter Karl August Theodor Hübner (*1832, †1910).*

Schlörr wurde nur für die im Gerichtsbezirk Gera begangenen Morde an der Lederwarenverkäuferin Anders und dem Wirt Dietzel aus Triebes angeklagt und verurteilt. Das Urteil wurde, nachdem Schlörr keine Revision angestrebt und auch kein Gnadengesuch gestellt hatte, rechtskräftig. Schließlich genehmigte der Fürst von Reuß j. L. die Vollziehung des Urteils, das am 22. Oktober 1875, sieben Uhr in der Früh, in Gera durch den Saalfelder Scharfrichter Karl Hübner* vollstreckt wurde.

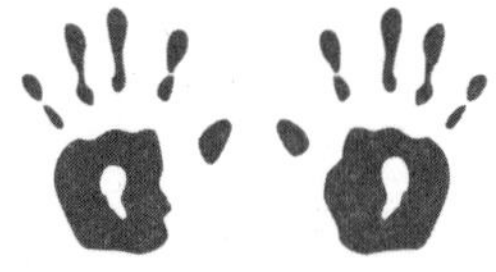

* Karl August Theodor Hübner (*1832, †1910) war der Sohn des Scharfrichters Johann Matthäus Christian Hübner.

DER GERAER GATTEN- UND KINDESMÖRDER JOHANN HANKE

(1882)

Der Mörder legte sich zu ihr ins Bett, und obwohl er sah, daß sie an heftigen Schmerzen litt, schüttete der gewissenlose Mann früh am Morgen nochmals das todbringende Mittel in den Kaffee.

Am 30. Juni 1882 sprachen die Geschworenen den Böttcher und Maurer Johann Hanke aus dem schlesischen Ort Dirschel wegen des Mordes in zwei Fällen für schuldig. Noch am selben Tag verhängte das Schwurgericht Gera auf der Grundlage des Strafgesetzbuches des Fürstentums Reuß j. L. vom 14. April 1852* die Todesstrafe über Hanke und verurteilte ihn zum Verlust der bürgerlichen Ehrenrechte**. Die polizeiliche Untersuchung und der Schwur-

* Der Artikel 119 des Strafgesetzbuches lautete: Wer die Tödtung eines Menschen in Folge eines mit Vorbedacht oder mit Ueberlegung gefaßten Entschlusses ausgeführt hat, ist als Mörder mit der Todesstrafe zu belegen [...].

** Nach dem Strafgesetzbuch für das Deutsche Reich vom 15. Mai 1871 konnten nach § 32 StGB neben einer Todes- oder Freiheitsstrafe auch die bürgerlichen Ehrenrechte aberkannt werden. Dies bewirkte den dauerhaften Verlust der aus öffentlichen Wahlen hervorgegangenen Ämter sowie aller sonstigen öffentlichen Ämter, Würden, Titel, Orden und Ehrenzeichen. Während der Dauer konnten auch solche Ämter, Würden, Titel, Orden und Ehrenzeichen nicht erlangt werden. Ferner bewirkte die Aberkennung den Verlust der Fähigkeit, in öffentlichen Angelegenheiten zu stimmen, zu wählen oder gewählt zu werden sowie andere politische Rechte auszuüben.

gerichtsprozeß hatten nachstehende Tatsachen zum Vorschein gebracht.

Der am 6. September 1852 im schlesischen Ort Dirschel des Kreises Leobschütz geborene Johann Hanke, zuletzt in Gera wohnhaft, lebte seit 1877 in Gera, wo er 1878 das Dienstmädchen Ida Anna Hensel aus Tonna ehelichte. Der Ehe entsprangen drei Kinder. Bald jedoch wurde Ida seiner überdrüssig und häufiger Streit belastete das Familienleben. Als Idas Schwester Emma im August 1881 im Haus Quartier bezog, um die Niederkunft ihres unehelichen Kindes abzuwarten, spitzte sich das angespannte Eheverhältnis zu. Johann Hanke verliebte sich sofort in die hochschwangere Frau, infolgedessen er und Emma häufig Zärtlichkeiten austauschten und sogar Sex hatten. Das Liebesverhältnis bestand auch über den 31. Dezember 1881 fort, jenem Tag, als die hübsche 20jährige ihr Kind gebar. Kurz darauf faßte Hanke den teuflischen Plan, seine Ehefrau durch Scheidung oder Tötung loszuwerden. Egal wie, sie mußte aus seinem Leben verschwinden, denn nur dann konnte er Emma Hensel aus Tonna heiraten. Doch damit nicht genug: Auch das Neugeborene, das ihm fremde »Fleisch und Blut«, mußte aus der Welt geschafft werden, stellte es doch einen finanziellen Ballast dar.

Am 26. Januar 1882 schritt Hanke vorsätzlich zur Tat. Er tötete den Säugling, indem er ihm eine Saugflasche mit Gummitütchen gab, in welcher er einen Korken unterbrachte und diesen so tief in den Hals des Babys hineinsteckte, daß bereits nach kurzer Zeit der Tod durch Ersticken eintrat.

Die ersten Versuche, die Gattin ebenso unauffällig wie das Kind ermorden zu können, erfolgten am 1. Mai 1882. An jenem Tag schabte der Täter von einem Paket Schwefelhölzer sowohl Schwefel als auch Phosphor ab, um diese

Substanzen unter gehacktes Rindfleisch zu mischen, welches seine Ehefrau zum Abendbrot genoß. Ein perfider Plan! Da der Phosphor jedoch nicht genügend wirkte und bei der Frau nur leichte Übelkeit und Erbrechen hervorrief, ergaunerte sich Hanke am Freitag, dem 5. Mai, in einer Geraer Drogeriehandlung auf raffinierte Art und Weise ein viertel Pfund Arsen. Von diesem starken Gift verabreichte er seiner Ehefrau zunächst eine starke Dosis in den Kaffee. Nachdem diese daraufhin erkrankte, gab Hanke ihr verschiedene Getränke, die ihr Unwohlsein mildern sollten. Aber natürlich trat das Gegenteil ein, weil dem Zitronenwasser, der Limonade und dem Kaffee wiederum große Mengen Arsen beigemischt waren. Das Gift wirkte so heftig, daß die Frau noch am Sonnabend, dem 6. Mai 1882, verstarb. Die chemische Untersuchung des Mageninhalts der Verstorbenen ergab 23,3 Gramm Arsen, eine Dosis, die geeignet gewesen wäre, den Tod von 100 bis 200 Menschen herbeizuführen. Das Gericht konnte nachweisen, daß die Taten Hankes vorsätzlich und mit eiskaltem Kalkül ausgeführt wurden.

Der Angeklagte gestand unter der drückenden Beweislast nahezu alles, was ihm das Gericht vorwarf. Noch während seiner Vernehmungen in der Voruntersuchung erklärte Hanke, er bereue seine Verbrechen nicht. Später zeigte der Mörder jedoch deutliche Zeichen einer tiefen und nachhaltigen Reue und Buße.

Einem Schreiben in der Akte der Staatsanwaltschaft Gera vom 4. Juli 1882, also nur wenige Tage nach Verkündung des Todesurteils, ist zu entnehmen, daß der Maurer Johann Hanke zur Zeit, als er bereits in Gera inhaftiert war, beim Ersten Staatsanwalt des Gemeinschaftlichen Landgerichts Gera, dem Herrn Lorey, vorgesprochen und gesagt habe, er sei durch das Urteil des Schwurgerichtshofes wegen Ermordung der Ehefrau und des unehelichen Kindes seiner

Schwägerin zum Tode verurteilt worden. Er beabsichtige jedoch nicht, gegen dieses als gerecht anzuerkennende Urteil Rechtsmittel einzulegen. Wohl aber wage er es, an seine Durchlaucht, den Gnädigsten regierenden Fürsten Herrn Heinrich XIV. Reuß j. L., die untertänigste Bitte um Begnadigung zu richten. Zur Unterstützung seines Gesuchs sei noch anzuführen, daß seiner Person, wie dies von seinem einstigen Arbeitgeber, dem Bauunternehmer Hermann Röde aus Gera bestätigt worden ist, Fleiß und ordentliche Arbeit bescheinigt wurden. Auch habe er stets seine Mitarbeiter zu Ordnung und redlicher Arbeit angehalten. Nur sehr unglückliche Familienverhältnisse trügen zum Teil die Schuld an den beiden von ihm begangenen Verbrechen. Und schlußendlich würde er seine schrecklichen Taten ernsthaft und aufrichtig bereuen und bitte nun um Gnade. Dieses Dokument trägt die Unterschrift des Johann Hanke, der anschließend wieder zur Haft gebracht wurde.

Am 9. Juli 1882 erstellte der Geheime Staatsrat Dr. Christian August Anton Vollert* vom Fürstlichen Ministerium in Gera sein Gutachten über das Gnadengesuch zur Vorlage an den reußischen Landesherrn. Darin teilte ihm der Jurist Folgendes mit: Der Böttcher und Maurer Johann Hanke, geboren am 6. September 1852 zu Dirschel, ein Sohn des verstorbenen Böttchers Andreas Hanke aus dem selben Ort, sei in seinem Heimatort zur Schule gegangen. Nach der

---

* Dr. Christian August Anton Vollert (*11. Januar 1828, †6. Mai 1897), 1858 Kreisgerichtsrat in Arnstadt, 1868 Appellationsgerichtsrat in Eisenach, 1875 Rat am Gesamt-Oberappellationsgericht in Jena, 1877 Berufung zum Geheimen Staatsrat in Gera. Er wurde 1887 Geheimer Rat und wirkte von 1892 bis 1896 als Fürstlich Reußischer Staatsminister mit der Zuständigkeit für Justiz, Kirchen und Schulwesen in Gera. Vollert war Mitherausgeber des Neuen Pitavals, einer insgesamt 60 Bände umfassenden Sammlung interessanter Kriminalgeschichten aller Länder aus älterer und neuerer Zeit.

Entlassung aus der Schule habe selbiger in verschiedenen Orten als Böttcher und als Maurer gearbeitet sowie später als Soldat in der Garnison zu Rastatt gedient. Im Jahre 1877 sei der katholische Hanke nach Gera gekommen und habe sich daselbst im Jahre 1878 mit Ida Anna Hensel aus dem sachsen-gothaischen Tonna, die als Dienstmädchen in Gera wohnte, verheiratet. Aus dieser Ehe seien drei Kinder hervorgegangen, die beiden ältesten aber wieder gestorben, das jüngste, am 4. Juni 1881 geborene Kind, befindet sich noch am Leben. Hanke sei folgender Verbrechen überführt und geständig:

1. Er habe seine Ehefrau vorsätzlich und mit Überlegung getötet, indem er ihr zu wiederholtem Male am 5. und 6. Mai 1882 Arsen verabreichte.
2. Er habe das am 31. Dezember 1881 von seiner Schwägerin Emma Hensel geborene Baby am 26. Januar 1882 dadurch ermordet, daß er dem Kind ein Gummitütchen, in welchem sich ein Kork befand, in den Schlund steckte und so den Erstickungstod herbeiführte. Hanke sei am 30. Juni des Jahres von den Geschworenen wegen der beiden von ihm verübten Morde schuldig gesprochen und vom Schwurgerichtshof zum Tode verurteilt worden. Seit dem 7. Juli 1882 sei das Urteil rechtskräftig. Hanke habe am 4. Juli ein Gnadengesuch zu Protokoll gegeben. Was den Mord an der Ehefrau anlange, so würden starke Erschwerungsgründe vorliegen. Der Mord könne in doppelter Hinsicht als Gatten- und Giftmord qualifiziert werden. Die Tat wäre längere Zeit vorher überlegt und planmäßig vorbereitet worden. Dr. Vollert hob hervor, wie sich Hanke einen Giftschein beim Geraer Bäckermeister Brehme ergaunerte, um Arsen zu bekommen. Aufgrund des Scheins habe der Täter am Abend des 5. Mai in der »Drogeriehandlung Mengel«

für 25 Pfennige Arsen erworben. Er hätte seinem Opfer nun das Gift mehrmals verabreicht, obwohl die Ehefrau sich immer wieder vor Schmerzen krümmte. Der Mörder legte sich zu ihr ins Bett, und obwohl er sah, daß sie an heftigen Schmerzen litt, schüttete der gewissenlose Mann ihr am 6. Mai früh am Morgen nochmals das todbringende Mittel in den Kaffee und reichte der Frau mit wohlwollender Miene das vergiftete Getränk. Im Verlauf des Tages bot er ihr wieder Zitronenwasser und Kaffee an. Die Erkrankte trank davon und starb in Anwesenheit ihres Mannes am Nachmittag des 6. Mai 1882. Der Mörder habe sich, obschon er die Schmerzen und Qualen seiner Frau sah, nicht davon abhalten lassen, ihr das Gift immer wieder einzuflößen.

Die Motive Hankes würden seine Schuld ebenfalls erhöhen. Noch zu Lebzeiten der Gattin wäre er ein unmoralisches, ehebrecherisches Verhältnis mit seiner Schwägerin eingegangen und hätte unter dem Druck der Ermittlungen gestanden, sie getötet zu haben, um die Schwägerin heiraten zu können. Seine Klagen, daß die Ehefrau die heimische Wirtschaft nicht ordentlich geführt hätte, seien durch die in der Hauptverhandlung vernommenen Zeuginnen, die die Verstorbene als eine fleißige, ordentliche und häusliche Frau schilderten, widerlegt worden. Auch die Behauptung, daß ihm seine Frau die eheliche Pflicht verweigert habe, konnte widerlegt werden, denn sie gebar schließlich von 1878 bis 1881 drei Kinder. Überdies hätte der ehebrecherische Umgang mit seiner Schwägerin bereits seit 1881 und zwar bis zum Tode der Ehefrau bestanden. Sogar am 6. Mai, als seine Frau eben die Augen geschlossen hatte, habe er mit deren Schwester geschlechtlich verkehrt.

Daß es wiederholt zu Handgreiflichkeiten der Ehefrau ihm gegenüber gekommen sei, scheine nicht zu stimmen.

Der Ehemann wäre ein kräftiger, gewalttätiger Mann und sie, die zarte kränkliche Frau, eher diejenige, die mißhandelt wurde. Hanke habe wohl, so Dr. Vollert, auch unmittelbar nach der Tat keine Reue an den Tag gelegt und sei ein roher, sittlich tief gesunkener Mensch. Erst lange nach seiner Verurteilung zum Tode hätte der Täter bekannt, ein schweres Verbrechen begangen zu haben, und gegenüber dem Gefängnisgeistlichen die Tat bereut. Hankes Verteidiger hätte in der Verhandlung zur Entschuldigung des Mordes an der Ehefrau – und das ließ tief blicken – nichts vorgebracht und damit der Anklage zugestimmt.

Was die Ermordung des Kindes, insbesondere die Schilderung der Vorgänge beim Ersticken des Neugeborenen beträfe, so verdiene das Geständnis Hankes vollen Glauben. Gleichwohl fehle ein endgültiger Beweis dafür, weil die Leiche nicht aufgefunden und somit keine Obduktion erfolgen konnte. Stünde nur der Mord des Kindes in Frage, so würde das Ministerium beantragen, die Todesstrafe nicht vollstrecken zu lassen. Da aber der Mord der Frau Hanke unzweifelhaft bewiesen sei, so das abschließende Fazit des Berichterstatters, fehle es an jeder Veranlassung, den des zweifachen Mordes überführten, geständigen und zum Tode mit vollen Rechten rechtskräftig verurteilten Gatten- und Kindesmörder der landesherrlichen Gnade zu empfehlen.

Das von Hanke eingereichte Gnadengesuch beantwortete Fürst Heinrich XIV. von Reuß j. L. bereits am 10. Juli 1882 abschlägig, weil weder in den Straftaten selbst noch in der Person des Täters ein Grund aufzufinden war, von dem Begnadigungsrecht Gebrauch zu machen. Nach diesem hohen Reskript begannen sofort die Vorbereitungen zur Hinrichtung Johann Hankes.*

* Vgl. ThStA Greiz, Ministerium Gera Nr. 7614.

Schon Tage zuvor, am 4. Juli 1882, erreichte das Geraer Ministerium, Abteilung für Kirchen und Schulsachen, aus Rudolstadt ein Schreiben des katholischen Pfarrers H. Bechem. Darin teilte der Geistliche mit, daß ein Referent der *Schwarzburg-Rudolstädtischen Landeszeitung* über die Gerichtsverhandlungen gegen den zum Tode verurteilten Giftmörder Hanke aus Gera am 2. Juli 1882 berichtet habe. In dem Blatt würde der Mörder als *»Katholik«* bezeichnet, eine Angabe, an deren Richtigkeit kein Grund zum Zweifel bestünde. Sollte dem so sein, sei es gewiß nicht angebracht, diesem schuldig gewordenen Kirchenanhänger die Tröstungen seiner Religion vorzuenthalten. Der *»gehorsamst«* Unterzeichnende biete zu diesem Berufe seine Dienste an und bitte, als katholischer Seelsorger sowohl bei diesem als auch bei etwa sonstigen im Fürstentum Reuß j. L. festgesetzten Gefangenen katholischer Religionszugehörigkeit zugelassen zu werden. Dem katholischen Pfarrer wurde umgehend schriftlich gestattet, den Verurteilten durch seelischen und moralischen Beistand auf den Tod vorbereiten zu dürfen.

Das Geraer Justizministerium teilte am 12. Juli 1882 darüber hinaus der Staatsanwaltschaft in Gera mit, daß die Hinrichtung Hankes mittels Beil im großen Hof des Landgerichtsgebäudes in Gera durch den Berliner Scharfrichter Julius Krautz* möglicherweise schon im Laufe der folgenden Woche vollzogen werden könne. Die abschlägige Bescheidung des Landesherrn über das Gnadengesuch solle drei Tage vor der Hinrichtung, mindestens aber zwölf Stunden vorher dem Delinquenten bekanntgegeben werden.

---

* Julius Krautz (*11. September 1843, †24. April 1921) war ein bekannter preußischer Scharfrichter. Auf ihn geht die Kleidung zurück, die allgemeinhin mit seinem Amt verbunden wird: schwarzer Frack, weiße Handschuhe und ein Zylinder.

Acht Tage später, am 20. Juli 1882, um sechs Uhr morgens, wurde die Hinrichtung des Johann Hanke auf dem umschlossenen großen Hof des Landesgerichtsgebäudes der Stadt Gera unter Leitung des Ersten Staatsanwalts Lorey beim Landgericht und in Anwesenheit der nach § 48 der Strafprozeßordnung hinzuzuziehenden Personen durch den Scharfrichter Krautz hingerichtet. Der Exekutionsakt einschließlich der Verlesung des Urteils und des höchsten Dekrets des Fürsten dauerte dreieinhalb Minuten.

Hanke zeigte sich bei dem Akt der Hinrichtung wenig standhaft und ohne Fassung. Krautz gelang die Enthauptung des Doppelmörders nicht mit der gewöhnlichen Präzision, für die seine Schläge in der Vergangenheit bekannt waren. Erst durch einen zweiten Hieb des Scharfrichters wurde das Haupt Hankes vom Rumpf getrennt, wenngleich nach der einhelligen Meinung der anwesenden Ärzte der Tod zweifellos schon durch den ersten Hieb eingetreten war. Die Ursache mag darin zu suchen sein, daß Hanke stark verkrampft war und sich beim Festschnallen auf dem Bock in panischer Angst kräftig gesträubt hatte. Den Gehilfen des Nachrichters gelang es nur unter erheblichen Anstrengungen, den Körper, namentlich seine Beine, festzuhalten.

Der Erste Staatsanwalt Lorey richtete in seinem Bericht über die Vorbereitung und Durchführung der Hinrichtung des Mörders die Aufmerksamkeit des Fürstlichen Ministeriums auch auf eine Eingabe des katholischen Pfarrers Bechem aus Rudolstadt. Dies um so mehr, da der darin enthaltene Ton und die Schreibweise mindestens als ungehörig zu bezeichnen seien. Lorey schrieb, daß sich die von Pfarrer Bechem eingelegte *»Verwahrung«* gegen das eingehaltene Verfahren der Hinrichtung auf die Instruktionen des Geheimen Staatsrates Dr. Vollert beziehe.

Diese untersage eine weitere seelsorgerische Tätigkeit des Pfarrers ab dem Zeitpunkt der Übergabe Hankes an den Nachrichter, während Bechem nach Abschluß des Hinrichtungsaktes noch eine Ansprache an die Anwesenden zu halten beabsichtigt habe.

Daraufhin wurde der Erste Staatsanwalt beim Gemeinschaftlichen Landgericht vom Ministerium für Justiz beauftragt, dem katholischen Pfarrer Bechem sinngemäß mitzuteilen, daß die Auflehnung gegen die besagte Instruktion völlig ungerechtfertigt sei und daß in Zukunft kein Bedürfnis dafür bestehe, im Gefängnis Gera die katholischen Gefängnisinsassen gesondert seelsorgerisch betreuen zu lassen.*

Die Antwort Bechems erfolgte etliche Wochen später am 11. September 1882:

»Hohes Fürstliches Ministerium! Mit großem Bedauern habe ich aus einer Zuschrift der Staatsanwaltschaft bei dem dortigen Landgerichte in der Untersuchungssache gegen den Giftmörder Hanke vom 22. Juli d. J. ersehen, wie es großen Anstoß erregt hat, daß ich in einem obige Sache betreffenden Gesuche vom 19. Juli d. J. die auf meine seelsorgerische Thätigkeit in dieser Sache bezüglichen Anordnungen der Fürstlichen Behörden als nicht correkt bezeichnet habe. Ich will nicht unterlassen, die Versicherung auszusprechen, daß es mir gänzlich fern gelegen hat, etwas anders ausdrücken zu wollen als daß die Amtshandlungen eines kath. Geistlichen nur durch die Vorschriften seiner Kirche normiert würden, und daß die dortiger Seits getroffenen Bestimmungen mit diesen Vorschriften mehrfach nicht übereinstimmen. Habe ich, wie ich zugeben muß, in jenen angreifenden Augenblicken in

* Vgl. ThStA Greiz, Ministerium Gera Nr. 7614.

*der Form gefehlt, so bitte ich dieserhalb angelegentlichst um geneigte Entschuldigung [...].«**

Abschließend sei noch angemerkt, daß am 11. August 1882 die Anweisung der Staatsanwaltschaft an das Gemeinschaftliche Landgericht erfolgte, den Schafrichter Krautz für die Hinrichtung Hankes in Höhe von 480 Mark zu entlohnen.

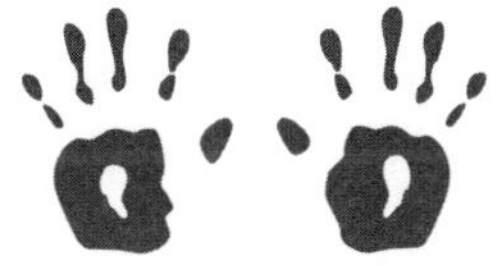

* ThStA Greiz, Ministerium Gera Nr. 7614.

DER WÜRGER VON STEINACH

(1896)

»Halt, halt, ich will erst noch etwas sagen ...«
Die weiteren Worte erstarben unter
dem Beile des Scharfrichters.

Der Täter lauerte am Nachmittag des 22. April 1896 seinem Opfer im Wald auf. Am späten Nachmittag des 23. April 1896 wurde Amalie Eichhorn aus Steinach, 35 Jahre alt, ledig und hochschwanger, etwa eine halbe Stunde Fußweg von ihrem Wohnort entfernt tot aufgefunden. Sie war am Vortag 16.30 Uhr zum Streuholen in den Wald gegangen, wie ihre Bekannte, Frau Johanna Kühn, aussagte. Als Amalie abends sieben Uhr noch nicht heimgekehrt war, hatte man die geistig behinderte, damals als »schwachsinnig« bezeichnete Frau, zunächst vergeblich gesucht. Erst einen Tag später, am besagten 23. April, fanden ihre Mutter und andere Personen die Leiche an einem nach Sonneberg führenden Waldweg. Dort im Graben hatte ihr Mörder sie hinter einem aufgeschichteten Holzstoß zurückgelassen. Auf ihr lag in Längsrichtung ihres Körpers ein drei Meter langer und 0,27 Meter starker abgeholzter Baumstamm, der unweit dieser Stelle wenige Tage zuvor von Forstarbeitern gefällt worden war. Die Terrainverhältnisse schlossen die Möglichkeit aus, daß das Holz etwa von selbst ins Rollen geraten und die im Wald arbeitende Frau niedergerissen und erschlagen haben könnte. Gegen diese Variante des Todes sprach auch die ruhige Lage der Leiche. Schließlich deutete man das Vorhandensein einer beträchtlichen Anzahl von Hautwunden als Folge eines Kampfes. Die Sektion vom 24. April 1896 ließ keinen Zweifel an der Todesursache: Tod durch Ersticken infolge *»gewaltsamer Atembehinderung im Kehlkopf«*. Die äußeren Verletzungen am Hals führten die Ärzte mit *»großer Wahrscheinlichkeit«* auf Fingerdruck zurück. Obwohl die Sachverständigen den eingetretenen Erstickungstod auch als mögliche Folge des auf der Frau lastenden Baumstammes anerkannten, konnte diese Möglichkeit letztlich mit hoher Wahrscheinlichkeit ausgeschlossen werden, da mehrere dem Druck des Holzes ausgesetzte Körperpartien wie Brustkorb, Schulter, Kopf und Kinn gänzlich unverletzt geblieben waren. Die richterliche Leichenschau erfolgte unter Hinzuziehung von Dr. med. Bohlen. Das Gutachten, welches auch der Geheimrat Dr. med. Domrich aus Meiningen vor Gericht später bestätigte, ließ keinen Zweifel daran, daß Amalie Eichhorn mit den Händen ihres Mörders erwürgt worden war.* Vermutlich habe der Mörder die hochschwangere Frau wie eine Raubkatze von hinten angesprungen und sie so lange gewürgt, bis keine Gegenwehr und kein Zucken mehr von ihrem Körper ausging. Dann zog der Verbrecher die Frau in einen Chausseegraben hinter einen großen Holzstapel und legte ihr einen der Baumstämme auf die Brust.

Die Ermittler konnten feststellen, daß der Vater des im siebenten Monat entwickelten Kindes der 48 Jahre alte Holzarbeiter Paul Steiner aus Steinach war, seit November 1895 verwitwet und wegen Eigentumsvergehens bereits mehrfach vorbestraft.

Der Feldjäger Eyring hatte schon damals wegen des Verdachts eines Verbrechens gegen § 176, Absatz 2 des

* Vgl. ThStA Meiningen, Staatsministerium, Abteilung Justiz Nr. 1075.

StGB,* gegen Steiner Anzeige erstattet, worauf am 8. April 1896 eine Voruntersuchung der Eichhorn unter Zuziehung eines Arztes als Sachverständiger zustande gekommen war. Auch der Schultheiß Luthardt aus Steinach hatte nach erfolgter Feststellung der Schwangerschaft durch Dr. med. Schmidt aus Steinach dieselbe und den Steiner vorgeladen. In dessen Beisein und unter Angabe der Details ihres gemeinsamen Geschlechtsverkehrs bezeichnete Amalie Eichhorn den verwitweten Steiner als den Vater ihrer Leibesfrucht. Steiner leugnete unter Berufung auf seine angebliche Zeugungsunfähigkeit, mit Frau Eichhorn Intimitäten ausgetauscht zu haben. Nach dem Gutachten des untersuchenden Physikus Dr. med. Freyburg war jedoch von dem Fortbestand der Zeugungsfähigkeit Steiners auszugehen. Schon Mitte März des Jahres 1896, als die Schwangerschaft Eichhorns bekannt geworden war, hatte Steiner bei einer Begegnung mit der ledigen Frau im Walde diese mit den Worten *»Ich dresch' dir die Gusch!«* bedroht.

Am 10. des Monats April bemerkten Holz sammelnde Frauen den Steiner im Wald. Als sie kurz darauf auch Amalie Eichhorn beim Holzlesen trafen, sprachen sie die schwangere Frau auf die mögliche Annäherung Steiners an. Damals teilte ihnen Amalie Eichhorn mit, daß Steiner soeben bei ihr gewesen sei und ihr gedroht habe: *»Dich kriege ich schon einmal, da lohne ich dir aber!«*

Dem Tagelöhner Titus Greiner aus Steinach, einem entfernten Verwandten, hatte der Verdächtige in dessen Wohnung offenbart, es würde behauptet, er habe der Eichhorn einen dicken Bauch gemacht. Er habe deshalb die Sache dem Rechtsanwalt Kessler in Sonneberg übergeben. Darüber

* Mit Zuchthaus bis zu zehn Jahren wird bestraft, wer (Absatz 2) eine in einem willenlosen oder bewußtlosen Zustande befindliche oder eine geisteskranke Frauensperson zum außerehelichen Beischlafe mißbraucht.

hinaus werde er sich aber auch so *»vor der Sache Ruhe verschaffen«*. Am 11. April bat Steiner den Greiner, er möge dem Christian Müller auf der Wiefelsburg bei Steinach ausrichten, daß er bei ihm in 14 Tagen in Arbeit treten werde, sobald die Sache mit der Eichhorn ausgestanden sei. Der Angesprochene verstand damals diese Andeutungen in dem Sinne, daß Steiner die Frau Eichhorn wörtlich *»hinrichten«* wolle, teilte dieses Gespräch aber lediglich dem Bruder des Angeklagten, dem Gemüsehändler Christian Steiner, mit.

Am Mittwoch, dem 22. April 1896, wurde Steiner gegen fünf Uhr nachmittags und abends nach acht Uhr gesehen, als er außerhalb Steinachs auf dem Weg nach Sonneberg in Richtung des späteren Leichenfundortes lief und den ihm begegnenden Frauen auswich. Am Tatort konnte später ein sehr scharfer Eindruck eines Stiefelabsatzes gefunden und ausgehoben werden, der genau zu den mit Hufeisen beschlagenen Stiefeln Steiners paßte. Wegen der obwaltenden Indizien ließ die Staatsanwaltschaft den Verdächtigen noch am 24. April 1896 in Steinach verhaften. Bei seiner ersten Vernehmung sagte Steiner aus, er sei seit Mittwoch, dem Tag, an dem die ihm zur Last gelegte Tat begangen wurde, vormittags krank gewesen und habe das Bett bis zu seiner Festnahme nicht verlassen.

Bereits am 17. Oktober 1896 verurteilte der Schwurgerichtshof Meiningen den Holzarbeiter Paul Egydius Steiner aus Steinach wegen Verbrechens wider die Sittlichkeit nach § 176, Absatz 2 des StGB und Mordes zu zwei Jahren Zuchthaus, zum Tode und Verlust der bürgerlichen Ehrenrechte (§ 211 und 32 StGB), obwohl der Angeklagte die ihm zur Last gelegten Verbrechen bis zum Schluß des Prozeßes hartnäckig geleugnet hatte. Der Indizienprozeß gestaltete sich indes so schlüssig und überzeugend, daß an der Schuld Steiners kein Zweifel bestand. Sein Strafverteidiger,

Rechtsanwalt Dr. Strupp aus Meiningen, hatte zuvor auf ein umfassendes Plädoyer verzichtet und die Entscheidung den Geschworenen *»anheim gestellt«*. Die Geschworen vertraten einstimmig die Ansicht, daß an der Schuld des Angeklagten nicht zu zweifeln sei.*

Steiner, so war im vorausgegangenen Prozeß klar geworden, stand in Steinach wegen seines umfangreichen Vorstrafenregisters im schlechtesten Ruf. Schon zu Lebzeiten seiner im Dezember 1895 verstorbenen Ehefrau begann er den verbrecherischen Geschlechtsverkehr mit der schwachsinnigen Amalie Eichhorn und setzte das Verhältnis über einen längeren Zeitraum fort.

Nachdem sich herausgestellt hatte, daß die Eichhorn schwanger und er der Erzeuger des Kindes war, bedrohte Steiner seine einstige Gespielin. Nicht nur, daß er seine grausame Tat später versuchte als Unfall zu tarnen und sie somit zu vertuschen; Steiner spielte vor Gericht außerdem den Kranken, den Unschuldigen. Später widersprach sich der Angeklagte und gab zu, am Abend des Mordtages für kurze Zeit weggegangen zu sein. Schließlich diente seine Flucht in der Nacht vom 29. zum 30. Mai aus dem Georgenkrankenhaus in Meiningen, wohin er aus der Untersuchungshaft wegen Furunkulose** eingewiesen worden war, nur dem Zweck, seine Kinder für deren Zeugenaussagen zu instruieren.

Am 30. Mai, spät am Abend gegen 22 Uhr, traf ihn der Steinacher Dienstknecht Langbein auf dem Weg zwischen Steinach und der Wiefelsburg im Wald an. Steiner teilte ihm mit, er sei ausgerissen und wolle seinen Zeugen sagen, wie sie aussagen sollten. Durch die *»Vermittlung«* des

---

* Vgl. ThStA Meiningen, Staatsministerium, Abteilung Justiz Nr. 1075.

** Starke Furunkelbildung.

Langbein, wie es in der meiningischen Justizakte heißt, gelang es, den entwischten Steiner alsbald wieder zu verhaften.

Der Mann zeigte sich in den Mitteln seiner Verteidigung äußerst trickreich, um den Kopf aus der Schlinge zu ziehen. Dem Mitgefangenen Wagner versprach Steiner, ihm seinen Rock und von ihm gefertigte Trommeln schenken zu wollen, wenn dieser dem Aufseher sage, daß er schwer krank sei, damit man seine Töchter kommen lasse. Ihnen könne der Vater dann sagen, wie sie aussagen sollten. Wagner gegenüber brüstete sich Steiner außerdem, daß er vor mehreren Jahren mit drei anderen Männern Amalie Eichhorn im Walde *»gebraucht«* hätte. Nach dem Tod seiner Frau wäre Frau Eichhorn wiederholt in seinem Bett gewesen, selbst in der Nacht vor dem Bekanntwerden ihrer Schwangerschaft. Dem Gefangenen Filler gegenüber gestand Steiner, daß er Amalie Eichhorn früher einmal *»gebraucht«* habe.

Steiner ließ es sich nicht nehmen, in der Untersuchungshaft Anfälle von Wahnsinn zu simulieren. Damit wollte er Mitgefangene beeinflussen, sie mögen doch seine Geisteskrankheit bestätigen, damit er in die sachsen-meiningische Heilanstalt für Geisteskranke nach Hildburghausen verlegt werde und von dort bald fort käme. Mit diesem Ziel, so vermutete man zunächst, hatte sich Steiner Kot um den Mund geschmiert. Wie sich später herausstellte, handelte es sich dabei lediglich um schwarze Brotrinde. All dies zeugte von der Abgebrühtheit des Verbrechers, wie das Gericht erkannte. Die Straftaten Steiners zeugten sowohl von einem hohen Grad sittlicher Verkommenheit, als auch von Grausamkeit, List und Verschlagenheit.

Was Steiner zum Morden getrieben hat? Es war wohl weniger die Furcht vor Strafe wegen des vorsätzlich begangenen Sittlichkeitsverbrechens, sondern vielmehr die

Besorgnis – wie ihm schon früher einmal passiert war –, Alimente für das unehelich gezeugte Kind zahlen zu müssen. Vielleicht spürte er auch ein Gefühl von Scham gegenüber seinen erwachsenen Kindern. Am 22. Oktober 1896 legte Steiner gegen das über ihn gefällte Todesurteil unter abermaliger Versicherung seiner Unschuld rechtzeitig Revision ein. Durch das Urteil des Leipziger Reichsgerichts, dem obersten deutschen Gericht, vom 12. November 1896, wurde die Revision des zum Tode verurteilten Steiner verworfen.

Daraufhin richtete Steiner am 28. November 1896 ein Gnadengesuch an Herzog Georg II. von Sachsen-Meiningen.* Am 30. November 1896 empfahl der Oberstaatsanwalt des Gemeinschaftlichen Thüringischen Oberlandesgerichts Jena**, Dr. Horst Lommer, der Abteilung Justiz des Herzoglichen Staatsministeriums, dem Landesherrn zu empfehlen, das Gnadengesuch Steiners abzulehnen, denn schließlich gäbe es keine Bedenken gegen den Vollzug des Urteils. Im Gegenteil, die ganze Häßlichkeit und Schlechtigkeit der Tat an einer ohnehin unglücklichen, aber doch *»zu Liebkosungen und Geschlechtsgenuß Wert geachteten Frauenperson«* und der bösartige, scheinheilige, starre, zur Reue gar nicht fähige Charakter des Täters ergäben eine so

---

* Herzog Georg II. von Sachsen-Meiningen (*2. April 1826, †25. Juni 1914) regierte von 1866 bis 1914.

** Das Reichsverfassungsgesetz vom 27. Januar 1877 brachte mit Wirkung vom 1. Oktober 1879 die Vereinheitlichung der Gerichtsorganisation im Deutschen Reich. Die Instanzfolge war nunmehr von unten nach oben: Amtsgericht, Landgericht, Oberlandesgericht und Reichsgericht. Das Oberappellationsgericht Jena wurde zum Gemeinschaftlichen Thüringischen Oberlandesgericht Jena umgewandelt, verlor aber seine Stellung als oberstes Gericht aller thüringischen Staaten, sowohl als Gerichtsinstanz durch die Errichtung des Reichsgerichts in Leipzig, als auch hinsichtlich des Gerichtssprengels, da sich Schwarzburg-Sondershausen dem Oberlandesgericht Naumburg anschloß.

einfache Lage der Sache, daß diesmal nicht nur die Organe des Staates sich für den Vollzug der Strafe aussprechen müßten, sondern auch der *»gemeine Mann«*, so mitleidig und schwächlich er sich auch nach dem Zurücktreten der ersten Entrüstung unmittelbar nach dem Bekanntwerden einer solchen Tat wieder zu zeigen pflegt, keinen Grund und Anlaß für eine milde und nachsichtige Beurteilung finden, vielmehr argwöhnen würde, die Justizverwaltung des Herzogtums bringe es, im Gegensatz zu den anderen thüringischen Staaten, nicht mehr über sich, für den Vollzug der gesetzlichen Strafe einzutreten. Eine derartige Anschauung über einen sonst allgemein so angesehenen und hochgeachteten Staat wäre aber sehr nachteilig, bedauerlich und für einen treuen Anhänger desselben besonders schmerzlich.

Und am 4. Dezember 1896 legte der Jurist nach. Der Bittsteller Steiner habe keine Gnade verdient, auch wenn er erneut seine Unschuld beteuert. Schließlich halte der Verurteilte daran fest, kein Geständnis abzugeben. Dies wäre aber die erste Voraussetzung zu einem Gedanken an etwaige Reue, die Vorbedingung für die Milde selbst einer Begnadigung und den Weg zu einer *»gottesfürchtigen Erziehung«*. Mit dem Hinweis auf seine Kinder und deren *»Schreck«*, ihren unschuldigen Vater zu verlieren, inszeniere er Gefühle, die er nicht habe. Dies rufe das falsche, scheinheilige und niederträchtige Gebaren Steiners während der zweitägigen Hauptverhandlung in Erinnerung zurück! Warum er im Gnadengesuch darum bittet, vor seinen hochgeehrten Herrn Landesvater geführt zu werden, sei sehr leicht zu durchschauen und zu erklären. Er traue sich eben zu und besäße die große Unverschämtheit, noch an höchster Stelle seine Szene voll Lug und Trug, voll Scheinheiligkeit und ekelhafter Selbstverwünschung mit Erfolg aufführen zu können.

Das am 17. Oktober 1896 wider Steiner gesprochene Todesurteil wurde nach Verwerfung seiner Revision durch das Reichsgericht rechtskräftig. Am 8. Dezember 1896 faßte der Herzog den Entschluß, von seinem Begnadigungsrecht keinen Gebrauch zu machen. Kurz darauf wurde festgelegt, daß Steiner erst kurz vor der Exekution die Ablehnung seines Gnadengesuches mitgeteilt werde. Der Fall Steiner, so diskutierte man in der Abteilung Justiz des Meininger Staatsministeriums, sei die verruchteste, schauderhafteste Tat seit 30 Jahren gewesen.

Die Hinrichtung des Mörders wurde auf Freitag, den 12. März 1897, im Zuchthaus Untermaßfeld festgelegt. Bei der Exekution des Mörders gab es keinen Zwischenfall. Die Bekanntmachung dieses Aktes erfolgte am gleichen Tag im *Regierungsblatt des Herzogtums Sachsen-Meiningen*.

Noch am 12. März 1897 teilte Staatsanwalt Seel am Gemeinschaftlichen Landgericht der Abteilung Justiz des Meininger Staatsministeriums das Ergebnis der Verhandlung vom 11. März und das Protokoll der Vollstreckung der Hinrichtung vom 12. März mit. Danach begab sich Staatsanwalt Seel mit seinem Staatsanwaltschaftssekretär Strippelmann in das Zuchthaus in Untermaßfeld, um daselbst dem zum Tode verurteilten Holzarbeiter Paul Steiner aus Steinach von dem höchsten Erlaß vom 8. Dezember 1896 und dem Zeitpunkt der Vollstreckung des Urteils Kenntnis zu geben. Dieser Erlaß wurde dem Verurteilten vorgelesen und ihm eröffnet, daß das Urteil am folgenden Tag, vormittags 8.30 Uhr, an ihm vollstreckt werde. Auf Befragen, ob er irgendwelche Erklärungen abzugeben oder Einwendungen vorzubringen habe, insbesondere ob man nunmehr mit einem Eingeständnis seiner Tat rechnen könne, erklärte der Verurteilte: *»Ich habe es nicht getan, ich bleibe dabei, ich bin unschuldig.«*

Gleichzeitig war die aufmerksamste Bewachung seiner Person angeordnet worden. Steiner durfte in seiner Zelle bis zur Hinrichtung zu keiner Zeit allein bleiben, vielmehr sollte immer ein Gefangenenaufseher anwesend sein. Messer und Gabel wurden ihm bei Einnahme der Mahlzeiten nicht gereicht. Der Anstaltsgeistliche wurde ersucht, ihm bis zur Hinrichtung geistlichen Trost zu gewähren und ihn auf seinem letzten Gang zu begleiten.

Am 12. März 1897, 8.30 Uhr, fanden sich zur Vollstreckung des gegen den Holzarbeiter Paul Steiner aus Steinach gefällten rechtskräftigen Todesurteils in einem umschlossenen Hof des Zuchthauses in Untermaßfeld folgende Personen ein:

1. Staatsanwalt Seel in Begleitung des Hilfsarbeiters bei der Staatsanwaltschaft in Meiningen, des Gerichtsassessors Heinatz,
2. die vom Präsidenten des Landgerichts Meiningen Abgeordneten Mitglieder, die Landgerichtsräte Graf und Heil,
3. der Gerichtsschreiber des Landgerichts Meiningen, der Landgerichtssekretär Richter,
4. der Inspektor des Zuchthauses Untermaßfeld, Herr Kirchner,
5. die vom Gemeindevorstand Untermaßfeld abgeordneten Gemeindevertreter,
6. der Strafanstaltsgeistliche, Kirchenrat Dr. Füßlein aus Untermaßfeld, und
7. der in der Staatsanwaltschaft Meiningen beschäftigte Referent Dr. Hosfeld, einige Ärzte sowie der Pfarrer Hennemann aus Meiningen.

Die Vorrichtungen zur Enthauptung des Verurteilten mittels des Beiles waren getroffen. Der Scharfrichter Friedrich Reindel* aus Magdeburg mitsamt seinen drei Gehilfen hatte

* Friedrich Reindel (*6. September 1824, †27. September 1908) war ein preußischer Scharfrichter.

sich eingefunden. Pünktlich 8.30 Uhr wurde der Delinquent, begleitet vom Strafanstaltsgeistlichen sowie von den Gefangenenaufsehern Bock und Schüppler, an den Richtplatz geführt. Auf die an den Vorgeführten gerichtete Frage, ob er der Holzarbeiter Paul Egydius Steiner aus Steinach sei, erklärte dieser mit fester Stimme: *»Ja!«*

Auf Anweisung des Staatsanwalts Seel wurde sodann durch den Gerichtsschreiber die Formel des Urteils des Gemeinschaftlichen Schwurgerichts Meiningen vom 17. Oktober 1896 sowie der Erlaß des Herzogs vom 8. Dezember 1896 dem Verurteilten laut und deutlich vorgelesen und dieser befragt, ob er noch etwas anzuführen habe.

»Ich habe ja nichts getan, was soll ich denn nun machen, helfen Sie mir, daß ich nicht tot gemacht werde«, äußerte Paul Steiner.

Nunmehr wurde der Verurteilte dem Scharfrichter übergeben und diesem befohlen, das Urteil zu vollstrecken. Daraufhin erfolgte die Enthauptung des Mörders durch das Beil. Exakt 8.33 Uhr meldete der Scharfrichter, daß die Vollstreckung des Urteils erfolgt sei. Kopf und Rumpf des Enthaupteten wurden in einen bereitstehenden Sarg gelegt.

Staatsanwalt Seel berichtete am 13. März 1897 an die Meininger Justizabteilung noch über das Verhalten des Verurteilten bis zur Hinrichtung. Nach Aussage des Anstaltsgeistlichen, Herrn Kirchenrat Dr. Füßlein, habe der Verurteilte vor der Hinrichtung seine Schuld insoweit zugegeben, als er einmal geäußert habe: *»Das will ich gestehen, daß ich das Bloch* heruntergewälzt habe, daß es auf Sie gefallen ist und sie erschlagen hat.«*

Zu weiteren Geständnissen habe er sich nicht hinreißen lassen. Steiner fürchtete offenbar, daß bei einem unum-

---

* Rundholz.

wundenen Geständnis seine Hinrichtung nicht mehr aufzuhalten sei, während er zugleich noch hoffte, bei weiterem Bestreiten der Tat in letzter Minute doch noch begnadigt zu werden.

In der Nacht vor seiner Hinrichtung, vom 11. zum 12. März 1897, richtete der verurteilte Mörder deshalb an den Gefangenenaufseher Schüppler die Frage, ob man ihn, wenn er alles gestehe, was man von ihm verlange, nicht köpfen werde. Der Verurteilte erweckte bis zum letzten Augenblick den Eindruck eines verstockten Menschen. Seine Haltung war eine verhältnismäßig gefaßte. Seitdem ihm am 11. März, gegen 17 Uhr, Mitteilung von seiner bevorstehenden Hinrichtung gemacht worden war, aß er nichts mehr. Von einer geistigen Störung, wie er sie während der Untersuchungshaft vorgegeben hatte, zeigten sich in der letzten Woche vor der Hinrichtung keinerlei Spuren. Paul Steiner hatte offenbar die Aussichtslosigkeit dieses Unterfangens erkannt.

Der Kirchenrat Dr. Füßlein ließ das Ministerium in Meiningen am 12. März 1897 wissen, daß er am Sonntag, dem 7. März nachmittags, Steiner in eine besondere Zelle habe führen lassen, um sich mit ihm zu unterhalten. Darüber berichtete der Kirchenrat Folgendes:

»Ich bat ihn, um seiner eigenen Gewissensruhe willen sein Herz zu erleichtern und ein offenes und reumütiges Bekenntnis abzulegen; ich sagte ihm als er erklärte, er habe nichts zu bekennen, da er nichts begangen habe, er möge doch bedenken, daß dies vielleicht der letzte Sonntag sei, den er hier auf Erden erlebe; er blieb dabei, er habe nichts zu bekennen. Ebenso wenig war er zu irgend einem Geständnis zu bewegen, als ich ihn am Dienstag den 9. März besuchte [...].

Am 10. März, als er mir wiederum erklärte, daß er nichts bekennen könne, da er nichts getan habe, forderte ich ihn auf, mit mir zu beten. Er faltete die Hände, und ich rief Gott den heiligen, gerechten und allwissenden an, er möge das Herz dieses armen Sünders das von Angst und Lüge verdunkelt sei erleuchten das er erkenne Reue und Bekenntnis und die herzliche Bitte zu Gott um Vergebung seiner Missetat sei der einzige Weg, um zu Frieden zu kommen und bei Gott vor dem er wohl in kurzer Zeit stehen werde, Barmherzigkeit zu finden. […] Aber Steiner blieb bei seiner Antwort.

Auch am elften früh 8:00 Uhr besuchte ich den Steiner aber er beharrte bei der Versicherung, daß er ›nichts gemacht habe‹. Sein hartnäckiges Leugnen scheint die Ursache gehabt zu haben, daß er glaubte durch hartnäckiges Leugnen der Tat vor der Todesstrafe bewahrt werden zu können. Am elften nachmittags unmittelbar nachdem ihm durch den Herrn Staatsanwalt bekannt gemacht worden war, daß er am folgenden Morgen hingerichtet werden sollte, besuchte ich den Steiner in dem Zimmer auf das er gebracht worden war und redete ihn nochmals herzlich zu, nun noch ehe es vielleicht ganz zu spät sei, ein Bekenntnis seiner Schuld abzulegen vergeblich.

Heute Morgen 12. März 1897, 8:00 Uhr, begab ich mich im Ornat zu ihm, um ihn auf seinem Gange zu begleiten. Die Gehilfen des Scharfrichters hatten ihn eben auf seinen Körperbau untersucht und er merkte nun doch, daß es ernst werde und hatte mich zu sprechen verlangt. Er zitterte heftig […] und sagte ›lassen se mich net tot machen!‹. Das war seine ständige Rede. Ich sagte ihm, ›gestern ehe Ihnen das Endurteil verkündigt wurde, hatte ich den Auftrag wenn sie ihr Verbrechen eingestanden hätten, sofort an den Herrn Staatsanwalt zu telegrafieren, vielleicht hätten sie dann noch Gnade gefunden. Sie wissen wie herzlich und dringend*

* Festliche Amtstracht eines Geistlichen.

ich sie gebeten habe, ihr Gewissen zu erleichtern‹. Ich betete mit ihm das Gott der Herr ihm die Kraft geben wolle, jetzt noch die Wahrheit zu sagen. Er blieb immer dabei: ›helfen Sie mir telegrafieren Sie!‹ Ich sagte: ›Steiner sie bekennen ja nichts, sie sind wie in einem Netz von Lügen verstrickt‹. Nachdem er noch eine Weile seine Gottesfurcht, Rechtschaffenheit und Unschuld beteuert hatte sagte er: ›das will ich gestehen, daß ich das Bloch heruntergewälzt habe, daß es auf Sie gefallen ist und sie erschlagen hat‹. Ich: ›Steiner, das ist nicht die Wahrheit, die Person ist erwürgt worden, das wissen Sie!‹ Er rang augenscheinlich mit dem Gedanken, ob er nicht die volle Wahrheit sagen solle, aber es kam nicht zum Vorschein [...] ›lassen Sie mich doch net tot machen!‹ Das wiederholte er auch auf dem Wege zur Richtstätte immer aufs Neue bis er vor dem Herrn Staatsanwalt stand. Steiners teilweises Geständnis bestätigt mir im vollen Umfang seine Schuld.«[*]

So erfolgte die Hinrichtung Paul Steiners aus Steinach am 12. März 1897 trotz der »Aktivitäten« des Dr. Füßlein, wie auch schon der Schwurgerichtsprozeß zeigte, auf der Grundlage von Indizien. Die Bemühungen des Anstaltsgeistlichen, zur Wahrheitsfindung beitragen zu wollen, nährten eher Zweifel bei Juristen und bei nicht wenigen, vorrangig über die Presse informierten Bürgern an der Rechtmäßigkeit des Todesurteils und dessen Vollzug.

Aus mehreren Aktendokumenten des Thüringischen Staatsarchivs Meinigen geht hervor, daß der Geistliche wegen seines Verhaltens gegenüber Steiner Ärger bekommen hat. So wurde vom sachsen-meiningischen Herzog, der sich von der Hinrichtung berichten ließ, die Frage gestellt, von wem Dr. Füßlein den Auftrag gehabt habe, von Steiner

---

* ThStA Meiningen, Staatsministerium, Abteilung Justiz Nr. 1075.

ein Geständnis abzufordern, und zu welchem Zweck. Am 16. März 1897 wurde dem Herzog von der Abteilung Justiz mitgeteilt, den Auftrag im Fall eines Geständnisses an den Staatsanwalt zu telegraphieren, habe Kirchenrat Dr. Füßlein von Staatsanwalt Seel erhalten. Von der Ministerialabteilung sei ein solcher Auftrag jedoch nicht veranlaßt worden. Dieses Nachspiel ist wohl auf einen Zeitungsartikel in der *Sonneberger Zeitung* zurückzuführen, der für erhebliche Irritationen sorgte. Unter der Rubrik *»Aus Thüringen und dem Reiche«* war auf Seite 2 zu lesen:

»Steinach, 16. März. Der hiesige ›Waldbote‹ berichtigt verschiedene Ungenauigkeiten, die in vielen Blättern über Steiner verbreitet worden sind. Es hieß, Steiner habe nach Verlesung des Urteils gesagt: ›Schenken Sie mir doch das Leben.‹ Das ist nicht ganz richtig. Nach Verlesung des Schwurgerichtsurteils wurde Steiner vom Staatsanwalt gefragt, ob er noch etwas zu sagen habe. St. sagte hierauf etwas, leise und weinerlich was ich nicht verstehen konnte, und wurde nun dem Scharfrichter übergeben. Als ihn die Gehülfen desselben zum Richtblocke führten, rief er laut und unter heftigem Sträuben: ›Halt, halt, ich will erst noch etwas sagen ...‹ die weiteren Worte erstarben unter dem Beile des Scharfrichters. Im Uebrigen mag es richtig sein, was berichtet wird, daß er bis zum letzten Augenblick Begnadigung erhoffte. Steiner hat entschieden bei der Frage des Staatsanwalts noch nicht geglaubt, daß es schon so weit mit ihm sei und kam erst zu dieser Einsicht, als ihn die Gehülfen Reindels erfaßten. Er würde bestimmt da noch ein Geständnis abgelegt haben, wenn ihm noch Zeit hätte gelassen werden können. – Daß Se. Hoheit der Herzog einer Begnadigung im letzten Augenblick nicht vollständig abgeneigt war, geht wohl daraus hervor, daß der Anstaltsgeistliche, Herr Kirchenrat Dr.

Füßlein, dem Vernehmen nach noch bis zum 11. d. Nachmittags 5 Uhr Auftrag hatte, sofort zu depeschieren, wenn Steiner sich zu einem reumütigen Geständnisse bequemen würde. Steiner ist ein Opfer der vielverbreiteten irrigen Meinung geworden, die da sagt, es würde und könne Keiner hingerichtet werden, der nicht zuvor seine That eingestanden habe. Aus diesem Grunde klammert sich mancher Verbrecher an die Lüge fest und es ist oft (wie vorliegendes Beispiel zeigt) zu seinem größten Nachteile. – Richtig stellen möchte ich auch noch den in mehreren Zeitungen zu Tage getretenen Irrtum, wonach der den Steiner zur Richtstätte begleitende Zuchthaus-Aufseher mit diesem zusammen beim Militär gedient und den Feldzug gegen Frankreich 1870/71 mitgemacht habe; Steiner ist nie Soldat gewesen und hat infolgedessen am Feldzuge nicht teilgenommen.«

Diese Vorgänge veranlaßten den Ersten Staatsanwalt Freytag am Gemeinschaftlichen Landgericht Meiningen am 18. März 1897 in einem Brief an die Justizabteilung des Ministeriums in Meiningen festzustellen, der Auftrag, Steiner zu einem Geständnis zu bewegen und – in dem Falle, daß er das Verbrechen eingesteht – sofort zu telegrafieren, wodurch der Mann vielleicht noch Gnade gefunden hätte, stamme nicht von der Staatsanwaltschaft, sondern dies hätte sich Dr. Füßlein selbst ausgedacht. Im Gegenteil, die Staatsanwaltschaft habe den Geistlichen beauftragt, Steiner zwar geistlichen Zuspruch zu geben, dem Delinquenten aber nichts von der bevorstehenden Hinrichtung zu sagen. Der Verurteilte sollte erst am Tag vor der Hinrichtung, also erst am 11. März, von der Entschließung seiner herzoglichen Hoheit benachrichtigt werden, bis dahin also im Ungewissen bleiben. Am Ende seines Schreibens an den Kirchenrat habe er lediglich hinzugefügt: *»Läßt sich Steiner zu einem*

Geständnisse herbei, dann bitte ich mich sofort telegraphisch zu benachrichtigen.«

Diese Aufforderung wäre notwendig gewesen, denn er hätte sich dann sofort nach Untermaßfeld begeben, das Geständnis protokolliert und es dadurch aktenkundig gemacht. Nicht im Entferntesten habe er daran gedacht, daß ein so verspätetes Geständnis die Begnadigung herbeiführen könnte.

Im Auftrag des Herzogs Georg II. von Sachsen-Meiningen sprach schließlich das Ministerium dem Anstaltsgeistlichen Dr. Füßlein eine Mißbilligung aus. Darin wurde gleichwohl auch die Gefühlslage Steiners bedauert, weil ihm in seinen letzten Stunden auf so herzlose Art und Weise sinnlos noch Hoffnung und großes Unglück bereitet wurde. Anstatt ihm die letzten Schritte zum Schafott zu erleichtern, habe Füßlein mit seiner Bemerkung, daß sich der Verurteilte am Tage vor der Hinrichtung durch sein fehlendes Tateingeständnis vielleicht seine Begnadigung verscherzt habe, unnötig eine entsetzliche Enttäuschung in Steiner ausgelöst.

MORD AUS VERSCHMÄHTER LIEBE IN HINTERUHLMANNSDORF

(1897)

Er habe von einer Bluttat geträumt,
wenn er sie nicht bekäme.

Wenn sie ihm einen Zungenkuß gab und sich die Geliebte fest an ihn drückte, raste sein Herz. Wenn er ihren Kuß schmeckte und den Duft der Haut aufnahm, glaubte er, den Herzschlag in seinem Kopf zu spüren.

Das Verhältnis des Hugo Hieronymus Schädlich aus Reinsdorf bei Zwickau mit der erst 16jährigen, sehr hübschen Dienstmagd Albine Flämig ergab sich spontan, nachdem der Stallschweizer* Anfang 1897 seine Tätigkeit bei dem Gutsbesitzer Berger im sachsen-altenburgischen Hinteruhlmannsdorf** aufgenommen hatte. Wie der 25jährige Schädlich später vor Gericht aussagte, habe die junge Frau einen positiven Einfluß auf ihn ausgeübt. Sie wäre die erste Frau in seinem Leben gewesen, mit der er geschlechtlich verkehrt habe.

Nur Monate später, am 28. Februar und 1. März 1898, stand Schädlich wegen des brutalen Mordes an jener Frau vor Gericht, der er seine erste Liebe verdankte.

---

* Ehemalige Berufsbezeichnung für Stallknechte. Das Wort stammt von einem Beruf ab, für den früher Schweizer bekannt waren.

** Ab 1. Juli 1950 wurde der Ort Hinteruhlmannsdorf zu Ehren des am 11. Januar 1945 in Dresden hingerichteten kommunistischen Widerstandskämpfers Otto Engert in Engertsdorf umbenannt. Heute ist Engertsdorf ein Ortsteil von Ziegelheim im Landkreis Altenburger Land.

Nach Zeugenaussagen während der Verhandlungen des 65. Geraer Schwurgerichts wurde deutlich, daß Hugo Hieronymus Schädlich bereits in seiner Jugend ein böswilliger, unverträglicher und trotziger Knabe war, dessen Streiche weit über den Rahmen üblicher Dummenjungenstreiche hinausgingen. In der elterlichen Wohnung legte er Feuer, zündete auf dem Hof einen Düngerhaufen an und brachte Pulver neben einer Scheune zur Explosion. Zu diesem Zeitpunkt war Hugo gerade einmal neun Jahre alt! Elterliche Züchtigungen und Schulstrafen beeindruckten den Burschen nicht, dann schon eher der Umstand, daß seine Mutter sich auf dem Totenbette genötigt sah, ihm mit den Fäusten zu drohen. Während ihrer Beerdigung bezeichnete der Pfarrer den Jungen als den Nagel zum Sarg der Mutter. Dem Vater schlug der damals 13jährige wegen anhaltender Meinungsverschiedenheiten mit der Faust ins Gesicht. Einen seiner Brüder bedrohte er mit dem Messer.

Schon in der Voruntersuchung des Mordfalls Albine Flämig konnten erschreckende Wesenszüge des jungen Mannes aufgedeckt werden. In einem Gutachten des Anklagevertreters, des Ersten Staatsanwaltes Dr. Göpel aus Altenburg, heißt es über die charakterlichen Eigenschaften und Verhaltensweisen Schädlichs:

*»Anzeichen eines unbändigen und bösartigen Charakters sind bei Schädlich schon in früher Jugend hervorgetreten. Die härtesten körperlichen Züchtigungen waren gegenüber dem Eigenwillen und der Halsstarrigkeit des Knaben fruchtlos und vermochten immer neue schlimme Streiche nicht zu verhüten.«**

Aus Rachsucht beschädigte er den Handwagen eines Bergarbeiters und schnitt ihm einen Blumenstock an der Wurzel

* ThStA Altenburg, Ministerium Altenburg J Nr. 106.

ab. Wenn er deshalb angezeigt würde, wollte er dem Bergarbeiter *»etwas auswischen«*, und wenn es 20 bis 30 Jahre dauerte, das müsse der büßen, so seine Drohung! Er wurde wegen dieser Sachbeschädigung im Jahre 1887 zu vier Wochen Gefängnis verurteilt. In einer Besserungsanstalt, in die seine Einweisung 1888 erfolgte, zeigte der durchaus gesunde Zögling zwar gute Fähigkeiten und im allgemeinen Fleiß und Aufmerksamkeit, er wurde aber wegen seines schlechten sittlichen Verhaltens erst im April 1892 entlassen. Auf dem Gut der Anstalt war er als Stallschweizer ausgebildet worden.

In dieser Phase zeigte sich bereits: *»bei außerordentlichem Selbstgefühl und großer Empfindlichkeit brachte ihn ein geringfügiger Anlaß in die größte Wuth, welche er an Mensch und Tier ausließ. Ungehorsam und Streit mit Vorgesetzten war mehrfach der Grund, daß er seine Stellung wieder verließ.*

Vom Oktober 1893 bis zum September 1895 genügte er seiner Militärpflicht beim Schützenregiment ›Prinz Georg‹ Nr. 108 in Dresden. Seine Führung war sehr schlecht.

Nach seiner Entlassung aus dem Militärdienst ging er wieder als Stallschweizer in Stellung. In einem dieser Dienste, die er wie früher häufig wechselte, [...] hat er eine Kuh roh mißhandelt, den Oberschweißer im Streit mit einem Messer verletzt und ihn bedroht, er müsse noch einmal vor ihm ›krepieren‹. Deshalb steckbrieflich verfolgt, wurde er am 26. April 1897 in Altenburg verhaftet und vom Schöffengericht am 20. Mai 1897 wegen Tierquälerei zu 14 Tagen und wegen Körperverletzung zu 8 Tagen Gefängniß verurtheilt. Diese Strafen hat Schädlich bis zum [...]. Juni 1897 verbüßt.

Schädlich war nach einem brieflichen Bekenntniß schon in der Landesanstalt Brännsdorf der Onanie ergeben. Leichte geschlechtliche Erregbarkeit ist vielleicht eine weitere

Triebfeder seiner Handlungen und Mitursache seines unruhigen, unsteten Characters, der überdies zu Ueberspannung und Uebertreibung neigt und sich gelegentlich in theatralischer Darstellung seiner Empfindungen, gelegentlich auch in wichtigthuender Geheimnißkrämerei gefällt.«

Nach Verbüßung seiner Haftstrafe im Juni 1897 vermittelte Gutsbesitzer Berger aus Hinteruhlmannsdorf Schädlich an den Gutsbesitzer Mehlhorn nach Gösdorf*, wo er sich wieder gewalttätig gegen Menschen und Tiere zeigte. Schädlich war ständig gereizt, wäre er doch so gerne zur Dienstmagd Flämig nach Hinteruhlmannsdorf zurückgekehrt. Er wollte sich aber durch eine Bitte dem Berger gegenüber *»nicht den Respect vergeben«*.

Albine war jedoch von dem cholerischen Schädlich einige Monate zuvor beschimpft sowie geohrfeigt worden und zeigte ihm seither die kalte Schulter.

Zunächst versuchte der Stallknecht die Beziehung zu der Dienstmagd durch einen vierseitigen Liebesbrief mit einem Foto von sich wieder anzuknüpfen. Albine schrieb ihm zurück, konnte sich aber nicht entschließen, die Beziehung zu Schädlich wieder aufzunehmen. Die Korrespondenz der beiden zog sich deshalb über einige Wochen hin. Währenddessen hatte der Stallschweizer mit der 18jährigen Dienstmagd J. aus dem sachsen-altenburgischen Tautenhain, deren wirklichen Namen die Presse verständlicherweise nicht preisgab, ein Verhältnis angeknüpft, das etwa ein Vierteljahr anhielt, bis die Dame die Verbindung löste, weil Hugo Schädlich zu viel Geld beim Spiel ausgab.

Vor Gericht bekannte Schädlich später, er habe auch während der Beziehung mit der J. immer an Albine gedacht und

---

* Gösdorf ist heute ein Ortsteil der Gemeinde Nobitz im thüringischen Landkreis Altenburger Land.

bereits von einer Bluttat geträumt, sollte er die junge Frau nicht bekommen. Er hätte damals Angst vor sich selber bekommen und deshalb Albine Flämig brieflich vor seiner Person gewarnt. Ende September 1897 habe sie dann überraschend einen Versuch unternommen, sich ihm zu nähern, woraufhin er ihr mit Zurückweisung begegnet sei, weil er sich für einen neuen bekannt gewordenen Diebstahl der Dienstmagd schämte. Im Grunde seines Herzens, so seine Aussage, habe ihm die Annäherung geschmeichelt und froh gestimmt. Anfang Oktober lief Schädlich der Flämig wieder ohne Erfolg hinterher.

Am 10. Oktober schließlich bat der Stallschweizer seine Jugendbekannte Lina Zeh brieflich um Vermittlung bei Albine und schrieb unter anderem:

»Erhalte ich eine verneinende Antwort, so ist es mir egal, was die Leute hinter meiner Leiche reden.«

Für Schädlich folgten zwei Wochen bangen Wartens. Zweifel und unerträgliche Unruhe befielen ihn. Überreizt schlug er am 22. Oktober 1897 eine Ziege seines Dienstherrn so heftig, daß das Tier zwei Tage später verendete. Am 24. Oktober traf er sich mit der erwähnten Bekannten Zeh, um die schriftliche Antwort der Albine Flämig abzuholen. Selbige ließ an Deutlichkeit nichts zu wünschen übrig; der Stallschweizer erthielt eine klare, endgültige Absage. Den Kopf schüttelnd, sagte der Zurückgewiesene Lina Zeh gegenüber:

»Lina, ich nehme mir das Leben, ich nehme etwas ein, das kostet nicht viel.«

Im tiefsten Inneren hatte er sein Vorhaben noch nicht aufgegeben, die Flämig zurückzugewinnen, und hoffte, ihr Herz mit einem *»überspannten und romantischen«* Brief zu gewinnen. Dafür schnitt sich Schädlich tief in den Finger, schrieb einen Abschiedsbrief mit seinem Blut und teilte der Angebeteten mit, er hätte mit der Absage sein Todesurteil empfangen – sie habe ihn in den Tod getrieben. Nachdem Schädlich den Brief weitergeleitet hatte, spielte der Mann seine Selbstmordkomödie weiter und fügte sich mit seinem Rasiermesser mehrere Schnitte am Unterarm zu, um später der Angebeteten die Ernsthaftigkeit seines Unterfangens beweisen zu können. Schließlich täuschte er noch den Versuch sich zu erhängen so vor, daß die Flämig davon Kenntnis bekommen mußte. Zu seinem Entsetzen erfolgte von der jungen Frau keinerlei Reaktion.

Am Montag, dem 25. Oktober, 19.30 Uhr, lauerte er vergebens an dem Brunnen in Hinteruhlmannsdorf, von dem sie Wasser zu holen pflegte. Nachts scheiterte der Versuch, in ihre Kammer einzudringen. Auf einem Heuboden ganz in der Nähe verbrachte der Angeklagte die Nacht, die sehr kalt war. Den Heuboden verließ er Dienstag zunächst nicht. Er hatte Zeit zum Nachdenken. Seine Verzweiflung, dies wurde ihm nun klar, hatte bei der jungen Frau nicht den geringsten Eindruck hinterlassen. Vermutlich nahm sie ihn nicht ernst und lachte nur über den Brief. Zutiefst in seiner Ehre verletzt, kochte das Blut in seinen Adern. Er würde es ihr schon zeigen! In ihm reifte der Plan, ihr hübsches Gesicht mit dem Rasiermesser zu verunstalten. Verschmähte Liebe und brennender Hunger – er hatte seit drei Tagen nichts mehr gegessen – stachelten seine Wut immer mehr an.

Gegen 17.30 Uhr wartete Schädlich, der sich hinter einem lebenden Zaun versteckt hielt, auf die Flämig, die um diese Zeit von der Feldarbeit kommen mußte. Unerkennbar unter den Schafen getarnt, hörte er den an die Flämig gerichteten Auftrag, Bier im Dorf zu holen. Nun folgte Schädlich der gutgelaunten, singenden Frau in gehörigem Abstand und dachte voller Grimm: *»Die singt und du hast drei Tage nichts zu essen gehabt!«*

Auf einem Weg, der sich zwischen Wiesen und Feldern, zwischen dem Bergerschen Gut und dem Wirtshaus von Hinteruhlmannsdorf hinzog, erwartete er die Rückkehrerin an einer dunklen, einsamen Stelle. Albine schrie auf, als er sie in der Dunkelheit von hinten angriff, sie am Kopftuch festhielt und zur Rede stellte: *»Was hab ich dir getan?«*

Sie stieß ihn daraufhin mit aller Kraft weg. *»Hugo, ich will mit dir gehen!«* sagte die junge Frau aus Angst und Entsetzen, denn sie erkannte, daß er Böses vorhatte.

Albine ließ den Bierkrug fallen und wollte fliehen. Am Mienenspiel des Mädchens erkannte der Angreifer, daß sie nicht ernst meinte, was sie sagte. Da wurde Schädlich noch wütender. Sein Leben erschien ihm plötzlich verfehlt, und diese Dienstmagd trug teils daran Schuld, so schoß es durch seinen Kopf, daß er zu nichts gekommen war. Schluß, aus, er würde jetzt seinem und ihrem Leben ein Ende setzen. Er hielt sie fest umklammert. Sie schrie immer noch vor Angst. Er mußte sich beeilen, denn Albine sah das Rasiermesser, wehrte sich panisch. Schädlich drückte sie zu Boden. Dann ging alles ganz schnell. Schädlich stopfte ihr Erde in den Mund, um ihr Schreien zu unterdrücken, führte vier Schnitte in den Hals, die ersten zaghaft, den letzten mit aller Kraft. Die Halsschlagader war durchtrennt. Die junge, hübsche Frau konnte nur noch sagen: *»Ach Gott! Ach Gott!«*

Schädlich schleifte die Sterbende an die Böschung. Später behauptete er, noch eine Weile bei der Getöteten verweilt und sie unter Tränen um Verzeihung gebeten zu haben.

Bald nach der Tat erschien der Mörder im Hinteruhlmannsdorfer Gut. Er erzählte – wie ein Kind weinend und verwirrt – etwas von Briefen, daß er sterben wolle und daß er die Albine *»totgemacht«* habe. Danach begab sich der Mann nach Tautenhain zu der Dienstmagd J. und soll dort zwei Stunden vergebens nach ihr gepfiffen haben.

Am nächsten Vormittag ging Schädlich zum Gemeindevorsteher von Gösdorf auf dessen Feld und gestand, einen Mord begangen zu haben. Er sagte, er wolle aufs Gericht geschafft werden, und erweckte einen zutiefst niedergeschlagenen Eindruck.

Die Leiche der Albine Flämig wurde noch am Dienstag, dem 26. Oktober, des Abends gefunden. Neben ihr lag das Mordwerkzeug. Der Sachverständige Professor Dr. Binswanger aus Jena sagte vor Gericht aus, daß ein Schnitt, der den Tod des Mädchens innerhalb von etwa einer halben Minute herbeigeführt, zehn Zentimeter lang gewesen und fünf Zentimeter weit auseinander geklafft habe.

Die Anklage behauptete später, daß Schädlich die junge Frau nur deshalb hinter die Böschung geschleift hätte, um sich noch einmal an ihr zu vergehen, woran er nur durch das Herannahen mehrerer Personen gehindert wurde.

Während des zweitägigen Prozesses vor dem Schwurgericht Gera vom 28. Februar bis 1. März 1898 bekundeten mehrere Zeugen den cholerischen Charakter des am 12. Juli 1873 geborenen Täters, der als ein völlig unberechenbarer, zur Brutalität neigender Mensch beschrieben wurde. Im Laufe der Verhandlung äußerte der Angeklagte nicht zuletzt das Vorhaben, sich bei der ersten sich bietenden Gelegenheit selbst zu töten. Daraufhin traf das Gericht eine Anordnung, diese Absicht zu verhindern.

Am 1. März 1898 wurde Hugo Hieronymus Schädlich nach kurzer Beratung der Geschworenen dahingehend für schuldig erklärt, die 16jährige Dienstmagd Albine Flämig am 26. Oktober 1897 in Hinteruhlmannsdorf vorsätzlich getötet und den Mord mit Überlegung ausgeführt zu haben. Daraufhin verurteilte ihn das Gericht unter Leitung seines Vorsitzenden, dem Oberlandesgerichtsrat Dr. jur. Viktor Börngen aus Jena, nach § 211 des StGB zum Tode und Verlust der bürgerlichen Ehrenrechte. Der Angeklagte unterwarf sich am 4. März 1898 dem Urteil.

Der Verteidiger des Verurteilten, der Altenburger Justizrat August Rothe, bat daraufhin im Auftrag seines Klienten darum, die Todesstrafe in lebenslängliches Zuchthaus umzuwandeln.

In dem Gnadengesuch vom 19. März 1898 an Herzog Ernst I. von Sachsen-Altenburg* betonte der Justizrat, sein Klient Schädlich habe nach der Tat freiwillig und von Reue erfüllt den Mord gestanden. Der Täter hätte zwar zugegeben, die Flämig vorsätzlich getötet zu haben, jedoch bestritt er, dieses Verbrechen mit Überlegung vollzogen zu haben. In seiner Argumentation verwies Rothe vor allem darauf, daß der Beweis des überlegten Handelns während des Schwurgerichtsprozesses nicht erbracht werden konnte. So führte der Verteidiger vor allem aus, daß alles dafür spräche, daß Schädlich den Mord nicht in *»affektloser Verstandstätigkeit«* begangen habe, im Gegenteil. Fast alle gehörten Zeugen bestätigten, Schädlich sei ein *»hitziger, jähzorniger, seinem eigenen Geständnisse zufolge dem Laster der Selbstbefleckung ergebener, zu geschlechtlichen Ausschreitungen neigender, dabei unklarer, stolzer und äußerst empfindlicher Mensch, [der – d. Verf.] bereits seit langem vor der Tat von dem heftigsten Verlangen erfüllt wurde, das zwischen ihm und der (außerordentlich) hübschen, wenn auch zu Eigenthumsvergehen und Lügen geneigten Flämig früher bestandene intime Liebesverhältniß wieder anzuknüpfen, und daß er, da eine Aussöhnung zwischen der Flämig und ihm nicht erfolgte, sich schon Anfang October v. J. mit Selbstmordideen getragen hat […].«***

* Herzog Ernst I. von Sachsen-Altenburg (*16. September 1826, †7. Februar 1908) regierte von 1853 bis 1908.

** ThStA Altenburg, Ministerium Altenburg J Nr. 106.

Akten

der

Herzogl. Sächs. Ministerial=Kanzlei

zu Altenburg

betreffend

das Begnadigungsgesuch des wegen Mordes zum Tode verurtheilten Stallschweizers Hugo Hieronymus Schädlich aus Reinsdorf.

Im Jahre: 1898.

Vorhergehendes:

Nachfolgendes:

Beiakten:

Archivzeichen: III. J. Nr. 106. Bd. II.

Akte über das Begnadigungsgesuch des zum Tode verurteilten Stallschweizers Hugo Hieronymus Schädlich aus Reinsdorf.

Nach der Auffassung des Justizrates wäre völlig klar, Schädlich habe erst in dem Augenblick den Entschluß zur Tötung der Flämig gefaßt, als diese ausrief: *»Hugo, ich will mit dir gehen«*, und er in ihrem Gesicht die fehlende Ernsthaftigkeit dieser Aussage erkannte. Das Rasiermesser habe der Mörder schließlich nur mitgeführt, weil er ursprünglich sich selbst töten wollte. Das 15 Seiten umfassende handschriftliche Gnadengesuch an den Herzog endete mit den Worten:

»Nach alledem dürfte die Möglichkeit, daß Schädlich, welcher allerdings ein äußerst heftiger, jähzorniger und grausamer Mensch ist, den Vorwurf der Verlogenheit jedoch kaum verdienen dürfte, bezüglich des Tötungsactes und des Vorgangs in seinem Innern die Wahrheit gesagt und sonach die Tödtung ohne Ueberlegung, aber doch im Zustande so hochgradiger Erregung ausgeführt hat, daß eine mildere Beurtheilung seiner auf sexueller Basis ruhenden That zulässig erscheint.

Ew. Hoheit wollen deshalb in Gnaden die Umwandlung der gegen Schädlich ausgesprochenen Todesstrafe in eine lebenslängliche Zuchthausstrafe verfügen.«

Daraufhin erfolgte die Anfertigung verschiedener Gutachten der am Prozeß beteiligten Juristen, die letztendlich der Entscheidungsfindung des sachsen-altenburgischen Herzogs dienen sollten. Nach längerer Beratung im Herzoglichen Gesamtministerium in Altenburg, bei der auch unterschiedliche Rechtspositionen zur Diskussion standen, wurde am 25. Mai 1898 der Beschluß gefaßt, dem Herzog die Empfehlung zu geben, von seinem Begnadigungsrecht keinen Gebrauch zu machen. Drei Tage später folgte Herzog Ernst I. dem Rat seiner Beamten und gab den Befehl, *»der Gerechtigkeit in Gemäßheit des Urteils des gemeinschaftlichen Schwurgerichts Gera vom 1. März d. J. seinen Lauf zu lassen.«*

Der Termin der Hinrichtung war auf Sonnabend, den 11. Juni 1898, für 5.30 Uhr festgesetzt worden. Drei Tage vorher wurde Hugo Hieronymus Schädlich über die Ablehnung des Gnadengesuches durch seine Hoheit, den sachsen-altenburgischen Herzog, und über die bevorstehende Hinrichtung informiert. Den letzten geistlichen Zuspruch erhielt der Verurteilte durch den Anstaltsgeistlichen Diakon Eckhardt aus Gera.

Die Hinrichtung erfolgte auf dem Hof des Landgerichts ohne nennenswerte Vorkommnisse mittels Beil durch den Scharfrichter Reindel aus Magdeburg, dem drei Gehilfen zur Seite standen. Sie dauerte vom Zeitpunkt der Vorführung Schädlichs auf dem Gefängnishof bis zur Ausführung der Hinrichtung lediglich zwei Minuten. Die Leiche wurde der Anatomie Jena überlassen, wo eine teilweise Sektion derselben erfolgte.

DER ALTENBURGER LUSTMÖRDER WALTER FRIEDEMANN

(1923/24)

Wenn Frauen ihn ›geschlechtlich aufrägen‹
ergötze er sich daran,
und müsse die Weiber am Hals
anfassen und drücken.

Es mußte etwas Schlimmes passiert sein. Dem Metallarbeiter Ernst Albrecht war die Aufregung anzumerken. Die Stimme des 46jährigen Mannes zitterte, als er am Mittwoch, dem 5. September 1923, gegen 6.30 Uhr, auf der Altenburger Polizeiwache vorbrachte, daß seine Ehefrau Ida Albrecht, geborene Schneider, tags zuvor nachmittags gegen 15.15 Uhr mit einem Handwagen nach Kotteritz* gefahren sei, um Brennholz zu holen. Albrecht habe vorher mit seiner Ehefrau abgesprochen, sie nach Arbeitsschluß im Sägewerk Kotteritz abzuholen. Dort teilte man ihm jedoch mit, daß das Werk immer 15.30 Uhr geschlossen werde und seine Frau dort nicht angekommen sei.

Auf die Bitte der Polizei, seine Frau zu beschreiben, gab Ernst Albrecht an, sein Ehefrau sei 1,55 Meter groß und habe blonde Haare. Zuletzt wäre sie mit einer dunklen Bluse, hellen Schürze und Halbschuhen bekleidet gewesen. Sie sei am 22. November 1879 in Altenburg geboren und

* Heute Ortsteil der Gemeinde Nobitz im thüringischen Landkreis Altenburger Land.

beide lebten zusammen. Ida habe zwar einen Herzfehler, insgesamt sei sie jedoch gesund und körperlich belastbar. Es gäbe keinerlei Grund zur Annahme dafür, daß sie sich wegen familiärer Verhältnisse gewaltsam das Leben hätte nehmen wollen.

Wenige Stunden nachdem der Metallarbeiter die Vermißtenmeldung auf der Wache zu Protokoll gegeben und das Polizeilokal verlassen hatte, erhielt die Altenburger Kriminalpolizei gegen zehn Uhr die telefonische Mitteilung, die vermißte Ida Albrecht wäre im Dickicht des »Herzog-Ernst-Waldes«, an der Verbindungsstraße von der Paditzer* nach der Kotteritzer Straße gefunden worden. Es gab Hinweise darauf, daß sie einem Verbrechen zum Opfer gefallen war.

Als die Kriminalpolizei am Fundort der Frauenleiche eintraf, waren zahlreiche Neugierige anwesend, darunter auch Ernst Albrecht, der seine Frau sofort identifizierte und aussagte:

*»Ich bin mit meiner Frau das 24. Jahr verheiratet. Wir leben in sehr guten Verhältnissen und sehr gutem Einverständnis. Unsere Ehe ist kinderlos [...]. Meine Frau hatte zum Einkauf des Holzes etwa 3 Millionen Mark Papiergeld bei sich [...]. In sittlicher Hinsicht war meine Frau vollständig rein und es ist nach meinem Dafürhalten vollständig ausgeschlossen, daß sie sich in geschlechtlicher Beziehung mit einem anderen Mann eingelassen hat. Wenn die Untersuchung ergibt, daß meine Frau geschlechtlich gebraucht worden ist, so kann dies nur durch ein Verbrechen geschehen sein.«***

Der Zeuge Ernst Gentsch, 34 Jahre alt, aus Altenburg sagte an der Fundstelle aus:

---

* Paditz ist eine Ortslage des Ortsteils Ehrenberg der thüringischen Stadt Altenburg.

** ThStA Altenburg, Staatsanwaltschaft beim Landgericht Altenburg Nr. 93.

»Wir streiften die Neuanpflanzung der Fichten im neuen Teil des Herzog-Ernst-Waldes ab und ich gewahrte etwa 3 m links in dem Dickicht der Fichten einen Handwagen, den ich als Eigentum der Frau Albrecht erkannte. Nun beschränkten wir uns beim Suchen auf die nächste Umgebung dieses Ortes und auf die gegenüberliegende Seite des Weges. Etwa neun Schritt von der Straße entfernt lag die Leiche der Frau Albrecht. Der Kopf der Leiche lag nach der Straße zu. Die Beine waren angezogen und die Unterkleider waren aufgedeckt, so daß man das Geschlechtsteil der Toten sehen konnte. Der Haarkamm der Toten lag an einer etwas freien Stelle, etwa 1,20 m von dem Fuß entfernt. Die Leiche ist in ihrer Lage selbst nicht verändert, wohl aber habe ich mit dem Kleiderrock selbst das Geschlechtsteil verdeckt. Den Handwagen habe ich ebenfalls angefaßt.«

Da außerdem die Brieftasche mit dem Geld neben der Leiche aufgefunden wurde, mußte die Altenburger Kriminalpolizei von Anfang an davon ausgehen, daß es sich bei dem Fall nicht um einen Raubmord handeln konnte.

Am 6. September 1923 erfolgte die Leichenöffnung. In einem Schreiben an die Altenburger Staatsanwaltschaft teilte der Leiter der Anstalt für gerichtliche Medizin an der Universität Jena, Professor Dr. Ernst Giese,* am 20. September 1923 aus Jena schreibend mit, daß bei der Ermordeten keinerlei Samenspuren mikroskopisch festgestellt werden

* Prof. Dr. Ernst Herrmann Friedrich Giese (*27. November 1865, †6. Dezember 1956) war ein deutscher Gerichtsmediziner, der die erste außerordentliche Lehrstelle für gerichtliche Medizin an der Universität Jena innehatte. Mit Ernst Gieses Ernennung zum ordentlichen Professor wurde 1925 die Gerichtsmedizin als Spezialfach an der Universität Jena etabliert. Auch in der Zeit des Nationalsozialismus blieb Giese sich und seinen humanistischen Idealen treu und setzte sich noch Anfang der 1940er Jahre über Maßregelungen hinweg, indem er weiterhin auch jüdische Patienten behandelte.

konnten. Die Landgerichtskasse Altenburg honorierte die Leistung des Jenaer Professors mit dem Inflationsbetrag von 40 Millionen Mark.

Da die Kriminalpolizei, trotz der sofort eingeleiteten, umfassenden Untersuchungen dem Täter nicht habhaft wurde, erfolgte nur wenige Wochen später die Auslobung einer Belohnung in Höhe von zehn Goldmark für sachdienliche Hinweise zur Ergreifung des Mörders.

Am Montag, dem 1. Oktober 1923, früh gegen 7.30 Uhr, erhielt die Revierwache in Kauerndorf bei Altenburg telefonisch die Mitteilung, daß auf einem Feldgrundstück des eingemeindeten Ortes Zschernitzsch eine Frauenleiche in vollständig nacktem Zustand gefunden worden wäre. Anscheinend ein Verbrechen. Der Reviervorsteher, Herr Polizeikommissar Krämer, eilte mit einem Beamten sofort an die Fundstelle, um den Ort des mutmaßlichen Verbrechens zu sichern. Sofort wurden auch auf telefonischem Weg der Altenburger Polizeiinspektor Bonitz und die Staatsanwaltschaft in der Stadt von dem Leichenfund in Kenntnis gesetzt. Gegen zehn Uhr vormittags erschienen überdies der Oberstaatsanwalt Dr. Frieders, der Kreisarzt Dr. med. Beyer und der bestellte Fotograf König an besagter Fundstelle.

Der inzwischen herbeigeeilte Ehemann der Toten, Handelsmann Friedrich Heilmann, 65 Jahre alt, wohnhaft in Zschernitzsch, sagte aus:

»In der Toten erkenne ich mit Bestimmtheit meine Ehefrau Agnes Marie Ernestine Heilmann, verwitwet gewesene Fischer, geborene Meuche, geboren am 3. Februar 1861 in Leipzig. Mit ihr bin ich seit 1907 verheiratet. Die Ehe ist kinderlos. Der erste Mann meiner Frau ist auf dem Friedhof beerdigt. Meine Frau geht fast alle Fest- und Sonntage nach dem Friedhof in Altenburg. Am Sonntag, dem 30. September 1923, nachmittags gegen 4 Uhr, verließ meine Frau die

*Wohnung in Zschernitzsch, um den Friedhof in Altenburg aufzusuchen. Gewohnheitsmäßig kehrt meine Frau in der 7. später in der 8. Nachmittagsstunde, zurück. Meine Frau hat in Altenburg verschiedene Bekannte, und es schien mir, als ob sie einigen dieser Bekannten einen Besuch abstattete […]. Erst heute früh, also am 1. Oktober 1923, vormittags in der 6. Stunde, als ich in Folge des Ausbleibens meiner Frau doch etwas unruhig geworden war, […] begab ich mich etwa um 8 Uhr vormittags nach der Revierwache in Kauerndorf, um meine Frau als vermißt zu melden.«**

Polizeiinspektor Bonitz berichtete am 1. Oktober 1923 nach Sichtung der Fundstelle:

»Am Tatort ist folgendes festgestellt: Die Auffindungsstelle der Leiche der Frau Heilmann befindet sich am südlichen Rand des Stadtteiles Zschernitzsch rechts der Straße Altenburg–Zschernitzsch. Die Leiche lag vollständig entblößt in nächster Nähe eines Gartenzaunes auf einem Feldrain. Der Kopf war bereits stark mit Blut unterlaufen. Am Halse waren Würgmerkmale deutlich zu erkennen. Beide Beine waren beischlafähnlich gekrümmt. Die Arme lagen unter dem Rücken und dem Gesäß der Leiche. Der untere Teil eines herzförmigen Ohrrings war abgerissen und ist vorläufig nicht gefunden, und zwar am linken Ohr. Der rechte Ohrring und der Trauring an der rechten Hand waren noch vorhanden. Die Leiche lag vom Rande der Böschung etwa 20 Schritte rechts von der Landstraße entfernt. Etwa 5 m von der Leiche entfernt nach dem Böschungsrand zu lag ein Strumpfband, das bestimmt als Eigentum der Heilmann erkannt wurde. Etwa in gleicher Höhe hing auf dem Lattenzaun, und zwar auf einem Drahtseil, der scheinbar als Diebesschutz dienen sollte, ein

* ThStA Altenburg, Staatsanwaltschaft beim Landgericht Altenburg Nr. 92.

schwarzseidener Kleidergürtel, der nicht mit Bestimmtheit als Eigentum der Heilmann erkannt wurde. In der Nähe, etwa 20 m vom Zaun entfernt nach Altenburg zu gedacht, fand der Pol.-Kommissar Krämer, eine weiße, pulverartige Masse. In der Annahme, daß diese Substanz mit dem Verbrechen Zusammenhang hat, wurde sie gesichert und sie wird dem chemischen Institut hier zur Untersuchung überwiesen. Die Quaste des mitgeraubten Regenschirms der Heilmann wurde ebenfalls von Krämer direkt am Dorfrande auf der Landstraße gefunden. Der Photograph König hat im Auftrage der Staatsanwaltschaft in zwei verschiedenen Lagen Lichtbilder aufgenommen. Im Auftrage des Herrn Oberstaatsanwaltes Dr. Frieders wurde die Leiche beschlagnahmt und soll nach der Sectionshalle im Friedhof überführt werden. Ein Verzeichnis über die geraubten Kleidungsstücke ist sofort aufgenommen, vervielfältigt und die Abzüge werden umgehend den einschlägigen Geschäften zugestellt. Ein Lageplan vom Tatort wird beigefügt.«

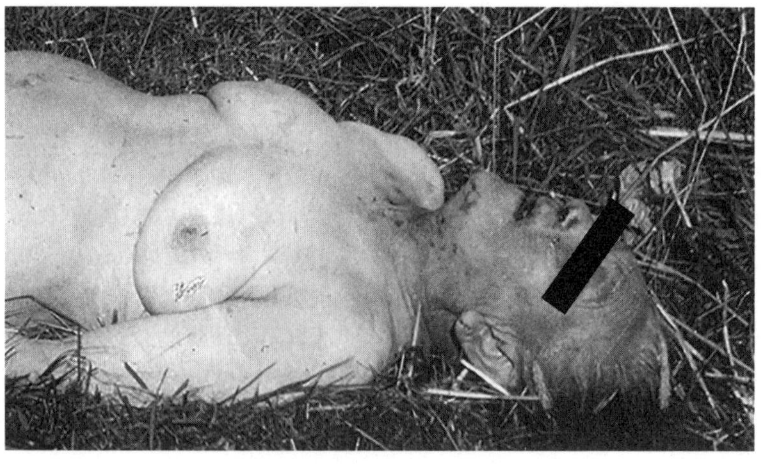

Die am 1. Oktober 1923 ermordete Agnes Marie Ernestine Heilmann.

Die Obduktion der 152 Zentimeter kleinen und gut genährten toten Frau, mit äußerer und innerer Besichtigung, erfolgte auf Antrag der Staatsanwaltschaft durch zwei Gerichtsmediziner. Der Medizinalrat Dr. med. Th. Beyer und Dr. med. Fritz Weber legten alsbald einen zehn Seiten umfassenden Bericht über die Sektion der 62jährigen ermordeten Frau vor.

Am 27. Oktober 1923 teilte der Gutsbesitzer Moritz Rauschenbach aus Zschernitzsch mit, daß er gegen neun Uhr mit dem Tagelöhner Köhler in seinem Heuschober verschiedene versteckte Frauenkleidungsstücke, die anscheinend der ermordeten Frau Heilmann gehören, gefunden habe.

Drei Tage später meldete die *Altenburger Zeitung* über den Mord an Frau Heilmann unter anderem, daß die Kleider in einer Höhe von 1,50 Meter im Stroh lagen, und führt in diesem Zusammenhang weiter aus:

»Es fehlen noch folgende Sachen: Der untere Teil eines herzförmigen Ohrringes, ein feingliedriges Halskettchen mit kreisförmigem Anhänger, worin sich ein freischwingender Stern befindet, und eine kleine schwarze Geldbörse mit Bügelverschluß. Die Wertsachen hat der Täter zweifellos geraubt.«

Das weiße, am Fundort gefundene Pulver erwies sich übrigens später als Mehl und konnte mit dem Verbrechen an Heilmann nicht in Verbindung gebracht werden.

Am 3. Januar 1924 ging ein Bericht des Polizeiinspektors Bonitz an den Oberstaatsanwalt in Altenburg ein, den selbiger handschriftlich auf dem ersten Blatt mit der Bemerkung *»Verdacht des Lustmordes«* versah. Darin wird erklärt, daß am Donnerstag, dem 3. Januar 1924, vormittags gegen neun Uhr, der Vorstand des Polizeireviers Kauerndorf, Polizeikommissar Krämer, fernmündlich mitgeteilt habe,

Die am 1. Januar 1924 ermordete Elsa Hildegard Wittig.

daß in der Kirschbude am Eingang des Dorfes Altenburg-Zschernitzsch wiederum eine Frauenleiche gefunden worden sei und man sich dorthin begeben habe. Der Fundort sei eine aus massivem Fachwerk hergestellte Kirschbude mit gewöhnlicher Tür, die mit einem Kastenschloß versehen sei. Die Leiche lag ausgestreckt auf dem Fußboden, wobei der Kopf, insbesondere in der Mundgegend, stark mit Blut besudelt war. Die Kleidung der Toten verriet, daß es sich um ein *»Frauenzimmer niedrigster Art handelte«.*

Einige Knechte im Dorf, dies konnte bald in Erfahrung gebracht werden, hätten gerade in letzter Zeit wiederholt bei liederlichen Frauenzimmern in den ungewöhnlichsten Lokalen in Altenburg Anschluß gesucht und diese nach Zschernitzsch mitgenommen. Dabei handle es sich um die Landarbeiter Hammer und Friedemann. Die beiden Verdächtigen wurden nacheinander an die Leiche geführt.

Der Dienstknecht Hermann Hammer, 38 Jahre alt, geboren am 12. März 1885 in Schmölln, wohnhaft und in Stellung bei dem Gutsbesitzer Bruno Mehlhorn in Zschernitzsch, gab an, er würde die Tote nur unter dem Namen Elsa kennen, denn der Familienname der Frau sei ihm nicht bekannt. Überdies habe er sie nur einige Male in der Altenburger Lokalität »Bierstange« gesehen. Allerdings, so gab er schließlich zu, hätte sie ihm schon mal in seiner Kammer geschlechtlich zu Diensten gestanden. Am Heiligabend 1923 hätte er sie in Altenburg in der Jüdengasse letztmalig besucht. Das letzte Mal habe er die Frau am Sonnabend, dem 29. Dezember 1923, in der Bierstube von zwei Soldaten begleitet gesehen.

Auch der Landwirtschaftsarbeiter Richard Walter Friedemann, geboren am 8. Dezember 1899 im thüringischen Prisselberg bei Altenburg, evangelisch-lutherischer Religion, ledig, Geschirrführer, vorbestraft, bei dem 23jährigen Gutsbesitzer Albin Kirmse in Lohn und Brot sowie bei diesem in Altenburg-Zschernitzsch wohnhaft, erklärte, die Tote als eine gewisse Elsa, die in Kluges »Bierstube« in Altenburg verkehre, zu kennen. Die Tote habe er geschlechtlich noch nicht gebraucht, obwohl seine Absicht dazu bestand. Am frühen Morgen des 1. Januar 1924 habe er sich mit Elsa am Bahnhof befunden, wo er sie bat, mit ihm zum Bahnhofstunnel zu gehen, um ihr ein Glas Grog auszugeben.

Nach Walters Aussage sollte Elsa von ihm auch etwas zu essen bekommen, wobei das Ziel lediglich darin bestand, die Frau für den beabsichtigten Geschlechtsakt gefügig zu machen. In der Bahnhofsvorhalle wollte Elsa kurz austreten gehen. Dabei traf sie mit einem unbekannten Mann zusammen, der von ihr viel Lachen geschenkt bekam. Beide sprachen einige Augenblicke zusammen. Was dann mit der Elsa geschehen sei, wisse er nicht. Insbesondere sei ihm nicht bekannt, ob sie mit dem Unbekannten losgezogen wäre. Auf Nachfrage gab Walter Friedemann das Alter des genannten Mannes mit geschätzten 40 Jahren an und beschrieb ihn als klein, von untersetzter Gestalt, mit dunklem Mantel sowie blondem Spitzbart.

Weitere Personen wurden in den folgenden Stunden verhört, wobei sich der Verdacht auf Hammer und Friedemann immer mehr verdichtete. Jedoch zeichnete sich bald ab, daß die Ergebnisse der Vernehmungen nicht für einen dringenden Tatverdacht, also nicht zur Verhaftung des einen oder der beiden Männer ausreichten.

In einem der polizeilichen Untersuchungsberichte wird festgehalten, die aufgefundene Tote sei die frühere Sittendirne Elsa Hildegard Wittig, geboren am 5. Dezember 1896 in Trebula* bei Schmölln in Thüringen, die bei ihrer Schwester in Altenburg wohne.

Zu den persönlichen Verhältnissen des Beschuldigten Richard Walter Friedemann wurde in den Strafakten festgehalten, daß der Vater, Bernhard Friedemann, sich als Tagelöhner verdingte und die, Mutter, Lina, geborene Erler, Hausfrau war.

---

* Heute ein Ortsteil von Altkirchen im thüringischen Landkreis Altenburger Land.

Folgende Vorstrafen standen in Walter Friedemanns Strafregister:

1. Am 8. Mai 1917 durch Landgericht Zwickau wegen Hehlerei Verurteilung zu einem Monat Gefängnis.
2. Am 28.2.1918 durch Amtsgericht Altenburg Bestrafung wegen Diebstahls zu zwei Wochen Gefängnis.
3. Am 16. Mai 1918 durch Amtsgericht Altenburg wegen Diebstahls zu einer Woche Gefängnis festgesetzt.
4. Am 15. April 1919 durch Landgericht Altenburg verurteilt wegen einfachen Diebstahls zu vier Monaten Gefängnis.
5. Am 14. November 1921 durch Schöffengericht Altenburg wegen einfachen Diebstahls zu fünf Monaten Gefängnis.
6. Am 23. April 1923 durch Schöffengericht Altenburg wegen Diebstahls mit sechs Monaten Gefängnis, Bewährungsfrist bis 23.4.1927 bewilligt am 23.4.1923.*

Am 4. und 5. Januar 1924 folgten weitere Vernehmungen, unter anderem des Schankwirts Arno Kluge, 47 Jahre alt, sowie verschiedener auf dem Gut des Albin Kirmse arbeitende Landarbeiter und Dienstmägde. Auch die Beschuldigten Hammer und Friedemann mußten sich wiederholt Vernehmungen stellen.

Die Kriminalpolizei stand freilich unter erheblichem Erfolgsdruck, waren doch innerhalb der vergangenen vier Monate drei Frauen in der Nähe Altenburgs brutal ermordet worden. Jeder fragte sich, welche Frau wohl das nächste Opfer sein würde.

Bei einer seiner Befragungen am 5. Januar 1924 gab Friedemann an, daß er in geschlechtlicher Hinsicht nicht normal veranlagt sei. Ihm wäre es überhaupt nicht möglich,

* Vgl. ThStA Altenburg, Staatsanwaltschaft beim Landgericht Altenburg Nr. 91.

den Geschlechtsakt auszuüben, weil sein Glied zu klein sei. Trotzdem würden ihn Frauen geschlechtlich reizen. Wenn Frauen ihn *»geschlechtlich aufrägen«*, ergötzte er sich daran, und müsse die Weiber am Hals anfassen und drücken. In so einen Zustand versetzt, wisse er nicht mehr, was in ihm vorgehe. Friedemann bestritt aber immer noch, in nächtlicher Begleitung der Wittig am 1. Januar 1924 nach Zschernitzsch gegangen zu sein und mit dieser die Kirschbude aufgesucht zu haben. Bei der Vernehmung wandte schließlich Oberregierungsrat Nitsch, der ihn im Aufnahmezimmer der Altenburger Gefangenenanstalt verhörte, einen Trick an. Unter anderem fragte er Friedemann, ob die Wittig auf dem Nachhauseweg einen Hut getragen hätte. Ganz sachlich antwortete der Befragte, daß die Wittig keinen Hut auf dem Weg getragen habe. Als Walter Friedemann merkte, auf welche geschickte Art man ihm Fallen stellte, ließ sich der Landarbeiter zu keinen unbedachten Äußerungen mehr hinreißen.

Am 6. Januar 1924 wurde der zweite Tatverdächtige Hermann Hammer im Thüringischen Amtsgericht Altenburg abermals verhört und des Totschlags bzw. der Beteiligung an der Tat beschuldigt. Dieser leugnete, und da Friedemann im Verhör am gleichen Tag plötzlich die Tat zugab, mußte der Antrag auf Erlaß des Haftbefehls gegen Hammer zurückgezogen werden.

In der Vernehmung des Friedemann wurde diesem nun eröffnet, daß ihm zur Last gelegt werde, durch Totschlag die Wittig ums Leben gebracht zu haben. Der Beschuldigte, befragt, ob er etwas auf die Beschuldigung erwidern wolle, erklärte:

»Ich gebe zu, mit der Wittig in der Silvesternacht vom Bahnhof Altenburg nach Zschernitzsch gegangen zu sein. Wir sind dann in die Kirschbude gegangen und dort habe

ich die Wittig geschlechtlich gebraucht. Ich habe ihr gesagt, daß ich sie gebrauchen wolle, sie war damit einverstanden. Vorher hatte ich mich auf einen Ackerpflug gesetzt, die Wittig hat sich vor mich hingestellt, hat mein Glied aus der Hose herausgeholt und hat es in ihren Mund gesteckt. Hierbei kam mir der Samen. Darauf habe ich gesagt, sie solle sich hinlegen, ich habe mich auf sie gelegt, hab sie am Kopf gepackt und sie mich auch. Ich habe sie mit den Armen fest umschlungen, da fing sie an zu röcheln. Ich ließ sie los, schüttelte sie am Arm, um sie wieder ins Leben zurück zu rufen und rief sie beim Namen. Aber sie gab keine Antwort, sondern röchelte nur noch schwach und bewegte sich nicht. Ich bekam es nun mit der Angst zu tun und bin davongelaufen. An dem vor einiger Zeit in Zschernitzsch erfolgten Mord einer älteren Frau bin ich nicht beteiligt.«[*]

Daraufhin wurde dem Beschuldigten der erlassene Haftbefehl mitgeteilt und Friedemann 12.40 Uhr zur Untersuchungshaft abgeführt. Im Gefangenenbuch Nummer 30/1924 des Landgerichtsgefängnisses Altenburg ist zu seiner Person vermerkt:

Alter: 24 Jahre; Größe: 1,65 m; Gestalt: kräftig; Haar blond, voll, kleinen blonden Schnurbart; Gesicht: gesund, länglich, voll; Stirn: hoch; Augen: grau, blonde Augenbrauen bogenförmig; Nase: dick; Mund: aufgeworfene Lippen; Zähne: vollständig; Kinn: breit, Grübchen.

Die weiteren kriminalpolizeilichen und staatsanwaltschaftlichen Untersuchungen ergaben, daß Friedemann weitere Frauen sexuell bedrängt hatte und diese dadurch auch in größte Lebensgefahr geraten waren. So unterzog der Oberstaatsanwalt Dr. Frieders am 7. Januar 1924 auch eine gewisse Frau Nachtmann einem eingehenden Verhör.

---

* Ebenda.

Die Nachtmann wurde zur Aussage der Wahrheit ermahnt und machte dann folgende Angaben:

»Walter Friedemann kenne ich seit dem Frühlingsjahrmarkt 1923. An einem Jahrmarktstage abends gegen 6.00 Uhr befand ich mich auf dem hiesigen Anger. Hierbei begegnete ich auch Friedemann, der mich ansprach. In meiner Begleitung befand sich noch meine Freundin, die Arbeiterin Helene Harnisch in Altenburg, Hohestraße. Friedemann fragte mich, ob er mich nach Hause begleiten sollte. Ich war damit einverstanden. Bis gegen 8.00 Uhr sind wir noch auf dem hiesigen Anger herumgelaufen und haben uns dort die Schaubuden angesehen. Dann ging Friedemann mit mir alleine nach Zschernitzsch. Unterwegs bot er mir den Geschlechtsverkehr an. Ich lehnte dies aber mit den Worten ab, daß wir das an der Haustür tun würden. Auf dem Wege hat er mir nicht unter die Röcke gegriffen. Als wir dann an meiner elterlichen Wohnung angelangt waren, versuchte er mich geschlechtlich zu gebrauchen. Er griff mir unter die Röcke. Die Haustür war verschlossen und deshalb rief ich meine Mutter, die auch sofort kam und die Tür öffnete. Als dann meine Mutter kam, bin ich mit in die Wohnung gegangen, ohne daß es zum Geschlechtsverkehr gekommen war. In den nächsten Tagen kam ich wegen Geschlechtskrankheit (Syphilis) in das Landeskrankenhaus zu Altenburg. Dort habe ich ungefähr ein 1/4 Jahr gelegen. Als ich entlassen wurde, war es einige Wochen nach Pfingsten 1923.«[*]

In den folgenden Wochen und Monaten – so ihre Aussage – sah sie Friedemann zwar mehrmals, aber nichts passierte zwischen beiden. Bis sie sich in der Rübenzeit 1923 trafen, worüber die ledige Nachtmann folgenden Bericht ablegte:

---

* Ebenda.

»Als mich dann Friedemann traf, sagte er zu mir, daß wir nicht hier stehen bleiben sollten, wir sollten noch ein Stück gehen. Wir gingen in den unmittelbar an das Hausgrundstück [ihrer Eltern] angrenzenden Garten. Ich war nur ganz dürftig bekleidet, da ich nicht aufs Ausgehen eingerichtet war. Unterhosen trug ich nicht. Als wir in den Garten kamen, lehnte mich Friedemann an den Gartenzaun, hob mir die Röcke hoch und führte sein steif gewordenes Glied in mein Geschlechtsteil ein. Er machte ungefähr 5 Minuten Beischlafbewegungen. Friedemann hatte zu mir gesagt, wenn es kommt, da sollte ich es sagen. Hierauf entgegnete ich ihm: ›Das mußt doch Du wissen, wenn es kommt!‹ Unmittelbar hierauf wurde ich von Friedemann mit einer Hand an der Kehle und mit der anderen Hand im Genick fest angefaßt […] durch den Druck verlor ich die Besinnung. Ich konnte aber noch sagen: ›Warum drückst du denn mich so!‹ Friedemann sagte zu mir: ›Wir legen uns hin, ich muß dich noch einmal durchziehen!‹ Ich sagte aber zu Friedemann, daß ich nur dürftig bekleidet wäre und weil es so kalt wäre, ich mich nicht hinlegen könnte. Ohne daß Friedemann die Hände von mir abgelassen hatte, warf er mich auf den Boden und legte sich auf mich. Ob jetzt Friedemann noch Bewegungen gemacht hat, darüber kann ich keine Angaben machen, weil ich durch den starken Druck am Halse bewußtlos geworden war. Meiner Ansicht nach muß ich mindestens ¼ Stunde bewußtlos am Boden gelegen haben. Es war schon ½ 10 Uhr, als ich in meine elterliche Wohnung zurück kam. Ich weiß, daß es 8.00 Uhr abends war, als ich zu Friedemann auf die Straße ging. Als ich von meiner Bewußtlosigkeit erwacht war, war Friedemann von mir verschwunden. Meine Röcke waren nicht hochgehoben. Als Friedemann mit mir den Geschlechtsakt am Geländer

ausführte, habe ich keine Empfindungen gehabt, daß er Samenerguss gehabt hat. [...] Nach diesem hier in Frage stehenden Geschlechtsverkehr habe ich mit Friedemann weiteren Umgang nicht mehr gehabt. Die durch das Würgen am Halse herbeigeführten Strangulationsmerkmale waren 8 Tage zu sehen.«[*]

Diese Aussage sollte der Untersuchung eine Wende geben. Ging man bisher davon aus, der Friedemann habe nur die Wittig ermordet, so lag nun nahe, sein Gewissen könne auch durch die Verbrechen an den Frauen Albrecht sowie Heilmann belastet sein.

Am 8. Januar 1924 hielt Oberstaatsanwalt Dr. Frieders dem Friedemann vor, auch der Täter in der Sache Heilmann gewesen zu sein und er solle doch sein Herz durch ein Geständnis erleichtern, zumal das Belastungs- und Beweismaterial zu seiner Überführung ausreiche. Daraufhin gab Friedemann nach kurzem Zögern an:

»Ich gebe zu, die Frau Heilmann aus Zschernitzsch am Sonntag, dem 30. September 1923, getötet zu haben. [...] An dem fraglichen Nachmittag verließ ich gegen 7.00 Uhr abends meine Schlafkammer, um nach Altenburg zu gehen. In der Hohle am Ausgang des Dorfes, etwa 15 m vom Dorfausgange, begegnete ich der Frau Heilmann, die ich bereits kannte, weil ich öfter in deren Geschäft Zigaretten gekauft hatte. Nachdem ich Frau Heilmann gegrüßt hatte, erzählte sie mir, daß sie soeben von dem Altenburger Friedhof käme, wo sie das Grab ihres ersten Mannes besucht hätte. Ich ging dann einige Schritte neben Frau Heilmann wieder nach dem Dorfe zu. Was ich im einzelnen auf diesem Wege mit ihr besprochen habe, weiß ich jetzt nicht mehr. Erst faßte ich Frau Heilmann

---

* Ebenda.

an der Schulter an. Es machte mir den Eindruck, als ob sie darüber lachte. Plötzlich umarmte ich die Hüfte der Frau Heilmann mit meinem rechten Arm und mit dem linken Arm umschlang ich deren Hals. Dann warf ich sie zu Boden und zwar in den Straßengraben. Sie lag dort in der Längsrichtung des Grabens. Ich hatte meine Hände an deren Hals und würgte sie. Sie sprach im röchelnden Tone: ›Laß mich nur unten‹. Ich lag auf der Heilmann und gebrauchte sie. Samenerguß ist bei mir nicht erfolgt. Das waren alles nur Augenblicke. Darauf erfaßte ich von hinten die Heilmann unter den Achseln und zog sie hinter mir her, den Berg hinauf. Heilmann war regungslos und sprach bereits nichts mehr. Ich habe sie dann bis zu der Stelle hingezogen, wo sie am nächsten Tag gefunden worden ist. Ich weiß nicht mehr bestimmt, ob ich sie dort nochmals geschlechtlich gebraucht habe. Es kann aber wohl sein. Zum Samenerguss in der Scheide ist es auch hier nicht gekommen. Gleich nachdem ich mein Glied aus der Scheide der Heilmann gezogen hatte, erfolgte der Samenerguß. Mein Hemd und meine Hose waren davon unsauber und naß. Auch schwitzte ich erheblich. Dann zog ich die Heilmann vollständig nackend aus. Ich hatte die Absicht, die Kleidungsstücke nachhause mitzunehmen, um mich, wie ich fühlte, an den Sachen geschlechtlich aufzuregen. Ob ich in der Erregung Kleidungsstücke oder Schmucksachen der Heilmann dabei verloren habe, kann ich nicht sagen. Ich habe mir aber irgendwelche Gegenstände nicht angeeignet. Ich war bereits mit diesen Sachen am Dorfeingang, als mir der Gedanke kam, daß sie zu meinem Verräter werden könnten. Deshalb beschloß ich, die Kleidungsstücke in einem Strohfeim zu verstecken. Ich ging daher über die Landstraße auf das gegenüberliegende, höher gelegene Feld und versteckte die Sachen in *einem dort befindlichen Strohfeim, in der Weise, daß ich sie von unten nach oben bis zu einer 2 m Höhe hinaufschob. Ich beschloß nun eine Zeitlang hinter dem Strohfeim zu warten, um den Tatort zu beobachten. Dabei wurde ich so müde, daß ich einschlief und etwa erst in der 11ten Stunde erwachte. Dann ging ich direkt nachhause, wo ich gegen 11 Uhr unbemerkt in meiner Kammer eintraf. Hier habe ich meine Kleidungsstücke von dem Samen und Schweiß gereinigt.«*[*]

Anschließend gab Walter Friedemann zu, auch der Täter zu sein, der Frau Albrecht im Stadtwald getötet habe. Er führte diesbezüglich aus:

»Bis 2. September 1923 war ich als landwirtschaftlicher Arbeiter in Bocka[**] *tätig und zog am 3. 9. 1923 in die hiesige Herberge zur Heimat. Am 4.9.1923 wollte ich eine Stelle antreten, bei dem Gutsbesitzer Malzer in Lehnitzsch*[***] *[...]. Am Nachmittag, nach dem Essen, etwa ein ¼ bis ½ 1 Uhr verließ ich die Herberge, um nach Lehnitzsch zu gehen. Ich war bereits allein bis nach Ehrenberg gegangen, wo ich schließlich den Entschluß faßte, die Stelle bei Malzer in Lehnitzsch nicht anzutreten. Ich kehrte deshalb wieder nach Altenburg zurück und nahm den Weg über Mockern*[****] *durch den Herzog-Ernst-Wald. Nachmittags etwa ½ 3 Uhr war ich an der Paditzer Straße, wo der Verbindungweg nach der Kotteritzer Straße abzweigt. Dort kam eine Frau mit einem*

---

* ThStA Altenburg, Staatsanwaltschaft beim Landgericht Altenburg Nr. 92.

** Heute ein Ortsteil von Windischleuba im thüringischen Landkreis Altenburger Land.

*** Ortslage des Ortsteils Ehrenberg von Altenburg in Ostthüringen.

**** Heute Ortsteil der Gemeinde Nobitz im thüringischen Landkreis Altenburger Land.

Handwagen, die Albrecht, die den beschriebenen Weg einbog und die ich ansprach. Ich kannte die Frau bisher nicht. Sie sagte mir, daß sie nach Paditz oder Kotteritz gehen und dort Holz holen wollte. Ich erwiderte ihr darauf, daß ich den Handwagen mit ziehen könne. Ich ging neben ihr linksseitig in Höhe der Deichsel den fraglichen Waldweg entlang. Wir waren einige Meter über eine Straßenkreuzung, als ich sie plötzlich mit meinem rechten Arme unter die Schultern und mit dem linken Arm um den Hals faßte und sie zu Boden warf, genau, wie ich das bei Frau Heilmann gemacht habe. Was ich zur Frau Albrecht gesagt habe, als ich neben ihr her ging, weiß ich nicht. Über geschlechtliche Dinge habe ich mit ihr nicht gesprochen, ebenso auch mit Frau Heilmann nicht. Ich zog die Albrecht etwa 8 m tief rechts von der Straße in das Fichtendickicht. Sie war bereits leblos. Ich habe sie hier geschlechtlich gebraucht. Aber auch in diesem Falle kam es nicht zum Samenerguß solange ich das Glied in der Scheide hatte. Unmittelbar danach erfolgte bei mir der Samenerguß. Die Albrecht hat sich nicht mehr geregt, als ich sie gebrauchte. Sie war aber noch warm. In der Hand trug die Albrecht einen weißen Beutel, womit ich mich von Samenflecken gereinigt habe. Den Sack habe ich am Tatort wieder hingeworfen. Ich ging danach wieder auf die Straße, wo der Wagen noch stand. Da ich mir dachte, daß der Wagen mich verraten konnte, schob ich ihn in die entgegen gesetzte Seite der Straße etwa 5 m in das Fichtendickicht hinein [...]. Ich hatte selbst noch Geld und bestreite, der Albrecht irgendetwas, insbesondere Geld gestohlen zu haben. [...]

Ich habe die darauf folgende Nacht sehr schlecht geschlafen. Ebenso noch eine Anzahl anderer Nächte konnte ich nicht abendlich schlafen, weil ich immer wieder an *meine Tat denken mußte. Wenn bei mir die geschlechtlichen Gefühle kommen, so kann ich mich nicht mehr im Zimmer halten und ich muss hinaus und befriedige mich schon einigermaßen, wenn ich Frauenpersonen sehe. Dann kommt es unter Umständen schon zum Samenerguß. Bei dem normalen Geschlechtsverkehr kommt es bei mir nicht zum Samenerguß, sondern erst wenn ich mein Glied aus dem Geschlechtsteil der Frauensperson herausgezogen habe.«*[*]

Auf weiteren Vorhalt, daß noch eine Anzahl Fälle in der Altenburger Gegend ungeklärt sei, gab Friedemann zu:

»[...] daß ich im Juli vor. Jrs. eine Frau hinter dem Herzog-Ernst-Wald angefallenen und in ein Kornfeld geworfen habe. Auch hierbei habe ich die Frau gewürgt. Weiter gebe ich zu, der Täter zu sein, der wohl im Sommer 1923 in Oberlödla[**] *eine Unzucht verübt hat.«*[***]

In der öffentlichen Sitzung der ersten Strafkammer des Landgerichts Altenburg am 31. Januar 1924, unter dem Vorsitz des Landgerichtsdirektors Dr. Herbst, wurde Walter Friedemann wegen Unzucht und Totschlags verurteilt. Der Schuldspruch erfolgte zusammengefaßt für nachstehende Verbrechen:

1. der vollendeten Unzucht in 2 Fällen,
2. der versuchten Unzucht in einem Fall,
3. der vollendeten Unzucht in zwei Fällen mit Todesfolge in Verbindung mit Totschlag,
4. des vollendeten Todschlags in einem Fall.

* ThStA Altenburg, Staatsanwaltschaft beim Landgericht Altenburg Nr. 92.

** Oberlödla ist ein Ortsteil und Hauptort der Gemeinde Lödla im thüringischen Landkreis Altenburger Land.

*** ThStA Altenburg, Staatsanwaltschaft beim Landgericht Altenburg Nr. 93.

Friedemann wurde deshalb nach den §§ 176, Nr. 1, 178, 212* des StGB. zweimal zu lebenslänglichem Zuchthaus und zu einer Gesamtstrafe von 15 Jahren Zuchthaus verurteilt. Die bürgerlichen Ehrenrechte erkannte das Gericht dem Angeklagten auf die Dauer ab. Der Verurteilte mußte die Kosten des Verfahrens tragen.** Noch am selben Tag wurde der Verurteilte in das Zuchthaus Untermaßfeld eingeliefert.

Am 21. August 1934 erkannte die große Strafkammer des Thüringischen Landgerichts zu Altenburg in ihrer Sitzung für Recht:

»[...] die Entmannung wird angeordnet. Friedemann trägt die Kosten des Verfahrens.

*Gez. Bauch Perthel Kirmse.«****

Die angeordnete »Entmannung« des Walter Friedemann erfolgte durch einen medizinischen Eingriff am 8. März 1935.

Am 11. November 1948 faßte die Regierung des Landes Thüringen den Beschluß, dem wiederholten Gnadengesuch

---

* § 176 Mit Zuchthaus bis zu zehn Jahren wird bestraft (Absatz 1), wer mit Gewalt unzüchtige Handlungen an einer Frauensperson vornimmt oder dieselbe durch Drohung mit gegenwärtiger Gefahr für Leib oder Leben zur Duldung unzüchtiger Handlungen nöthigt; § 177 mit Zuchthaus wird bestraft, wer durch Gewalt oder durch Drohung mit gegenwärtiger Gefahr für Leib oder Leben eine Frauensperson zur Duldung des außerehelichen Beischlafs nöthigt, oder wer eine Frauensperson zum außerehelichen Beischlafe mißbraucht, nachdem er sie zu diesem Zwecke in einen willenlosen oder bewußtlosen Zustand versetzt hat; § 178 Ist durch eine der in den §§ 176 und 177 bezeichneten Handlungen der Tod der verletzten Person verursacht worden, so tritt Zuchthausstrafe nicht unter zehn Jahren oder lebenslängliche Zuchthausstrafe ein; § 212 Wer vorsätzlich einen Menschen tödtet, wird, wenn er die Tödtung nicht mit Ueberlegung ausgeführt hat, wegen Todtschlages mit Zuchthaus nicht unter fünf Jahren bestraft.

** Vgl. ThStA Altenburg, Staatsanwaltschaft beim Landgericht Altenburg Nr. 93.

*** Ebenda.

des Friedemann unter Auflagen stattzugeben, da von ihm mit großer Wahrscheinlichkeit keine Gefahr mehr ausging und die soziale Prognose als sehr günstig eingeschätzt wurde. Dies wurde ihm mit Schreiben vom 3. Februar 1949 mitgeteilt, worauf seine Entlassung aus dem Strafvollzug nach zirka 25jähriger Haftzeit erfolgte.

DAS DOPPELMORDDRAMA AM HEIDEHAUS BEI SONDERSHAUSEN

(1925)

... auf seinem letzten Gang sah man ihn mit ruhiger, gefaßter Miene.

Das Tageslicht hatte die nächtliche Dunkelheit noch nicht verdrängt, da stand vor dem Gerichtsgebäude schon ein großer Teil der Erfurter Bürgerschaft in der Hoffnung, einen Sitzplatz im Schwurgerichtssaal zu ergattern. Der Zutritt zu der für zehn Uhr angesetzten Verhandlung war jedoch nur denjenigen vergönnt, die eine Eintrittskarte vorzeigen konnten. Viele, die sich stundenlang vor Einlaßbeginn angestellt hatten, mußten enttäuscht den Heimweg antreten. Trotzdem waren an diesem 26. Februar 1926 zahlreiche Pressevertreter aus Thüringen und anderen Landesteilen zugegen, um den spannenden Prozeß einem breiten Publikum zugänglich zu machen.

Als kurz nach zehn Uhr der Angeklagte in den Saal geführt wurde, machte er einen ruhigen, gefaßten Eindruck. Wer ihm auf der Straße begegnet wäre, hätte niemals angenommen, einem brutalen Mörder in die Augen zu sehen. Und doch, hier verhandelte man eine aufsehenerregende Doppelmordtat aus dem vorangegangenen Jahr. Im November 1925 wurden in der Nähe des Heidehauses zwei Männer, die in der Vollkraft ihrer Jahre standen, regelecht hingerichtet.

Der Prozeß, dem als Vertreter der Thüringer Staatsregierung der Ministerialdirektor Dr. Müller beiwohnte, stand unter dem Vorsitz des erfahrenen Juristen Herrn Landgerichtsrat Böckmann. Während die Anklage der Staatsanwaltschaftsrat Kunze aus Sondershausen vertrat, fungierte als Verteidiger Rechtsanwalt Flesch aus Erfurt.

Der Prozeß begann mit der Vernehmung des am 10. April 1902 in Leipzig geborenen Angeklagten Johannes Rudolph alias Trödelsberger. Unter letzterem Namen pflegte der Angeklagte in der Vergangenheit manchmal zu reisen. Nach beendeter Lehre als Autoschlosser ging Rudolph auf Wanderschaft und gelangte zunächst nach Stolp*, wo er eine Stelle als Chauffeur bei einem Grafen übernahm, der ihn aber bereits nach drei Monaten entließ, weil er eine Schwarzfahrt unternommen hatte. Nun führten ihn seine Wege nach Breslau, wo man ihn nur drei Wochen in Beschäftigung hielt. In der Folgezeit vagabundierte Rudolph durch Deutschland und einige andere europäische Staaten und ergaunerte sich seinen Unterhalt durch zahlreiche Diebstähle. Vor allem durch den Raub von Fahrrädern und Autos verschiedener Marken hatte er nach kurzer Zeit zahlreiche Straftaten auf dem Kerbholz und kam in Haft. Während eines Außenarbeitseinsatzes gelang ihm die Flucht, unter anderem nach Graz, wo er – nach eigenen Angaben – in einer Kaffeestube die Ausweispapiere auf den Namen Trödelsberger gekauft haben wollte.

»Seine Wanderung [...], so ist in einem Report aus dem Gerichtssaal zu lesen, *[...] führte ihn dann nach der italienischen Grenze, da er jedoch die italienische Sprache nicht verstand, ging er nach Wien, wo er wegen Geschlechtskrankheit das Hospital aufsuchen mußte. Nach seiner Entlassung will er dort kurze Zeit gearbeitet und dann nach Deutschland zurück gekehrt sein [...] und ging im*

---

* Ort in Pommern.

Oktober 1925 nach Nordhausen [...], am 24. November ging er nach Sondershausen. [...] Auf der Straße kurz vor dem Heidehaus sei ein Auto gekommen, das ihn auf sein Befragen mit nach Sondershausen genommen habe. Mitten in der Stadt [...] sei er abgesetzt worden. Gleichzeitig habe er den Autoführer gebeten, ihn wieder mitzunehmen, was dieser auch versprochen habe.«***

Was sich dann ereignete, konnte nur über akribische kriminalpolizeiliche Untersuchungen, Expertengutachten und zahlreiche Zeugenaussagen ermittelt werden und wurde im Prozeßurteil festgehalten.***

Jener Mann, der Rudolph in Sondershausen absetzte und mit ihm eine Rückfahrt nach Nordhausen vereinbarte, war der spätere Zeuge Schaar. Kaum in Sondershausen abgesetzt, besuchte der Angeklagte mehrere Gastwirtschaften und verköstigte sich dort reichlich mit Bier und Schnaps. Rudolph gab zu, angetrunken gewesen zu sein – wohl deshalb, weil er Stunden zuvor auf der Suche nach Arbeit in mehreren Werkstätten erfolglos geblieben war. Anschließend begab er sich an die mit Schaar verabredet Stelle. Dieser hatte aber aus geschäftlichen Gründen bereits einen Mitfahrer aufgenommen und riet Rudolph, sich zur Straße nach Nordhausen zu begeben, da dort ständig Autos fahren würden. Nun machte sich der Abgewiesene zu Fuß auf den Weg nach Nordhausen. Zunächst in Stockhausen angekommen, verzechte er sein letztes Geld für Bier und Schnaps. Anschließend trottete er weiter nach Nordhausen, zunächst in Richtung Heidehaus.

---

* Heidehaus bei Stockhausen an der heutigen B 4 gelegen.

** *Der Deutsche, Sondershäuser Zeitung* vom 27. Februar 1926.

*** Vgl. ThStA Rud., Staatsanwaltschaft beim Thüringischen Amtsgericht Sondershausen Nr. 38.

Das Heidehaus um 1900.

Auf dieser Strecke bat er vorbeifahrende Fahrzeugführer um Mitnahme, wurde aber mehrmals abgewiesen. Als Rudolph in das Gasthaus Heidehaus eintreten wollte, kam ihm, wie er im Prozeß behauptete, ein bissiger Hund entgegen. Er kehrte um und ging etwa zehn Minuten weiter. Als sich ein weiteres Auto näherte, hob Rudolph die Arme, um dem Chauffeur seinen Wunsch nach Mitfahrt zu signalisieren. Als sich das Gefährt auf seiner Höhe befand, habe es kurz gestoppt, sei dann aber gleich langsam weitergefahren. In dem Wagen – es handelte sich um einen Brennabor vom Typ P 8/24 – befanden sich der 20jährige Kraftwagenführer Ernst Dietrich und der mitfahrende Geschäftsreisende Waldemar Janicki. Selbige hatten etwa 20 Minuten im Gasthaus Heidehaus gerastet und wollten nach Nordhausen weiterfahren. Nach Aussage des Angeklagten habe der Janicki fürchterlich gewettert und ihn, der um eine Mitfahrtgelegenheit bat, beleidigt sowie den

Fahrer angewiesen, gleich weiterzufahren. In diesem Augenblick sei Rudolph, durch die Umstände erzürnt, auf das Trittbrett des Autos gesprungen und habe aus seiner Pistole, die er unter dem Futteral seiner Jacke trug, mehrere Schüsse abgegeben. Zuerst hätte er auf Janicki und dann auf Dietrich geschossen, die sofort tot gewesen seien. Als er

Johannes Rudolph alias Trödelsberger.

auf Dietrich geschossen hatte, wollte das Auto nach rechts abdrehen. Durch beherztes Greifen ins Lenkrad konnte er einen möglichen Unfall verhindern und das Fahrzeug anschließend zum Stehen bringen.

Zeugen berichteten hingegen, es sei ihnen beim Vorbeifahren des Brennabor-Wagens so vorgekommen, als habe auf der Bank hinter Dietrich eine Person gesessen. Dann hätte man aus größerer Entfernung fünf Schüsse gehört.

Mit den Leichen im Fahrzeug fuhr Rudolph weiter in Richtung Nordhausen. Hinter der Stadt, zwischen Tiefenbachmühle und Hassefelde, legte der Mörder die Leichen 60 Meter von einer Chaussee entfernt in einer Tannenschonung ab, wo sie später entdeckt wurden. Nun raubte Rudolph die Brieftasche sowie die goldene Uhr des Janicki, ohne die Uhr Dietrichs zu übersehen. Danach fuhr der Angeklagte nach Timmenrode. Im dortigen Gasthof von Marre quartierte er sich ein, aß mit gutem Appetit fünf paar Bockwürste und trank etliche Gläser Bier. Aus dem Auto hatte er eine Aktentasche der Opfer mitgenommen, in der sich etwa 30 Reichsmark und ein Wechsel über 65 Reichsmark befanden. Inzwischen hatte Luise Marre das Fremdenzimmer für Rudolph, der sich als Trödelsberger ausgegeben hatte, vorbereitet. Da sah sie – es war bereits nachts und der Hof war nur schwach mit elektrischem Licht beleuchtet – den Fremden mit einer Jacke die Sitzbänke im Auto abwischen. Als sie später zum Fahrzeug ging, weil ihr die Situation unheimlich vorkam, fand sie Blutspuren im Auto. Sofort erzählte sie diese brisanten Neuigkeiten ihren Eltern, den Gastwirten, die wiederum den Oberlandjäger Tölle von den Beobachtungen ihrer Tochter in Kenntnis setzten. Dieser stellte eigene Untersuchungen an und ging letztlich davon aus, daß der Fremde eine schwere Straftat begangen haben mußte. Schließlich begab sich Tölle auf leisen Sohlen in das unverschlossene Zimmer Rudolphs alias Trödelsberger, der sich im Tiefschlaf befand. Auf einem Stuhl neben dem Bett fand er eine Pistole mit fünf abgeschossenen Patronen, die der Oberlandjäger sofort an sich nahm.

Erst am folgenden Tag, früh am Morgen des 25. Novembers 1925 – Rudolph hatte mit dem Auto bereits den Ort verlassen –, gelang es Tölle, die Staatsanwaltschaft Blankenburg zu verständigen. Da der Verdächtige erklärt hatte, nach Magdeburg weiterfahren zu wollen, baten die Blankenburger Beamten das dortige Polizeipräsidium um Festnahme des von Tölle beschriebenen Mannes. Abends, 20.48 Uhr, wurde der Angeklagte auf dem Hauptbahnhof in Magdeburg festgenommen.*

Aufschluß über den tatsächlichen Hergang bei dem Doppelmord ergaben schließlich verschiedenen Gutachten.

Die Sektion der beiden Leichen hatte ergeben, daß das Gesicht des 1,77 Meter großen, kräftig gebauten Janicki, stark mit Blut besudelt war, ebenso ein Teil seiner Kleidung. Zwei Schußverletzungen am Kopf hatten seinen sofortigen Tod bewirkt. Die Projektile waren im Kopf des Opfers stecken geblieben. Die Versengung der Haare an den Stellen der Einschußöffnungen am Hinterkopf ließen auf Nahschüsse schließen. Zwei der drei Schüsse, die der Mörder dem Fahrzeugführer Dietrich zufügte, waren sofort tödlich, der dritte hatte den Kopf vom linken Ohrläppchen bis zur Unterlippe durchschlagen; die Kugel war an dieser Stelle ausgetreten. Da die Schüsse scheinbar aus einer Entfernung von ein bis zwei Zentimetern abgegeben worden waren, erschien es sehr unwahrscheinlich, aber nicht ganz

* Vgl. ThStA Rud., Staatsanwaltschaft beim Thüringischen Amtsgericht Sondershausen Nr. 38.

unmöglich, daß selbige vom Trittbrett des Kraftfahrzeuges abgegeben wurden, wie der Angeklagte behauptete. Außerdem seien die fünf Schüsse wohl alle kurz hintereinander gefallen.

Zu den Sachverständigen, die die Annahme der anklagenden Staatsanwaltschaft über die Abgabe der Schüsse aus kürzester Entfernung bestätigten, gehörte auch der Jenaer Prof. Dr. Ernst Giese, der mit Hilfe von praktischen Schießübungen im Modellfall zu dem Schluß kam, daß die Schüsse in einer Entfernung von etwa einem Zentimeter abgegeben worden seien. Daher müsse man zu der Erkenntnis kommen, Rudolph habe schon im Auto gesessen, als die Schüsse fielen. Der Gutachter wollte aber auch nicht ganz ausschließen, daß der Mörder vom Trittbrett aus geschossen habe.

Der Sondershäuser Geheime Medizinalrat Dr. Oßwald untersuchte den Gesundheitszustand und das körperliche Befinden des Angeklagten. Demnach sei dieser gut genährt, habe ein gesundes Herz und die Lunge arbeite völlig normal. Nervenschäden oder Wahnvorstellungen könnten nicht begutachtet werden, auch sei geistige Schwäche nicht zu vermelden. Wörtlich diagnostizierte der Medizinalrat:

*»Anfälle epileptischer Art hat der Angeklagte in der ganzen Zeit seiner Haft nicht gehabt. § 51 StGB*findet auf ihn keine Anwendung; er ist zwar geistig nicht vollwertig, aber zurechnungsfähig, sonst würde er auch kein Chauffeurzeugnis erhalten haben.«***

---

* § 51 Eine strafbare Handlung ist nicht vorhanden, wenn der Thäter zur Zeit der Begehung der Handlung sich in einem Zustande von Bewußtlosigkeit oder krankhafter Störung der Geistesthätigkeit befand, durch welchen seine freie Willensbestimmung ausgeschlossen war.

** *Der Deutsche, Sondershäuser Zeitung* vom 1. März 1926.

Den Justizbeamten Edmund Beck, der den Beschuldigten von Sondershausen nach Erfurt* transportierte, ließ Johannes Kurt Rudolph, der fest mit seiner Verurteilung zum Tode rechnete, wissen:

»Wenn es nur nicht so lange dauert! Und so schnell wie möglich geht!«

Der Beamte erwiderte, er könne ja bei einer Verurteilung zum Tode Berufung einlegen.

»Nein, das will ich nicht!« entgegnete Rudolf. Dann sagte er, er sei geistig normal, und wenn er noch die Schußwaffe gehabt hätte, würde er sich das Leben genommen haben. Insgesamt zeigte er jedoch weder Gewissensbisse noch Reue. Schließlich fragte er, wie die Hinrichtung gehandhabt und ob er mit Hand- oder Fallbeil hingerichtet werde.**

Nach der Beweisaufnahme, während der 19 Zeugen und sechs Sachverständige gehört worden waren, ergriff Staatsanwaltschaftsrat Kunze das Wort zu seinem Plädoyer. Darüber teilte die Tageszeitung *Der Deutsche* dem interessierten Publikum mit:

»Die Bluttat, die heute zur Abrechnung stehe, habe weit über die Grenzen Thüringens, sogar weit über Deutschlands Grenzen Aufsehen erzeugt. Zwei blühende Menschenleben seien vernichtet, die tüchtiges geleistet und der Stolz ihrer Eltern waren. Vernichtet von einem Menschen, der in seinem Leben nie etwas Gutes getan habe.

---

* Rudolph war zuständigkeitshalber an die Staatsanwaltschaft Sondershausen überstellt worden, da eine Besichtigung des Tatortes ergeben hatte, daß die beiden Männer auf sondershäusischem Gebiet ermordet wurden. Damit mußte der Prozeß vor dem Schwurgericht Erfurt stattfinden, da mit Einführung der Reichsgerichtsverfassung im Jahre 1879 sondershäusische Verfahren vor dem preußischen Landgericht Erfurt verhandelt wurden.

** Vgl. *Der Deutsche, Sondershäuser Zeitung* vom 27. Februar 1926.

Während der ganzen letzten Jahre, die der Angeklagte durchlebt hat, ist er bettelnd und stehlend von Ort zu Ort gegangen und bereits im Jahr 1921 habe er ein Jahr 6 Monate Gefängnis wegen Autodiebstahl erhalten. Auf einmal war Rudolph verschwunden und es trat ein Trödelsberger auf. Er gibt an, die Papiere für 50.000 Kronen gekauft zu haben. Trödelsberger dagegen behauptet, die Papiere seien ihm gestohlen worden. Der Staatsanwalt geht sodann des näheren auf die Beweisaufnahme ein und schildert besonders den 24. November, an dem die Mordtat begangen worden ist. Der Angeklagte will nach Sondershausen, um sich Arbeit zu suchen, nimmt aber, um in einer Stadt von 10.000 Einwohnern sicher zu sein, einen Revolver mit. Nach dem Grund gefragt, warum er den Revolver gekauft habe, wo er fast nie Geld gehabt, habe er angegeben, weil sich jetzt auf der Straße allerlei Gesindel herumtreibe. Zu diesem Gesindel gehöre in erster Linie der Angeklagte. Die Beweisaufnahme habe ergeben, daß der Angeklagte in den meisten Fällen gelogen habe. Wenn man alles dies und die Gutachten der Sachverständigen berücksichtige, müsse man ohne weiteres annehmen, daß der Angeklagte den Chauffeur und den Reisenden vorsätzlich erschossen habe. Der Angeklagte sei von jeher ein Mensch mit verbrecherischen Anlagen gewesen u. habe von Gelegenheitsarbeiten, meist aber von Diebstählen gelebt. Er habe die Waffe gekauft in der festen Absicht, ein Verbrechen zu begehen. […] Der Angeklagte hatte eben die Absicht, sich in den Besitz eines Autos zu setzen. […] Dem Angeklagten sei kein Glauben zu schenken, denn er sei ein anormaler Mensch, eine Drohne im menschlichen Leben. Hinzu komme, daß sämtliche Sachverständige sich dahin ausgesprochen haben, es sei höchst unwahrscheinlich, daß der Angeklagte vom Trittbrett aus geschossen habe.

Seiner Ansicht nach habe sich der Angeklagte bereits am Heidehaus im Wagen befunden, ist unter die Plane des hinteren Teils des Wagens gekrochen und hat dann von hier aus die totbringenden Schüsse abgegeben. Er hatte die Absicht, die beiden zu töten und sie zu berauben, er hat die Tat mit voller Ueberlegung begangen. […] in aller Ruhe sei er dann nach Timmenrode gefahren und habe hier 5 Paar Würste verzehrt, also mehr, was eigentlich ein normaler Mensch leisten könne […]. Die Strafe, die den Angeklagten zu treffen habe, sei keine andere als die Todesstrafe. Der Angeklagte sei ein Mensch, der nach keiner Richtung hin Milde verdiene und er beantrage, ihn zweimal zum Tode zu verurteilen.«[*]

Es folgte das Plädoyer der Verteidigung. Rechtsanwalt Flesch sprach sich für Totschlag aus. Es sei nicht die Sache des Verteidigers, die von dem Angeklagten zugegebene Tat, zwei Menschen um ihr Leben gebracht zu haben, zu beschönigen. Es würde aber auch nicht angehen, daß sein Mandant für Mord verurteilt werde, denn es wäre Totschlag gewesen. Der Angeklagte sei ihm sicher auch nicht sympathisch. Aber es müsse unbedingt die Beweislage beachtet werden. Schließlich hätten sämtliche Gutachter festgestellt, es sei möglich, daß der Angeklagte die Tat vom Inneren des Wagens aus begangen habe. Es dürfe aber niemand nach Möglichkeiten, sondern nur nach bewiesenen Tatsachen verurteilt werden. Die beiden Toten zu rächen sei nicht die Sache der Geschworenen und Richter, sondern deren Aufgabe bestehe darin, Recht zu sprechen. Wenn der Staatsanwalt annehme, der Angeklagte hätte sich schon am Heidehaus in dem Wagen befunden und unter der Plane versteckt, dann spreche die Aussage des dortigen Wirts

---

* *Der Deutsche, Sondershäuser Zeitung* vom 1. März 1926.

dagegen, der die Plane fest und glatt gesehen haben will. Nach seiner Ansicht läge nicht Mord, sondern Totschlag im Affekt vor, weil sie den Rudolph beschimpft hätten, als dieser um Mitfahrt bat. Daher könne der Angeklagte nicht zum Tode, sondern nur zu einer Zuchthausstrafe verurteilt werden.

Anschließend vertagte der Richter die Verhandlung auf Sonnabend, den 27. Februar, zehn Uhr. Zu Beginn dieser Sitzung bekräftigte Rudolph nochmals, daß er nicht die Absicht gehabt habe, die beiden im Kraftwagen sitzenden Männer zu töten. Hierauf zog sich das Schwurgericht Erfurt zu einer zirka 45 Minuten andauernden Sitzung zurück. Nachdem die Geschworenen den Angeklagten für schuldig erklärt hatten, verkündete der Landgerichtsrat Böckmann das Urteil:

*»Der Angeklagte ist des Mordes in zwei Fällen in Tateinheit mit schwerem Raub schuldig und wird deshalb zweimal zum Tode, zum dauernden Verlust der bürgerlichen Ehrenrechte sowie in die Kosten des Verfahrens verurteilt. Die zur Tat benutzte Pistole wird eingezogen.«**

Gegen dieses Urteil legte Rechtsanwalt Flesch am 2. März 1926 Revision ein und begründete die Notwendigkeit der Neuverhandlung des Falles mit dem Gutachten der Sachverständigen über den möglichen Standort des Schützen bei der Ermordung von Janicki und Dietrich durch Johannes Rudolph. Danach sei es unter anderem sehr unwahrscheinlich, daß der Verurteilte die Schüsse aus dem Wageninneren abgegeben habe.

»Ferner hat der Angeklagte«, so Flesch in der Revisionsbegründung, *»in seiner Einlassung [vor Gericht – d. Verf.]*

* Th StA Rud., Staatsanwaltschaft beim Thüringischen Amtsgericht Sondershausen Nr. 38.

behauptet, daß ihn bei seinem Passieren des Heidehauses ein Hund angebellt habe [...], der dort frei herumgelaufen sei. Das ist dem Angeklagten gleichfalls nicht widerlegt, vielmehr hat der Zeuge Bröschild in der Hauptverhandlung bestätigt, daß er einen sehr lebhaften jungen Hund habe, der bei Eintritt der Dunkelheit von der Kette losgemacht werde und dann alle Vorbeigehenden anbelle, wenn auch nicht beiße. Das Schwurgericht hätte also auch abwägen müssen, wie es möglich gewesen sein soll, daß sich der Angeklagte trotz des Hundes unbemerkt bei den erleuchteten offenen Fenstern der Gastwirtschaft in den Wagen habe einschleichen können. [...]. Die andere Möglichkeit, daß die Autoinsassen den Angeklagten auf sein Bitten auf der Strecke vom Heidehaus zu dem Tatort freiwillig aufgenommen hätten, scheidet ebenfalls aus. Die Autoinsassen hätten, wie durch die Beweisaufnahme festgestellt ist, dem Angeklagten schon vor dem Heidehaus verwehrt, denselben mitzunehmen. Sie hätten dann im Heidehaus dem Zeugen Krause bei Ausrichtung einer Bestellung ärgerlich gesagt, was dieser Mann eigentlich von ihnen wolle [...]. Sie waren also nicht bereit, den Angeklagten mitzunehmen, und sie haben ihn deshalb unmittelbar nach der Abfahrt vom Heidehaus sicher nicht freiwillig aufgenommen.«[*]

Demnach hätte das Schwurgericht zu dem Ergebnis kommen müssen, daß der Angeklagte nicht aus dem Fond[**] des Kraftfahrzeuges hätte schießen können, weil er nach allen Indizien überhaupt nicht in den Wagen gekommen sein konnte.

Zudem müsse die Persönlichkeit des Täters berücksichtigt werden, denn seine Kindheit sei keine leichte gewesen.

---

* Ebenda.

** Hinterer Teil des Wageninneren, der die Rücksitze enthält.

Der Vater des Verurteilten hatte in der Gerichtsverhandlung ausführliche Einblicke in dessen Vergangenheit gegeben. Johannes, das einzige Kind der Rudolphs, war wegen Krankheit ein Jahr später eingeschult worden, die er leidlich bis zum 15. Lebensjahr *»durchmachte«* und dabei schlechte Zensuren nach Hause brachte. Damals tobte noch der Erste Weltkrieg. Wegen Unfähigkeit entließ ihn sein Maschinenbaulehrmeister. Auch eine zweite Lehre bei einem Autoschlosser mußte Johannes wegen eines Benzindiebstahls vorzeitig beenden. Als 17jähriger riß er unter anderem nach Hamburg und Frankfurt am Main aus, wurde aber immer wieder heimgebracht. Schließlich bestand er die Prüfung als Chauffeur, erhielt einen Führerschein und arbeitete sogar eine Zeitlang als Kraftwagenführer in Leipzig. Dann verlor er jedoch seine Arbeit. Er wollte mit anderen jungen Leuten ein Auto stehlen, wurde aber bei diesem Diebstahl gefaßt und ins Gefängnis gesteckt. Aus der Haft kam er krank zurück und litt unter epileptischen Anfällen. Schließlich verließ er Leipzig und blieb für die Eltern mehrere Jahre verschollen, bis er 1925 ein Lebenszeichen von sich aus Sondershausen gab. Über einen festen Wohnsitz verfügte er bis zuletzt nicht. Erblich sei ihr Sohn durch seinen Großvater mütterlicherseits belastet, der im Alkoholdelirium gestorben sei.

In einer öffentlichen Sitzung am 3. Mai 1926 verwarf das Reichsgericht in Leipzig die Revision des Erfurter Urteils vom 27. Februar 1926.*

Nachdem das Urteil gegen den Autoschlosser Johannes Rudolph aus Leipzig rechtskräftig wurde, beschloß das Thüringische Staatsministerium zu Sondershausen am

---

* Vgl. ThStA Rud., Staatsanwaltschaft beim Thüringischen Amtsgericht Sondershausen Nr. 38.

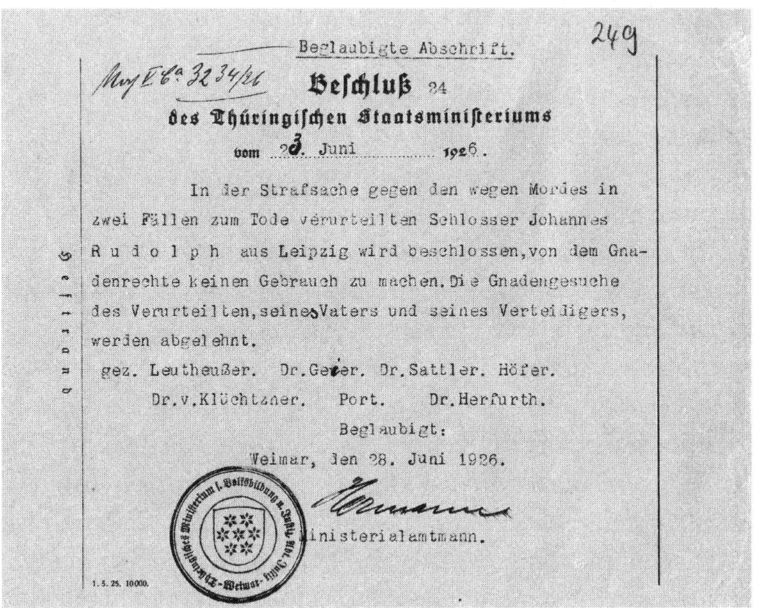

Beglaubigte Abschrift.

249

Min. 3234/26

Beschluß 24

des Thüringischen Staatsministeriums

vom 23. Juni 1926.

In der Strafsache gegen den wegen Mordes in zwei Fällen zum Tode verurteilten Schlosser Johannes R u d o l p h aus Leipzig wird beschlossen, von dem Gnadenrechte keinen Gebrauch zu machen. Die Gnadengesuche des Verurteilten, seines Vaters und seines Verteidigers, werden abgelehnt.

gez. Leutheußer. Dr. Geier. Dr. Sattler. Höfer.
Dr. v. Klüchtzner. Port. Dr. Herfurth.

Beglaubigt:
Weimar, den 28. Juni 1926.

Ministerialamtmann.

1. 5. 25. 10000.

Ablehnung der Gesuche zur Begnadigung des Johannes Rudolph durch das Thüringische Staatsministerium am 23. Juni 1926.

23. Juni 1926, von dem Gnadenrecht keinerlei Gebrauch zu machen und lehnte damit die entsprechenden Gesuche des Verurteilten, dessen Vaters und des Verteidigers Flesch ab.

Damit wurde die Todesstrafe nicht in eine lebenslängliche Zuchthausstrafe umgewandelt. Da das Sondershäuser Gerichtsgefängnis keinen umschlossenen Raum besaß, erklärte der preußische Justizminister sein Einverständnis, daß die Vollstreckung im Gerichtsgefängnis in Erfurt stattfinden könne.

Die Vorbereitung der Hinrichtung Rudolphs übernahm die Oberstaatsanwaltschaft in Erfurt im Zusammenwirken mit der Sondershäuser Staatsanwaltschaft. Die Ausführung der Hinrichtung auf Kosten des thüringischen Staatsfiskus übertrug man dem in der Straßburger Straße Nr. 8 in

Magdeburg wohnenden Kaufmann und Scharfrichter Carl Gröpler.* Ihm und seinen Gehilfen legte man strengste Verschwiegenheit auf. Dieser nahm den Auftrag an und schrieb am 25. Juni 1926 aus Magdeburg:

*»Als Vergütung für die Vollstreckung, Stellen der dazu erforderlichen Geräte und erforderlichen drei Gehilfen (alte erprobte Leute) sowie Fahrkosten pp. Bitte ich mir Mk. 650,– (sechshundertfünfzig Mark) bewilligen zu wollen, welche mir am Vollstreckungstage vormittags gleich gezahlt werden in Erfurt. Carl Gröpler, Scharfrichter.«***

Die Vollstreckung der Hinrichtung wurde auf Freitag, den 2. Juli, fünf Uhr, im Hof des Gerichtsgebäudes Erfurt festgelegt. Weiterhin wurden folgende Verabredungen mit dem Strafanstaltsvorsteher getroffen:

»1. Der Eintritt der Beobachter des Hinrichtungsaktes erfolgt über das Gerichtsgebäude durch Vorzeigen der Eintrittskarte (u. a. Rechtsanwalt Flesch und den Anstaltsgeistlichen).

2. Der für die Richtstätte erforderliche Sand ist am Morgen der Hinrichtung in Säcken zum Richtblock zu schaffen.

3. Vom Zeitpunkt des Austritts des Verurteilten aus der Strafanstalt bis nach seiner Enthauptung sei die Gefängnisglocke zu läuten.

4. Die Aufbewahrung der Leiche im Gefängnis bis zu deren Abtransport habe in einem geeigneten Raum zu erfolgen.

5. Die Bekanntgabe der Entschließung des Thüringischen

---

* Carl Gröpler (*22. Februar 1868, †30. Januar 1946) war einer der bekanntesten preußischen Scharfrichter. Er war 1945 an seinem Magdeburger Wohnort vom sowjetischen Militär vermutlich wegen der Hinrichtung von vier Kommunisten im Jahr 1934 in Untersuchungshaft genommen worden, wo er auch verstarb.

** ThStA Rud., Staatsanwaltschaft beim Thüringischen Amtsgericht Sondershausen Nr. 38.

Staatsministeriums, von seinem Begnadigungsrecht keinen Gebrauch zu machen, wird an Rudolph am Donnerstag, nachmittags 16.30 Uhr, erfolgen. Von diesem Zeitpunkt ab, muß der Verurteilte in beständiger Aufsicht gehalten werden.

*6. Auf strengste Verschwiegenheit wird hingewiesen.«**

Vor allem wurde peinlichst darauf geachtet, daß die Öffentlichkeit nichts von der bevorstehenden Hinrichtung des Doppelmörders erfuhr.

Am 1. Juli eröffnete der Staatsanwaltschaftsrat Kunze dem Verurteilten Johannes Rudolph den Beschluß des Thüringischen Staatsministeriums und gab ihm den Zeitpunkt der Hinrichtung bekannt. Der Delinquent wurde gefragt, ob er noch etwas zu erklären oder einen Antrag zu stellen habe. Seinem Wunsch, so notierte Kunze in der Akte der Staatsanwaltschaft Sondershausen, einen Brief an die Eltern schreiben zu dürfen, wurde natürlich entsprochen. Noch am selben Abend trafen die Eltern des Rudolph bei ihrem Sohn im Gefängnis ein und blieben bei diesem bis ein Uhr morgens des folgenden Tages. Einen Antrag auf Auslieferung der Leiche hatten sie nicht gestellt.

Neben dem Staatsanwaltschaftsrat Kunze, Landgerichtsrat Böckmann und weiteren Justizbeamten versammelten sich einige vom Magistrat Erfurt ausgesuchte Personen – es waren etwa 30 an der Zahl – zur Hinrichtung am 2. Juli 1926. Nun wurde Rudolph von zwei Strafanstaltswachtmeistern vorgeführt. Der Erfurter Anstaltsgeistliche Friedrich Klapproth begleitete den Mörder, der einen ruhigen und gelassenen Eindruck erweckte. Mit einem leisem *»ja«* bestätigte der junge Mann das vorgetragene Urteil und zugleich, die Ablehnung der Begnadigung verstanden zu haben. Eine weitere Erklärung wurde auf Nachfrage von ihm

---

* Vgl. ebenda.

nicht abgegeben. Nun legte man dem Scharfrichter Gröpler die verlesenen Schriftstücke vor, der sie anerkannte. Anschließend erhielt dieser den Auftrag zur Vollstreckung.

Rudolph wurde schließlich von den Gehilfen des Scharfrichters in Empfang genommen und zur Richtbank geführt. Auf seinem letzten Gang sah man ihn mit ruhiger, gefaßter Miene. Nach dem Gebet des Geistlichen legte er seinen Kopf selbst auf den Richtklotz. Wenige Augenblicke später war die Vollstreckung vor den etwa 30 anwesenden Personen vollzogen. Es folgte das »Vater unser« des Anstaltsgeistlichen. Im Anschluß daran räumten die Anwesenden stillschweigend den Hof.

Am 3. Juli 1926 schrieben Vater und Mutter des Doppelmörders folgenden Brief aus Leipzig an den Anstaltspfarrer:

»Hochgeehrter Herr Pfarrer!

*Innigen Dank für ihren lieben Brief, und das treue Geleit, das Sie unserem armen irregegangenen Kind gegeben haben. Es war unserer einziger Trost, das ihn trotz allem von Ihnen und den Beamten bis zuletzt Liebe geboten worden ist. Gott lohne es Ihnen Allen. Und nun haben wir noch eine große Bitte an Sie. Wir möchten unser Kind, das wir im Leben nicht halten konnten, im Tode bei uns haben. Lieber hochgeehrter Herr Pfarrer wollen Sie für uns in die Wege leiten, das unser Sohn dort verbrannt wird, und seine Asche setzten wir im Grabe seiner Großmutter bei, die ihn im Leben so sehr geliebt hat. Bitte haben Sie die große Güte, und geben Sie uns zu Eilboten Nachricht, damit ich zur rechten Zeit hinkommen kann. Briefmarken sind zur Antwort bei. Liegt er auf dem Friedhofe wo er verbrannt wird, oder muß er erst überführt werden. Bitte erfüllen Sie uns diese Bitte.«**

* Vgl. ebenda.

Zehn Tage später teilte die Direktion der Anatomischen Anstalt in Jena den Rudolphs mit, daß die Leiche ihres Sohnes gemäß den gesetzlichen Bestimmungen noch am Tag der Hinrichtung nach Jena überwiesen wurde. Die Sektion sei zeitnah ausgeführt worden. Die Anstalt erklärte sich bereit, den Körper im dortigen Krematorium einäschern zu lassen und die Asche den Eltern zur Beisetzung zu übersenden.*

Am Rande sei noch vermerkt, daß die *Allstedter Zeitung* am 20. Mai 1926 meldete, der Harzklub habe die Anregung gegeben, ein Steinkreuz mit einer Inschrift nahe des Heidehauses, genauer, an der Stelle aufzustellen, wo Janicki und Dietrich durch den Autoschlosser Rudolph hinterrücks ermordet wurden. Dabei wollte man an die sogenannten »Mordkreuze« erinnern, die, aus alter Zeit übernommen, noch zur Warnung der Vorübergehenden am Wegesrand stehen.

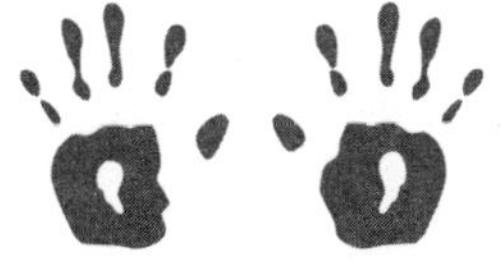

* Vgl. ebenda.

DER GRÄFENTHALER WEIBSTEUFEL

(1928)

... schließlich schrie und tobte sie, schlug mit den Fäusten auf die Anklagebank, trampelte mit den Füßen und war am Ende völlig außer sich.

In den Mittagsstunden des 18. Novembers 1928 liefen die Telefondrähte in Thüringen heiß. Aus dem Waldstädtchen Gräfenthal wurde der Tod des hochbetagten Uhrmachermeister-Ehepaares Richard und Lina Grosch gemeldet. Der bestialische Doppelmord in der geräumigen Mietwohnung des Eckhauses Markt-Judengasse sollte über die Grenzen Thüringens hinaus Schauder und Entsetzten auslösen.

Eckhaus Markt-Judengasse in Gräfenthal. Mit dem Kreuz ist die Wohnung des Ehepaares Grosch gekennzeichnet.

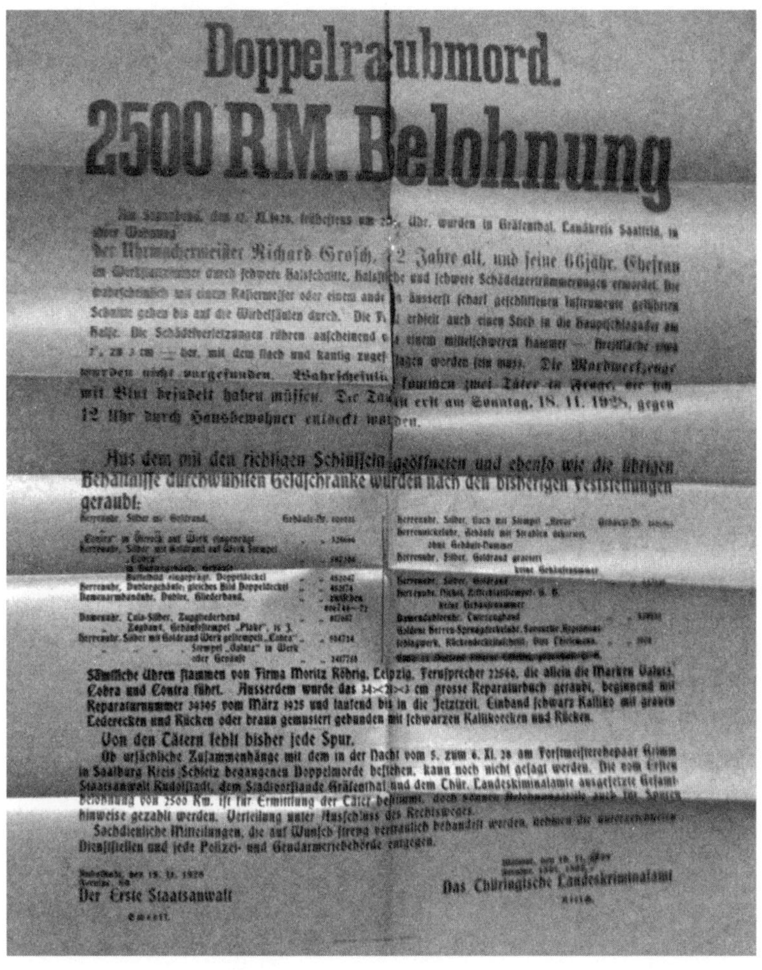

Doppelraubmord.

2500 RM. Belohnung

[illegible] Uhr, wurden in Gräfenthal, Landkreis Saalfeld, in [illegible]

der Uhrmachermeister Richard Grosch, [illegible]2 Jahre alt, und seine 66jähr. Ehefrau [illegible] durch schwere Halsschnitte, Halsst[illegible]e und schwere Schädelzertrümmerungen ermordet. [illegible] ausserst scharf geschliffenen Instrumente geführten Schnitte gehen bis auf die Wirbelsäulen durch. [illegible] erhielt auch einen Stich in die Hauptschlagader am Halse. Die Schädelverletzungen rühren anscheinend [illegible] einem mittelschweren Hammer [illegible] geschlagen worden sein muss. Die Mordwerkzeuge wurden nicht vorgefunden. Wahrscheinlich [illegible] kommen zwei Täter in Frage, die sich mit Blut besudelt haben müssen. Die Tat [illegible] erst am Sonntag, 18. 11. 1928, gegen 12 Uhr durch Hausbewohner entdeckt worden.

Aus dem mit den richtigen Schlüsseln geöffneten und ebenso wie die übrigen Behältnisse durchwühlten Geldschranke wurden nach den bisherigen Feststellungen geraubt:

Herrenuhr, Silber mit Goldrand, [illegible]

Sämtliche Uhren stammen von Firma Moritz Röhrig, Leipzig, Fernsprecher 22568, die allein die Marken Valuta, Cobra und Contra führt. Ausserdem wurde das 34×21×3 cm grosse Reparaturbuch geraubt, beginnend mit Reparaturnummer 34305 vom März 1925 und laufend bis in die Jetztzeit. Einband schwarz Kalliko mit grauen Ledarecken und Rücken oder braun gemustert gebunden mit schwarzen Kalikoecken und Rücken.

Von den Tätern fehlt bisher jede Spur.

Ob ursächliche Zusammenhänge mit dem in der Nacht vom 5. zum 6. XI. 28 am Forstmeisterehepaar Grimm in Saalburg Kreis Schleiz begangenen Doppelmorde bestehen, kann noch nicht gesagt werden. Die vom Ersten Staatsanwalt Rudolstadt, dem Stadtvorstande Gräfenthal und dem Thür. Landeskriminalamte ausgesetzte Gesamtbelohnung von 2500 Rm. ist für Ermittlung der Täter bestimmt, [illegible] Spurenhinweise gezahlt werden. Verteilung unter Ausschluss des Rechtsweges.

Sachdienliche Mitteilungen, die auf Wunsch streng vertraulich behandelt werden, [illegible] Dienststellen und jede Polizei- und Gendarmeriebehörde entgegen.

Der Erste Staatsanwalt

Das Thüringische Landeskriminalamt

Plakat über die Mordtat an dem Ehepaar Grosch mit Belohnung für sachdienliche Hinweise, die zur Ergreifung der Doppelmörder führen.

Für sachdienliche Hinweise, die zur Ergreifung der Mörder führen sollten, wurde eine Belohnung von 2.500 Reichsmark ausgesetzt. Es gingen einige Monate ins Land, bevor die Untersuchungsbehörden der vermeintlichen Doppelmörder habhaft werden konnten, denn diese hatten keine Spuren hinterlassen. Die vom 7. bis 13. Juli 1931 vor dem Rudolstädter Schwurgericht stattgefundenen Verhandlungen sollten den Indizienbeweis der Täterschaft erbringen. Da sich die Beweisaufnahme als außerordentlich schwierig erwies, entwickelte sich letztlich die Wahrheitsfindung zu einem der bedeutendsten Sensationsprozesse in der Zeit der Weimarer Republik.

Zum Auftakt des »Paschold-Prozeßes« berichtete am 7. Juli genannten Jahres die *Schwarzburg-Rudolstädtische Landeszeitung* aus dem Rudolstädter Schwurgerichtssaal:

»Der Prozeß gegen Klara Paschold und Genossen vor dem Schwurgericht begegnet nicht nur in Thüringen, sondern auch im Reiche größtem Interesse. Die Karten für das Publikum waren schon seit einiger Zeit ausverkauft. Der Zuschauerraum ist völlig besetzt. Die Presse ist in einer in Rudolstadt noch nie gesehenen Zahl vertreten. Ueber dem Schwurgerichtssaal liegt die eigentümliche Spannung eines großen Tages, die sich noch erhöht, als die 22jährige in die Anklagebank geführt wird. Die Angeklagte ist bleich von der langen Haft, unterhält sich aber munter und lebhaft mit ihren Wärtern. Sie ist eine kleine, hübsche Person, mit dunkelbraunem, rechtsgescheiteltem Bubikopf, dunklen, lebhaft glänzenden Augen, von guter Figur. Auch Dachdecker Werner und der Maler Zange sitzen in der Anklagebank, getrennt von ihrer Tatgenossin.«

Während der mehrtägigen Verhandlungen, die unter dem Vorsitzenden Landgerichtsdirektor Rausch standen, wurden Sachverständige sowie 41 Zeugen befragt. Die Anklage vertrat Staatsanwaltschaftsrat Schwartz. Die Verteidigung oblag den Rechtsanwälten Dr. Beyer aus Rudolstadt für Klara Paschold, Höfer aus Saalfeld für Reinhold Werner und Dr. Schauen aus Saalfeld für Arthur Zange.

Klara Paschold, zur Person vernommen, antwortete klar und deutlich. Sie wuchs zusammen mit drei älteren

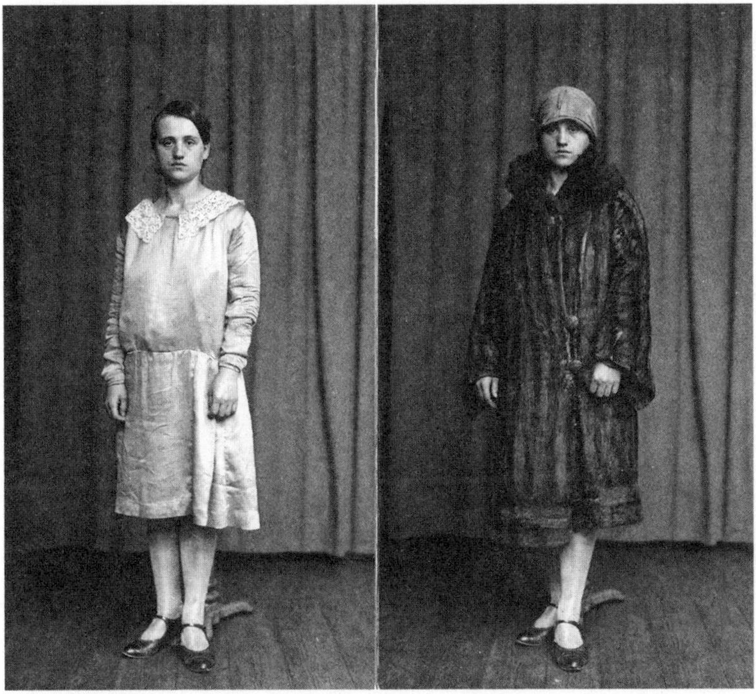

Klara Paschold auf Fotos der Leipziger Kriminalpolizei.

Klara Paschold.

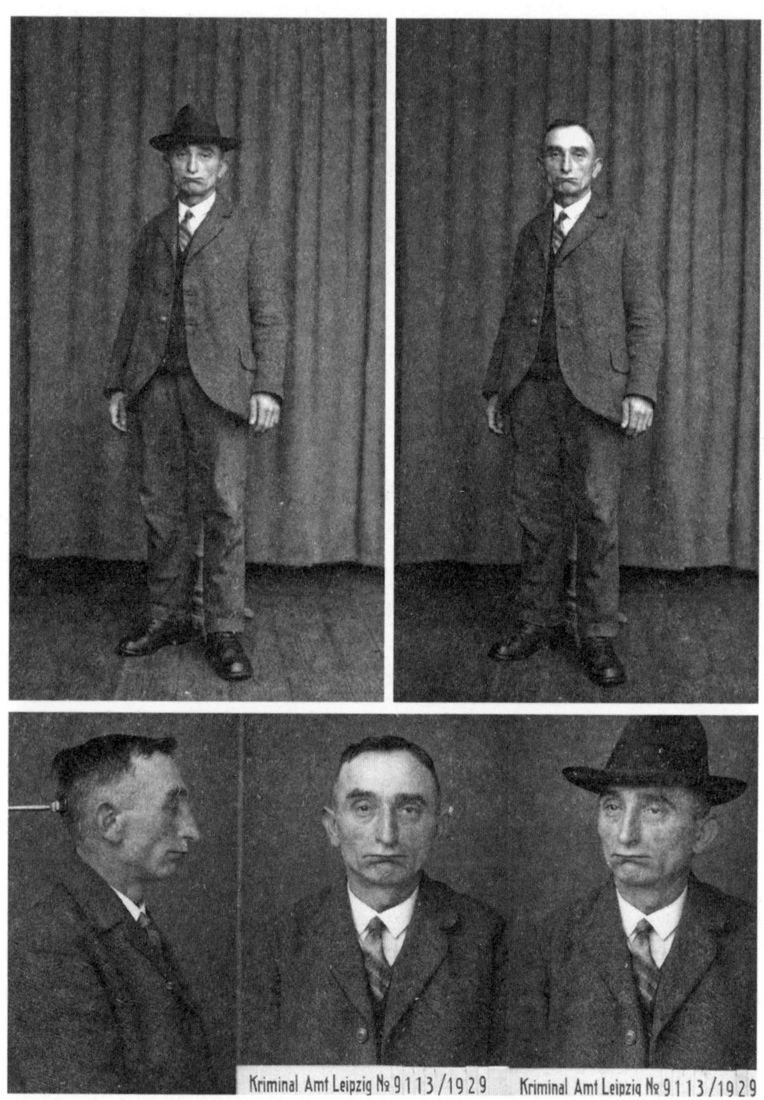

Reinhold Werner auf Fotos der Leipziger Kriminalpolizei.

Geschwistern auf. Mit gutem Erfolg besuchte sie die Bürgerschule. Nachdem der Vater 1918 im Krieg gefallen war, verdingte sich die Angeklagte im Krankenhaus ihrer Heimatstadt. Die gebürtige Gräfenthalerin verließ den kleinen thüringischen Ort 1925 und ging nach Leipzig. Hier verdiente sie unter anderem in verschiedenen Fleischereigeschäften ihren Unterhalt. 1926 erlitt die junge Frau eine Fehlgeburt. Flott und sicher, ohne die geringste Beklemmung erzählte sie von der Anbahnung ihrer Beziehung zum Mitangeklagten Reinhold Werner. 1927 mußte Klara ihre Stellung aufgeben und Werner versorgte sie. Das Verhältnis wurde immer enger, es entwickelte sich eine sexuelle Beziehung, die der Frau Anna Bertha Werner nicht verborgen blieb. Es kam zur Trennung des Ehepaares.

Klara Paschold und Reinhold Werner mit deutschem Schäferhund in Leipzig.

Der 50jährige Angeklagte Reinhold Werner hatte sich nach der Erlernung des Dachdeckerhandwerkes 1911 selbständig gemacht. Anfangs ging das Geschäft gut. In der Folgezeit besuchte Werner zusammen mit der Paschold regelmäßig seine Stammgaststätte »Grüne Schänke« an der Ecke Wurzner- und Breitestraße. Zechen, spielen und Rennplätze besuchen machte ihnen das Leben bequem. Werner, der es zu Kriegszeiten bis zum Unteroffizier gebracht hatte, konnte das Wetten nicht lassen. 1928 stellte der Dachdecker seine berufliche Tätigkeit fast völlig ein und lebte weitgehend von Spiel- und Wettgewinnen. Im Zuge erheblicher Geldverluste verschlechterte sich seine wirtschaftliche Situation ab Herbst 1928 dramatisch. Trotzdem behauptete Werner, als er vor Gericht danach befragt wurde, die Paschold würde ihm jetzt nur den Geldmangel andichten. Dagegen habe er immer Geld gehabt und sie wäre immer *»wie eine Puppe gegangen«*.

Nervös und unsicher wirkte vor allem Arthur Zange bei seiner Befragung. Der 30jährige lungenkranke Maler aus Gräfenthal hatte so einiges auf dem Kerbholz. Er war bereits in Folge zahlreicher Diebstähle vorbestraft. Alle drei Angeklagten wiesen energisch den Vorwurf des Verbrechens am Ehepaar Grosch zurück.*

Nach der Anhörung zu den Personen verlas der Landgerichtsdirektor Rausch ein Urteil über den Mord an dem Straßenhändler Kirchberg aus Leipzig, der in persönlicher Beziehung zu den Angeklagten Paschold und Werner stand.

Daraus ging hervor, daß Werner sexuell anormal veranlagt und ihm die Angeklagte in jeder Beziehung sehr stark entgegengekommen sei. Von einer sexuellen Abhängigkeit

---

* Vgl. *Schwarzburg-Rudolstädtische Landeszeitung* vom 7. Juli 1931 und *Mitteldeutsche Neueste Nachrichten* vom 11. Juli 1931.

Arthur Zange.

könne jedoch nicht ausgegangen werden. Paschold und Werner hätten, um ihr lasterhaftes Leben mit ausreichend Geldmitteln fortführen zu können, einen mit ihnen befreundeten Mann namens Kirchberg in dessen Wohnlaube am 25. März 1929 betrunken gemacht, erschossen, zerstückelt, verscharrt und beraubt, nachdem dieser ihnen erzählt hatte, 38.000 Mark auf Sparbüchern deponiert zu haben. Abgehoben wurde von den erbeuteten Sparkassenbüchern jedoch nichts. Nach etwa einem Monat, am 29. April, wurde das Mörderpaar in Untersuchungshaft genommen und am 6. November 1929 durch Spruch des Schwurgerichtes Leipzig zum Tode verurteilt. Auf dem Gnadenweg wurde diese Strafe wenig später in eine lebenslange Zuchthausstrafe umgewandelt. Da die Paschold in Gräfenthal geboren und aufgewachsen war, kam bald der Verdacht auf, sie und Werner könnten auch an der Ermordung des Ehepaares Grosch vier Monate vor der Ermordung des Kirchberg beteiligt gewesen sein.

Am Nachmittag des 7. Juli 1931, dem ersten Verhandlungstag, fuhr das Gericht mit den Angeklagten unter Polizeischutz zum Lokaltermin nach Gräfenthal. Als man mit der Eisenbahn in dem kleinen Städtchen ankam, befanden sich deren Bewohner in heller Aufregung. Vor allem als Klara Paschold in ihrem hellen Mantel und mit weißer Mütze vor dem stattlichen Wohnhaus auftauchte, in dem der Mord an den Groschs begangen worden war, schlug ihr offene Feindschaft entgegen. In dem »Mordhaus« war inzwischen jedoch so vieles baulich verändert worden, daß eine Rekonstruktion des Verbrechens kaum möglich war.

Während der am zweiten Verhandlungstag folgenden Vernehmungen leugneten Paschold und Werner hartnäckig, mit dem Gräfenthaler Doppelmord in Verbindung zu stehen. Dagegen stand jedoch eine Aussage Pascholds,

Großer Menschenauflauf vor dem Eckhaus Markt-Judengasse in Gräfenthal beim Lokaltermin am 7. Juli 1931. Mit einem Kreuz gekennzeichnet: Klara Paschold.

die sie 19 Tage nach ihrer Verurteilung in Leipzig gemacht hatte. Steter Tropfen höhlt den Stein! Am 25. November 1929 hatte Klara Paschold, vielleicht durch die Haft zermürbt, die Nerven verloren und – bleich und zitternd – dem Leipziger Gefangenenarzt Dr. Göhler berichtet:

*»Ich kann nicht anders es muß raus, ich will jetzt die Wahrheit sagen: Werner hat die Tat begangen, Mittäter sind Baumeister und Sternickel: ich war auch dabei, ich war aber nicht mit oben, ich habe Schmiere gestanden.«**

Am 5. Dezember 1929 ergänzte die junge Frau diese Angabe gegenüber den Beamten des Thüringer Landeskriminalamtes und belastete sich auch in späteren Vernehmungen selbst schwer.

---

* ThStA Rud., Staatsanwaltschaft beim Thüringischen Landgericht Rudolstadt Nr. 188.

Laut ihrer Aussage reisten sie und Werner Weihnachten 1927 zu ihrer Mutter nach Gräfenthal, wo das Paar *»noch gut bei Kasse«* großspurig auftrat und angab, ein Haus kaufen zu wollen. In Wirklichkeit spionierten sie aus, wer die reichsten Leute im Städtchen seien. Dabei nahmen die beiden vor allem den Fabrikanten Scheidig und die Groschs ins Auge. Da eine Beraubung Scheidigs zur Leipziger Herbstmesse 1928 mißlang, verabredeten sie den Raubüberfall auf den 72jährigen Grosch und dessen 66jährige Gattin. Beide waren sich einig, die Eheleute ermorden zu müssen, um später nicht erkannt zu werden. Schon Tage vorher hatte Werner den Uhrmachermeister aufgesucht und eine Uhr zur Reparatur abgegeben. Als Frau Grosch in der achten Abendstunde des 17. November 1928 Paschold und Werner öffnete, führten diese eine Aktentasche mit, in der sich drei Mordwerkzeuge befanden: ein Beil, ein Messer und ein Hammer. Frau Grosch brachte die Ankömmlinge in die Werkstatt ihres Mannes und verließ das Zimmer.

»Hier saß der alte Grosch auf einem Stuhl vor seinem Arbeitstisch. Werner fragte nach seiner Uhr [...]. Während Grosch die Uhr in der Hand hielt und auf besonderes Verlangen Werners nochmals genau nachsah, schlug ihn Werner mit einem aus der Aktentasche entnommenen Hammer von hinten so heftig gegen die rechte Schläfe, daß Grosch, ohne einen starken Laut von sich zu geben, zusammensank. Während Werner den Hammer aus der Aktentasche nahm, stand die Paschold links hinter Grosch und beugte sich auf den Werkzeugtisch, um auf diese Weise zu verhindern, daß Grosch die Manipulationen des Werner beobachtete. Werner schnitt dann dem Grosch, der noch bewußtlos und zusammengesunken auf seinem Stuhle saß, mit einem Messer die Kehle durch, indem er den Kopf des Grosch nach hinten über die Stuhllehne beugte.

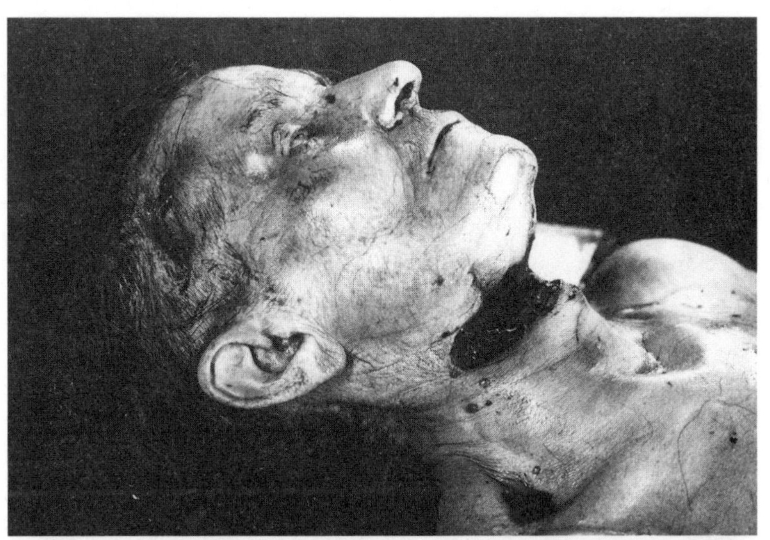

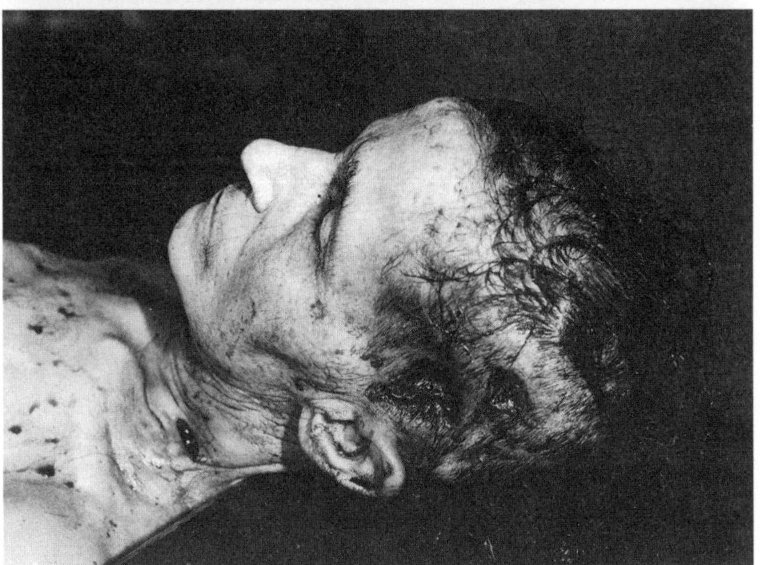

Die ermordete Lina Grosch.

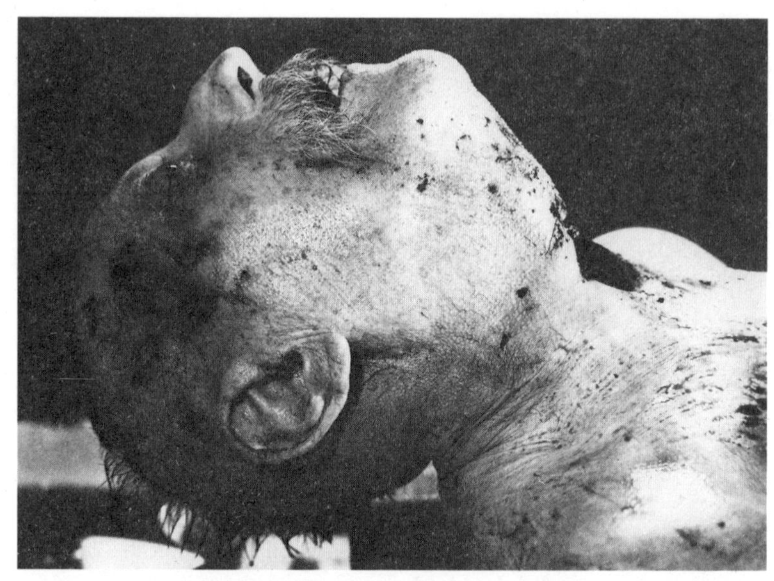

Der ermordete Richard Grosch.

Die Ermordeten Groschs in ihrer Wohnung. Lina Grosch liegt zwischen dem Stuhl ihres Manns und dem Tisch.

Die Ermordeten Groschs in ihrer Wohnung.

Als dann Frau Grosch, die sich in der Küche aufgehalten hatte, wo ein Grammophon spielte, die Türe öffnete, [...] kamen ihr Werner und die Paschold entgegen. Frau Grosch erhielt [...] von Werner mehrere Schläge gegen beide Seiten des Kopfes. Sie fiel zu Boden und wurde dann von Werner und der Paschold neben den Stuhl getragen, auf dem ihr Mann noch saß. Die Paschold kniete dann neben ihr nieder und stach sie mit dem Messer, das ihr Werner gegeben

Die Ermordeten Groschs in ihrer Wohnung.

hatte, in die linke Halsseite und führte dann weiter einen tiefen Schnitt durch die Kehle.«[*]

Nun raubten die Doppelmörder alle auffindbaren Wertsachen, vor allem Geld und Uhren, und flüchteten zu Fuß über die Berge in Richtung Saalfeld. Auf dem Weg dahin, in der Nähe der Reschwitzer[**] Mühle, oberhalb des Saaleufers, versteckten die Verbrecher ihre Beute. Kurz darauf bereute Klara Paschold offensichtlich diese Aussage und widerrief selbige in verschiedenen Vernehmungen durch Untersuchungsbeamte sowie während der Hauptverhandlung im Rudolstädter Schwurgerichtssaal. Dem Rudolstädter Gericht erklärte sie, sie sei zu ihrem Geständnis gedrängt worden, ja es wurde geradezu aus ihr herausgepreßt. Nur wenige Stunden danach wollte sie die protokollarische Festlegung des Geständnisses rückgängig machen. Der Gefangenenarzt Dr. Göhler habe ihr jedoch erklärt, daß sie von dem Geständnis nicht wieder zurücktreten könne. Sie sei schließlich wegen ihrer Wutausbrüche gefesselt und auf den Boden gelegt worden. Göhler bemerkte daraufhin vor Gericht, die Fesselung sei zur Sicherheit der Angeklagten erfolgt. Schreiend rief Klara Paschold:

»Nein, sondern weil ich mein Geständnis zurücknehmen wollte [...]. Die Anfälle sprechen für mich, sie zeigen, daß ich nicht wußte, was ich sagte. Die Selbstmordversuche gebe ich zu.«[***]

Die Verteidigung wies deshalb nochmals daraufhin, daß die Angeklagte in einem Zustand von Hysterie ihre Aussage getätigt habe.

---

* Ebenda.

** Reschwitz ist heute ein Ortsteil der Gemeinde Saalfelder Höhe im thüringischen Landkreis Saalfeld-Rudolstadt.

*** *Rudolstädter Zeitung* vom 13. Juli 1931.

Klara Paschold erklärte zudem:

*»Dr. Göhler, Sie wissen ganz genau, daß ich nichts aus Eigenem wußte, sondern daß Sie alles in mich hineingefragt haben. Deshalb sagten sie ja auch schließlich: Sie können noch alles widerrufen, alles wieder gutmachen.«**

Kurz darauf wurde der Leipziger Staatsanwalt Dr. Lorenz befragt. Der Beamte hatte die Untersuchung im Mordfall Kirchberg geführt und teilte in Bezug auf die Angeklagte mit:

»Als sie zum Tode verurteilt war, wußte sie offenbar schon, daß der Freistaat Sachsen ihre Hinrichtung nicht zulassen werde. Sie freute sich, ins Zuchthaus zu kommen und sprach heiter von der ›Staatspension‹ in Waldheim. Vor der Hinrichtung hatte sie reichlich Angst und als sie mit lebenslänglichem Zuchthaus rechnen durfte, erklärte sie: ›Na, das wird auch nur 20 Jahre dauern. Dann komme ich mit 38 Jahren heraus und bis dahin habe ich meine Ruhe und Ordnung.‹«

Die Angeklagte lächelte.

*»Die Stimmung der Paschold schlug erst um, als ihre Vernehmungen in der Gräfenthaler Sache begannen. Da mußte sie mit einem neuen Todesurteil rechnen und angesichts der Möglichkeit, daß die Thüringer Regierung von ihrem Begnadigungsrecht keinen Gebrauch macht, mußte sie ängstlich werden. Dieses Angstgefühl beherrschte sie in der Folge unausgesetzt und während sie im Kirchbergmord alles restlos zugab, kämpfte sie gegen ein Geständnis im Gräfenthaler Fall innerlich heftig an.«***

Kaum waren diese Worte ausgesprochen, da sprang Klara Paschold mit wutverzerrtem Gesicht, wie vom Teufel besessen, auf und wurde von Minute zu Minute erregter.

---

* Ebenda.

** Ebenda.

Schließlich schrie und tobte sie, schlug mit den Fäusten auf die Anklagebank, trampelte mit den Füßen und war am Ende völlig außer sich. Sie brüllte:

»Das ist ja alles Schwindel, Herr Staatsanwalt. Ich habe mich nie vor der Hinrichtung gefürchtet, ich wäre viel lieber hingerichtet worden als lebenslänglich hinter Gittern zu sitzen. Ich habe Ihnen doch auch gesagt: Vom menschlichen Standpunkt aus wäre die Hinrichtung das Humanere, denn durch die Buße im Zuchthaus sei doch noch kein Mensch wieder lebendig geworden. Sie sagten dann: Warum haben Sie keine Revision eingelegt? Und ich erwiderte: Ich habe mein Urteil weg und bin es zufrieden. Gerechtigkeit bekommt man ja doch bei Gericht nicht, nur ein Urteil und damit muß man sich abfinden!«

Darauf antwortete Staatsanwalt Dr. Lorenz:

»Sie machte über den Strafvollzug ganz allgemeine Redensarten, sagte wohl auch, daß sie lieber hingerichtet worden wäre, aber sie wußte doch damals schon ganz genau, daß Sachsen die Todesstrafe nicht durchführen lasse.«

Die Angeklagte ergänzte schreiend:

»Sie haben eine glänzende Phantasie, Herr Staatsanwalt. Wissen Sie nicht, daß Sie hier geschworen haben, nach bestem Wissen und Gewissen auszusagen und nun lügen Sie. Jetzt werde ich aber wirklich böse, denn ich bemühe mich, hier die Wahrheit zu sagen und sie drehen alles um.«

Daraufhin sagte der Vorsitzender Landgerichtsdirektor Rausch:

»Beruhigen Sie sich doch.«

Die Angeklagte tobte weiter:

»Jetzt ist mir alles egal, ich habe lange genug geschwiegen und mir alles Mögliche nachsagen lassen. Die Herren in ihrem geistigen Hochmut glauben, alles daherreden zu können, das ist doch unerhört. Sie sollen doch auch ihre Fehler

eingestehen und nicht über meine Ehre eine Schippe Dreck schütten. Was der Herr Staatsanwalt sagt, ist alles eine Dichtung und zusammenphantasiert. Ich bin ein seelensguter Mensch, ich begehe auch einmal das schlimme Verbrechen, aber hier soll ich für eine Tat gerichtet werden, die ich nicht begangen habe und das lasse ich mir nicht gefallen.«

Daraufhin brach Klara Paschold zusammen und stürzte zu Boden. Nun redete ihr der Landgerichtsdirektor gut zu und allmählich beruhigte sich die Angeklagte wieder. Auf Befragen erklärte sie dann:

»Durch innere Erkenntnis bin ich heute ein anderer Mensch geworden«. Sie bedauere vor allem, Zange in die Sache hereingebracht zu haben und ergänzte:

»Aber habe ich ihn festgenommen oder Sie? Mit mir hat man ja auch gemacht, was man wollte. Nun, meinetwegen, machen Sie auch weiterhin was sie wollen.«

Dabei geriet die Angeklagte abermals in größte Erregung, weshalb der Vorsitzende ihr schließlich heftig zurief:

»Jetzt seien Sie aber endlich still!«

Die Angeklagte äußerte daraufhin und löste damit Heiterkeit im Saal aus:

»Ich fange sicher noch ein paar Mal an.«

Der Zeuge Lorenz bekundete weiter, wie die Angeklagte nach dem Widerruf ihres Geständnisses gegenüber einer Zellengenossinnen erklärt habe:

»Hingerichtet werde ich nicht!«

Daraufhin rief der Angeklagte Werner dazwischen:

»Die waren von Ihnen bestochen, Herr Lorenz!«

Worauf der Zeuge Lorenz erwiderte:

»Wir vermuteten von vornherein, daß die Paschold in Rudolstadt widerrufen würde.«

Der Verteidiger Dr. Beyer ließ sich nun mit den Worten vernehmen:

»Das erste Geständnis ist ja bereits in Leipzig abgelegt worden«, womit der Rechtanwalt auch die Rücknahme desselben durch die Angeklagte thematisierte.

Lorenz antwortete darauf:

»Das war mir damals nicht bekannt.«

Dies wiederum ließ der Verteidiger nicht stehen und bemerkte laut und ermahnend:

»Ich lege sehr großen Wert darauf, daß hier nicht unrichtige Vorstellungen über die wichtigsten Vorgänge entstehen.«

In diesem Augenblick regte sich Klara Paschold wieder auf und äußerte:

»Ich muß die Wahrheit sagen, also sollen es die Anderen auch tun. Das ist nicht nur menschliches, sondern auch göttliches Gebot!«

Im Publikum entstand Unruhe.

»Die Herren Göhler und Lorenz haben doch das ganze Unheil verschuldet. Es ist ja unverzeihlich, wie man mit mir umgesprungen ist. Ich bin derartig verdreht und verrückt gemacht worden, daß ich alles zugab, was man nur wollte. Meine Mutter hat man ja auch nicht zu mir gelassen und ihr kein Wort geglaubt.«

Der Vorsitzende Rausch versuchte, sie zu besänftigen:

»Wir werden Sie ja hier nochmals hören. Beruhigen Sie sich doch.«

Die Angeklagte kreischte daraufhin:

»Ich bin außer mir. Auch einer Mutter glauben Sie ja nicht von wegen des Verwandtschaftsverhältnisses. 2 Jahre habe ich nun bitterlich durchgekämpft, ich bin ein Mensch wie jeder andere. Ich soll hier Rede und Antwort stehen für eine Sache, die mich nichts angeht. Pfui Teufel!« Dabei spuckte die Paschold aus. *»Tag und Nacht hat man mich befragt, da muß man doch wirklich böse werden.«*

Der Vorsitzender Rausch erwiderte:

»Aber das nutzt doch nichts.«

Auf die Nachfrage des Rechtsanwalts Dr. Schauen nach ihrem Gesundheitszustand konnte bestätigt werden, daß die Angeklagte Paschold in der Untersuchungshaft 24 Pfund abgenommen hatte und ihre Menstruation seit einem Jahr ausgeblieben war – ein Beweis dafür, wie sehr die junge Frau in der Untersuchungshaft gelitten hatte. Daraufhin schrie sie:

»Ich bin doch auch ein Mensch und will mich bessern, nachdem ich früher so roh war.«

Rausch daraufhin:

»Dann müssen Sie uns aber auch etwas von dieser Besserung zeigen.«

Danach wurden Dr. Lorenz und der Angeklagte Werner nach den Einzelheiten der Zerstückelung der Kirchbergleiche befragt, wobei Letzterer bekundete, er habe der Paschold nicht mehr zusehen können, weil ihm übel geworden sei. Sie habe aber ruhig das Messer gewetzt und den Händler Kirchberg sachgemäß zerstückelt.*

Im weiteren Verlauf der Zeugenvernehmungen erwies sich Klara Paschold als eine intelligente, aber auch raffinierte Person, die den Kampf gegen alle mit der Untersuchung betrauten Beamten geschickt aufnahm und diese nicht selten in Widersprüche verstrickte. Werner dagegen machte auf die Prozeßbeobachter eher den Eindruck eines stumpfsinnigen Mannes, der die Verteidigung seiner redegewandten Mitangeklagten überließ.

Nach dem Plädoyer des Staatsanwaltrates Schwartz vom 13. Juli 1931, der für Paschold und Werner die Todesstrafe wegen Doppelmordes verlangte und für Zange wegen Mangels an Beweisen den Freispruch, kam Rechtsanwalt Dr. Beyer zu Wort. Er beantragte, ebenso wie Rechtsanwalt Höfer, die Angeklagten Paschold und Werner wegen

---

* Vgl. ebenda.

Mangels an Beweisen gemäß des Rechtsgrundsatzes »in dubio pro reo«* freizusprechen. Unter anderem sei Pascholds Vernehmung durch Dr. Göhler unzulässig gewesen und sehr brutal ausgeführt worden. Der ausgeübte Druck könnte sie zu einem falschen Geständnis bewegt haben. Außerdem lägen keine eindeutigen Beweise für die Anwesenheit der Angeklagten in der Mordnacht in Gräfenthal vor.

Rechtsanwalt Dr. Schauer plädierte für den Freispruch seines Mandanten Zange und wandte sich in seiner temperamentvollen Rede auch gegen die in der Sache geübten Verhandlungsmethoden der Leipziger Beamten.

Daraufhin zog sich das Gericht zu einer mehrstündigen Verhandlung zurück. Um 17 Uhr nachmittags erging das Urteil. Während Zange freigesprochen wurde, verurteilte das Gericht Paschold und Werner zum Tode. Die *Rudolstädter Zeitung* fing in ihrem Gerichtsreport einen Tag später die entstandene Situation wie folgt ein:

*»Der Angeklagte Werner hört den Urteilsspruch wie schon die ganze Verhandlung mit stoischer Ruhe an, Zange blickt erfreut um sich, die Paschold ist starr, wachsbleich und hochgradig nervös. Allmählich beginnt sie zu weinen und redet unzusammenhängend vor sich hin, bis sie schließlich zu Boden stürzt, einen ihrer Anfälle erleidet. Der neben ihr befindliche Oberwachtmeister hebt sie auf und hält ihre Hand.«***

Zur Begründung führte der Landgerichtsdirektor Rausch aus, das Mörderpaar habe während der Verhandlungen immer wieder behauptet, sie seien seit Weihnachten 1927 nicht wieder in Gräfenthal gewesen, sie hätten das Verbrechen nicht begehen können. Eidesstattliche Aussagen

---

* Im Zweifel für den Angeklagten.

** *Rudolstädter Zeitung* vom 14. Juli 1931.

mehrerer Zeugen widerlegten diese Aussagen. Daher stellte das Gericht fest, daß der Beweis der Anwesenheit der Mörder in Gräfenthal in der fraglichen Zeit von entscheidender Bedeutung für die Wahrheitsfindung sei. Die einstige Aussage der Paschold gegenüber dem Gefängnisarzt Dr. Göhler wurde von diesem und anderen Zeugen nochmals bestätigt. Auch der Sachverständige Prof. Dr. Hilpert stellte fest:

*»Der Zustand und das Verhalten der Paschold vor ihrem am 25. Nov. 1929 abgelegten Geständnisse war genau so, wie vor ihrem Geständnis im Kirchbergprozeß: sie zeigte ein ganz verändertes Wesen, geriet in Erregungszustände, behielt keine Nahrung mehr bei sich, und litt unter Schlaflosigkeit. Nach Ablegung des Geständnisses wurde sie psychisch wieder frei, ihr krankhafter Zustand verschwand und sie blühte ordentlich auf.«**

Die Angeklagte, so der Sachverständige, wollte sich seelisch frei machen, ihren Spannungszustand lösen. Der Gefängnisarzt habe ihr die Möglichkeit zur Lösung dieser seelischen Spannung, zur sogenannten »Abreaktion« gegeben. Aus diesem Grunde könne nicht, wie die Verteidigung versuchte glaubhaft zu machen, von äußerlichem Zwang zum Geständnis die Rede sein. Auch handele es sich bei der Paschold *»nicht um eine sogenannte pathologische Lügnerin, die hysterisch veranlagt ist und nur das Streben hat, sich durch die Rolle, die sie in den erdichteten Vorgängen spielt, interessant zu machen, oder die an sich ein inneres Vergnügen daran findet, komplizierte und interessante Situationen zu kombinieren. Auf solche Weise könnte es zu einer falschen Selbstbeschuldigung kommen, dafür fallen aber bei der Paschold die Grundlagen weg. Eine so*

---

* ThStA Rud., Staatsanwaltschaft beim Thüringischen Landgericht Rudolstadt Nr. 188.

*kalt berechnende, intelligente Person wie die Paschold, die eben zum Tode verurteilt und begnadigt ist, wird sich nicht aus Sensationslust zu einem falschen Geständnis verstehen, das für sie die schwersten Folgen haben mußte. Der Angeklagten Paschold sind aber auch bei ihren Vernehmungen keine Suggestiv-Fragen gestellt worden.«**

Schließlich hätten die vernehmenden Beamten, die alle über umfangreiche Berufserfahrung verfügten, unter Eid bestätigt, derartige Fragen nicht gestellt und die Angeklagte auch nicht unter Zwang zu einem wahrheitswidrigen Geständnis gebracht zu haben. All dies widerlege ihre Behauptung, durch eine Art mittelalterliche Tortur zum Geständnis gebracht worden zu sein.

Das Schwurgericht erachtete das Geständnis der Angeklagten vom 25. November 1929 als richtig und wahr, zumal sowohl Paschold als auch Werner kein Alibi für den Mordabend, den 17. November 1928, erbringen konnten. Für die Täterschaft spräche unter anderem auch die Geldnot Werners. Außerdem hätten die beiden sich nach der Tat sehr auffällig benommen. Klara Paschold gestand unter anderem, in der Silvesternacht von 1929 zu 1930 ihrer Mitgefangenen, der Zeugin Adam, daß sie und Werner am Mordabend in der Wohnung der Groschs gewesen waren. Werner dagegen bezichtigte gegenüber seinen Mitgefangenen, den Herren Feiste und Kops, die Paschold des Mordes an dem Gräfenthaler Ehepaar.

Das Schwurgericht war aufgrund der Indizien von der Täterschaft der am 16. Juni 1908 geborenen Ottilie Hedwig Klara Paschold und des am 7. Februar 1881 geborenen Gustav Reinhold Werners überzeugt, aber auch davon, daß außer den Genannten noch eine oder zwei andere Personen

---

* Ebenda.

an der Mordtat beteiligt gewesen sein könnten. Schließlich wurden in einem stark belegten Haus zu frühabendlicher Stunde gleich zwei Personen unbemerkt ermordet.

Dem Gräfenthaler Maler Arthur Zange, der sich durch sein Verhalten verdächtig gemacht hatte und von Klara Paschold als Mittäter stark belastet worden war, konnte vornehmlich aufgrund seines »möglichen« Alibis die Mittäterschaft nicht nachgewiesen werden. Am Abend der Mordtat, so das Urteil, habe Zange im Gasthof »Zum Schwan« in Gräfenthal gesessen und Skat gespielt, und zwar zu einer Zeit, in der die Ausführung der Mordtat möglicherweise noch nicht beendet war. Der Angeklagte Zange war daher mangels Beweises freizusprechen.

Der Mord sei in *»völliger Geistesruhe und mit kaltem Blute«* erfolgt. Die Täter hätten die Morde monatelang vorbereitet und *»von Anfang bis zu Ende im bewußten und gewollten Zusammenwirken gehandelt; Werner hat auch die Tat der Paschold und sie diejenige des Werner als eigene Tat gewollt [...]. Sie müssen auch für ihre schweren Verfehlungen strafrechtlich verantwortlich gemacht werden, da eine krankhafte Veränderung des Geisteszustandes bei keinem der beiden Angeklagten vorlag. Das steht nach dem Ergebnis der Hauptverhandlung und insbesondere nach dem Gutachten des Sachverständigen Prof. Dr. Hilpert, wonach die Paschold insbesondere eine sehr intelligente, jedoch zu Gewalttätigkeit neigende Person mit rohem Gemüt ist, einwandfrei fest.«**

Das Urteil des Rudolstädter Schwurgerichtes vom 13. Juli 1931 lautete daher:

»Die beiden Angeklagten Paschold und Werner sind schuldig, gemeinschaftlich und vorsätzlich zwei Menschen

---

* Ebenda.

getötet und die Tötung mit Überlegung ausgeführt zu haben.«[*]

Das Gericht verurteilte das kaltblütige Paar Paschold und Werner daher wegen zweifachen Mordes zweimal zum Tode nach §§ 211 sowie 47 StGB.

Nach der Urteilsbegründung wurde die Verhandlung geschlossen und Paschold sowie Werner abgeführt. Verwirrt suchte Klara Paschold wohl nach einer Fluchtmöglichkeit, denn sie kehrte immer wieder schreiend in den Verhandlungssaal zurück, bis sie schließlich mit Gewalt abgeführt wurde. Später erfuhren die Prozeßbeobachter, daß die Todesurteile mit sieben gegen zwei Stimmen gefällt wurden.[**]

Am 29. Januar 1932 lehnte das Gemeinschaftliche Landgericht in Rudolstadt eine Wiederaufnahme des Verfahrens gegen die in Waldheim einsitzenden Doppelmörder als unbegründet ab. Eine Beschwerde der Rechtsanwälte gegen besagten Beschluß wies der 1. Strafsenat des Gemeinschaftlichen Thüringischen Oberlandesgerichts in Jena am 25. Mai 1932 zurück.[***]

Einen Tag später vermeldete die *Landeszeitung Rudolstadt* unter der Überschrift *»Mordprozeß Paschold-Werner in neuer Auflage?«* in Unkenntnis des Beschlusses vom Vortag, daß die beiden Verurteilten bekanntlich in Sachsen auch einen Mord begangen hätten, aber Sachsen den Vollzug der Todesstrafe nicht kenne. Weil zwischen den beiden Nachbarstaaten Sachsen und Thüringen darüber noch Verhandlungen liefen, erfreuten sich Paschold und Werner noch des Lebens hinter Zuchthausmauern. Es

---

* Ebenda.

** Vgl. *Rudolstädter Zeitung* vom 14. Juli 1931.

*** Vgl. ThStA Rud., Staatsanwaltschaft beim Thüringischen Landgericht Rudolstadt Nr. 194.

scheine nicht ausgeschlossen, daß der Prozeß neu verhandelt werden müsse.

Während der Rudolstädter Staatsanwaltschaftsrat Schwartz in seinem Schreiben vom 8. Juni 1932 an das Thüringer Justizministerium in Weimar von einer Begnadigung der Doppelmörder abriet, vertrat der Rudolstädter Oberstaatsanwalt Scherff als Chefermittler in der Untersuchung der Morde die Ansicht, der Fall sei noch nicht restlos aufgeklärt. So sei er noch nicht im Klaren über den Umfang der Beteiligung der einzelnen Personen an der Tat. Klara Paschold hätte im Ermittlungsverfahren geäußert, sie habe nur Schmiere gestanden und es wären weitere von ihr benannte Personen an dem Verbrechen beteiligt gewesen. Sie sei erst nach der Mordtat in der Wohnung der Groschs gewesen und wisse nicht, wer von den Beteiligten die tödlichen Schläge ausgeführt habe. Wenn sie aber, so Scherff, nicht von Anfang an dabei gewesen sein sollte – was immerhin nicht unmöglich wäre, weil auch das Gericht urteilte, daß wahrscheinlich mehr als zwei Personen die Morde ausgeführt haben dürften –, blieben noch viele Fragen offen. Das Gericht habe den Aussagen der Angeklagten in vielen Fragen zu Recht keinen Glauben geschenkt. Daher könnte sie auch bei der Schilderung der Mordvorgänge gelogen haben. Außerdem habe sie sich auch dahingehend geäußert, das alles habe nicht sein müssen, es hätte sich nur um *»Pinke Pinke«** gehandelt. Wenn dies zuträfe, so könne unter Umständen nur eine Affekthandlung vorliegen, auf die hingegen keine Todesstrafe stehe. *»Und schließlich«*, so der Oberstaatsanwalt, *»dürfte jeder, der mit der Sache befaßt gewesen ist, zu der Überzeugung gekommen sein, daß die beiden nicht die einzigen Täter*

* Umgangssprachlich »Geld«.

*sind. Es ist sehr wohl möglich, daß über kurz oder lang einmal weitere Beteiligte gefaßt werden und daß sich dann die tatsächlichen Vorgänge anders herausstellen, als sie das Gericht angenommen hat. Wenn dann auch noch eine andere rechtliche Beurteilung Platz greifen müßte, würde u. U. mit der Hinrichtung der beiden Verurteilten ein Irrtum begangen sein, der nicht wieder gut zu machen wäre. Ich kann deswegen die Vollstreckung des Urteils nicht befürworten.«**

In der Folgezeit beteuerten Paschold und Werner in zahlreichen Briefen aus dem Zuchthaus Waldheim an die Justizbehörden ihre Unschuld und strebten die Wideraufnahme ihres Verfahrens an. Diese Bestrebungen wurden auch fortgesetzt, nachdem das Gemeinschaftliche Landgericht in Rudolstadt am 29. Januar 1932 die Wiederaufnahme des Verfahrens als unbegründet verworfen hatte.**

Am 7. Juli 1932 teilte das Thüringer Justizministerium aus Weimar schreibend dem Sächsischen Ministerium der Justiz in Dresden mit, daß die Thüringische Staatsregierung am selben Tag beschlossen habe, die gegen die Wirtschafterin Klara Paschold und den Dachdecker Reinhold Werner verhängte Todesstrafe in lebenslängliches Zuchthaus umzuwandeln. Ein weitergehendes Gnadengesuch erscheine jedoch ausgeschlossen.***

Klara Paschold war bis mindestens 29. April 1945 im Zuchthaus Waldheim inhaftiert. Laut eines Schreibens der Wohlfahrtspflegestelle Leipzig vom 5. September 1945 lebte sie danach in Leipzig. Daher ist von einer Entlassung der

---

* ThStA Rud., Staatsanwaltschaft beim Thüringischen Landgericht Rudolstadt Nr. 194.

** Ebenda.

*** Vgl. ThStA Rud., Staatsanwaltschaft beim Thüringischen Landgericht Rudolstadt Nr. 188.

Klara Paschold im Zuge der Befreiung des Zuchthauses Waldheim durch sowjetische Soldaten am 8. Mai 1945 auszugehen. Der polizeilichen Meldekartei der Stadt Leipzig zufolge meldete Klara Paschold am 28. April 1948 eine Wohnstelle in der Nostitzstraße 67 an. Am 15. November 1948 teilte das Standesamt Leipzig II ihren am 8. November 1948 erfolgten Kirchenaustritt mit.*

Den Dachdecker Reinhold Werner überführte die Kripo Leipzig am 23. September 1943 zusammen mit weiteren 58 Häftlingen aus dem Zuchthaus Waldheim ins Konzentrationslager Buchenwald. Werner, der die Häftlingsnummer 22240 erhielt, verstarb am 26. Januar 1944 im Saal 6 des Häftlingskrankenbaus an *»Herzschwäche bei Magen-Darmkatarrh«*, wie sich im Totenbuch des Krankenbaus nachlesen läßt.**

* Information des Sächsischen Staatsarchivs Leipzig vom 30. Oktober 2015.

** Information des Archivs der Gedenkstätte Buchenwald bei Weimar vom 30. Oktober 2015.

DER ZWEIMAL ENTLEIBTE – EIN THÜRINGER INDIZIENPROZESS (1928)

... er lügt dem Gericht etwas vor. Daraus ergibt sich, daß die Wahrheit so grausig ist, daß er sie nicht sagen kann.

Der Indizienprozeß* war deutschlandweit angekündigt worden. Es sollte ein Sensationsprozeß werden. Der Rudolstädter Schwurgerichtssaal war zu Beginn der für mehrere Tage angesetzten Verhandlungen am 7. November 1935 vor allem durch zahlreiche Pressevertreter bis auf den letzten Platz gefüllt. Es herrschte gespannte Unruhe! Vor dem Richtertisch lagen ein Beil und ein Messer ausgebreitet.

Als Heinrich Alberding, am 16. September 1896 in Hannover geboren und Ingenieur von Beruf, den Saal betrat, wurde es sofort still. Alle Augen richteten sich auf den Mann, der so lange mit den Ermittlungsbehörden Katz und Maus gespielt hatte. Würde sich diese Tendenz im Prozeß fortsetzen? Der Angeklagte, der bereits seit über einem Jahr in Untersuchungshaft saß, war bestimmt nicht häßlich. Manch einer mochte ein wenig Ähnlichkeit zu dem

* In einem Indizienprozeß versucht die Staatsanwaltschaft den Richter von der Schuld des Täters mittelbar durch Indizien zu überzeugen. Ein Indiz für sich alleine genommen reicht dabei nicht zur Verurteilung aus. Aber die Summe der Indizien (Indizienkette und Indizienreihe) soll ein derartiges Gesamtbild ergeben, daß die Täterschaft zur vollen Überzeugung des Gerichts feststeht.

deutschen Schauspieler Theo Lingen erkennen, freilich wenn man sich den Schnurrbart wegdachte. Der 1,68 Meter große Alberding war schmächtig. Die dichten glatten dunkelblonden und zu einem Scheitel gekämmten Haare paßten zu seiner Konfiguration. Sein bleiches Gesicht mit der hohen Stirn, den braunen Augen und den breit aufgeworfenen Lippen vermittelte irgendwie etwas Treuherziges. Und dieser Mann sollte ein bestialischer Mörder sein? In der Anklageschrift der Staatsanwaltschaft wurde dem vorbestraften Heinrich Alberding, verheiratet, Vater von vier Kindern, vorgeworfen, Anfang 1928 in der Flur Wittmannsgereuth* bei Saalfeld eine unbekannte Person vorsätzlich und mit Überlegung getötet zu haben, um sich in den Besitz einer kurze Zeit vorher abgeschlossenen Lebensversicherung zu bringen.

Punkt neun Uhr begann die Verhandlung, die der Landgerichtsrat Grüttner führte. Die Anklage vertrat Oberstaatsanwalt Scherff. Die Verteidigung Alberdings hatte der Rudolstädter Rechtsanwalt Paul Fambach übernommen.

Was war geschehen? Am 23. August 1928, gegen 18.30 Uhr, teilte der Saalfelder Gendarmeriekommissar Reichenbächer der Weimarer Landeskriminalpolizei in einer Eilmeldung mit, daß in den Nachmittagsstunden des genannten Tages Heidelbeersucher eine schreckliche Entdeckung gemacht hätten. An einer etwas freien Stelle des mit dichtem Unterholz bewachsenen, ziemlich steilen und nach Norden abfallenden Hanges des sogenannten Tales bei Wittmannsgereuth wollten sie eine stark skelettierte männliche Leiche gefunden haben. Der Schädel war

* Der Angeklagte hatte seinen Wohnsitz in Hessen. Die ermordete Person wurde jedoch in Wittmannsgereuth aufgefunden. Da dieser Ort im Gerichtssprengel des Thüringischen Landgerichts Rudolstadt lag, fand der Gerichtsprozeß in der Stadt unterhalb des Schloßes Heidecksburg statt.

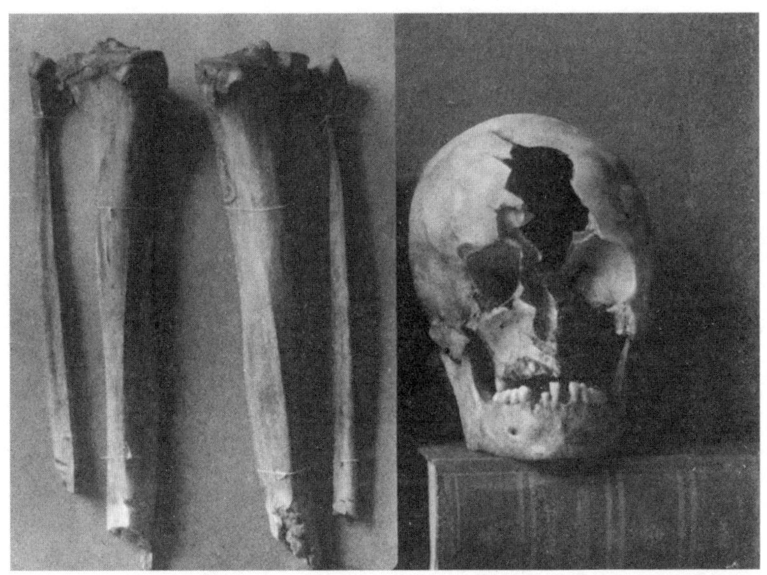

Knochen und Schädel des bei Wittmannsgereuth aufgefundenen Toten, aufgenommen vom Thüringischen Landeskriminalamt (Landeserkennungsdienst) am 24. August 1928.

von vorn zertrümmert. In der Stirn befand sich ein großes Loch und verschiedene Zähne waren ein- und ausgeschlagen. Wie im späteren Obduktionsbefund weiter festgestellt wurde, waren die Füße an den Unterschenkeln abgehackt worden. Sie blieben verschwunden. Der oder die Mörder hatten das Opfer ganz offensichtlich getötet, verstümmelt, mit Petroleum übergossen und dann angezündet, um die Spuren des Verbrechens zu verwischen.

Auf der Leiche lagen ein schwarzgrauer Lodenmantel, eine dunkle Jacke, eine Hose, eine Weste und eine zusammengeknüllte, weißwollene Unterhose. In der Westentasche entdeckten die herbeigerufenen Ermittler eine Taschenuhr mit goldener Kette und der Signatur *H. Alberding Fulda*. An einem Finger steckte ein Trauring mit den Initialen

Leichenfund im Wald bei Wittmannsgereuth, aufgenommen vom Thüringischen Landeskriminalamt (Landeserkennungsdienst) am 24. August 1928.

Einschußstelle am seitlichen Hinterkopf des aufgefundenen Schädels der Leiche.

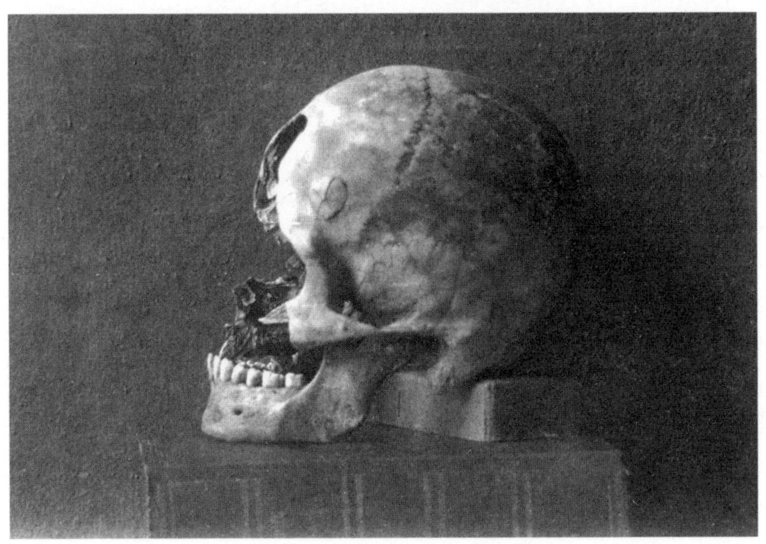

Ausschußöffnung an der Stirn des aufgefundenen Schädels der Leiche.

M.T.1920. Des weiteren fand man in anderen Taschen ein Schlüsselbund sowie ein Taschenmesser. Zwischen Stoffetzen steckte ein Brief, der – ebenso wie die Kleidungsstücke – Brandspuren aufwies, aber noch vollständig zu lesen war und folgende Sätze beinhaltete:

*»Meine Briefbeförderung ist entdeckt worden von meinem Begleiter, [...]. Ich soll mich jetzt auf meine letzte Fahrt rüsten. Sollte mir je etwas zustoßen so wird gebeten der Kriminalpolizei Fulda sofort Mitteilung zu machen. Meine Adresse ist Heinrich Alberding Fulda Marktstraße 24. Was in Zukunft mit mir geschieht, ist auf Veranlassung von Burgmayer und Kemnitzer geschehen und ich bitte um Strafverfolgung gegen beide. H. Alberding.«**

Im Schädel der Leiche klapperte das Stahlmantelgeschoß eines 6,35 Millimeter Kalibers. Am Hinterkopf war eine entsprechende Einschußöffnung sichtbar. In der Nähe des Fundortes lagen ein Teil des Verschlußetiketts einer Spiritusflasche sowie unter dem Kopf die Reste einer verbrannten Zeitung, die sich als die Nr. 37 des *Fränkischen Kuriers* vom 6. Februar 1928 herausstellten. Einige Bäume in der Nähe wiesen Brandspuren auf. Vieles deutete darauf hin, daß die grausame Tat nicht an der Fundstelle, sondern an einem anderen Ort verübt und die Leiche erst später in das Dickicht gezogen wurde.

Wenige Tage nach dem Fund des Toten hatten verschiedene Zeitungen über den beunruhigenden Fall berichtet. So wurde mitgeteilt, daß Beeren suchende Frauen im Wittmannsgereuther Tal eine stark verweste Person gefunden hätten und das Landeskriminalamt in Weimar Untersuchungen eingeleitet, aber im Interesse der Aufklärung noch keine Einzelheiten bekannt gegeben habe. Jedoch sei noch

---

* ThStA Rud., Staatsanwaltschaft beim Thüringischen Landgericht Rudolstadt Nr. 176.

nicht geklärt, ob es sich im vorliegenden Fall um Selbstmord oder Mord handele.

Da die bei der Leiche gefundenen Utensilien von der Frau und dem Vater des Angeklagten als Eigentum des Heinrich Alberding erkannt wurden, nahmen die Ermittler zunächst an, es handle sich bei dem Toten um den Jahre später vor dem Rudolstädter Gericht stehenden Angeklagten. Zumal Heinrich Alberdings Frau, die am 5. Oktober 1898 in Nürnberg geborene Magdalene Thonnert, ihren Mann seit dem 1. Januar 1928 nicht mehr in der gemeinsamen Wohnung in der Fuldaer Marktstraße 24 gesehen hatte. Bei der Polizei in Fulda meldete sie ihn in mehreren Anzeigen als vermißt, da er von einer Reise nach Frankfurt am Main nicht zurückgekommen sei.

Der Verdacht einer Straftat an Heinrich Alberding erhärtete sich, als die Fuldaer Polizei ihren thüringischen Kollegen den Inhalt eines Eilbriefes mitteilte, eingegangen am 8. Februar 1928:

»27. oder 28. Januar 1928.

An die Kriminalpolizei Fulda.

Nachdem es mir gelungen ist, meiner Wirtin einige Bogen Briefpapier aus dem Korbe zu entwenden, mache ich den Versuch, Licht in mein unerwartetes Verschwinden zu bringen. Ob mir dies glücken wird, bleibt dem Zufall überlassen. Am 1. Januar 1928 wurde ich kurz hinter Schlüchtern von einem in meinem Abteil mitfahrenden Herrn um Feuer gebeten. Als Gegenleistung überreichte er mir eine Zigarre und nötigte mich auch gleich dieselbe anzustecken. Mit einem widerwärtigen, süßlichen Geschmack kam ich wieder zu mir und befand mich gebunden in einem Auto. Nach längerer Zeit kam H. Kemnitzer, Nürnberg, Wodanstr. in*

---

* Der Ort liegt zirka 30 km von Fulda entfernt.

den Wagen, lachte mich höhnisch aus und erklärte meinem Begleiter (der mir unbekannt ist) vorläufig zu handeln wie vereinbart.

Was hat der Mensch denn für Wertsachen bei sich, war eine weitere Frage. Es wurde ihm dann alles von meinem Begleiter gezeigt und aufgezählt, worauf Kemnitzer mein Portemonnaie mit 940 M in Papiergeld meinem Begleiter übergab mit den Worten ›Da ham Se vorläufig erst Handgeld‹. Alle anderen Sachen wurden mir belassen, auch 3,20 M Kleingeld welches ich in der Westentasche hatte. Dann ging meine Fahrt weiter, worauf ich längere Zeit in dem haltenden Wagen verblieb, um dann mit verbundenen Augen in einen einfachen (ohne jegliches Fenster) nur mit elektrischem Licht ausgestatteten Haus untergebracht zu werden. In diesem befinde ich mich heute noch. Klage über schlechte Behandlung kann ich nicht führen, auch wird der Raum von einer jüngeren Frau, vermutlich der Frau meines Begleiters, gereinigt. Da ich absolut keine Geräusche wahrnehmen kann, muß sich mein Aufenthaltsraum in einem völlig leerstehendem oder Hinterhause, Nebengebäude oder etw. Ähnlichem befinden. Alle paar Tage werde ich per Auto Kemnitzer dann mal dem Vertreter L. Burgmayer in Regensburg zugeführt zum Verhör bzw. zu Verhandlungen.

Mit diesen beiden prozessiere ich seit etwa März 1927, ohne daß der Prozeß bis heute ein Ende gefunden hätte. Auch hatte ich 1927 gegen beide Betrugsanzeige erstattet, die später von Nürnberg aus verworfen wurde. Während meine Betrugsanzeige lief, schweben noch 12 oder 13 Betrugsanzeigen gegen Kemnitzer bei der Staatsanwaltschaft Nürnberg. Wie diese verlaufen sind, weiß ich nicht. Jetzt war es mir gelungen, durch Zufall dahinter zu kommen, daß die beiden Herren seit Jahren einen umfangreichen Rauschmit-

telhandel im Geheimen betreiben und habe beiden brieflich von meiner Entdeckung etwa Mitte Dezember 1927 Bescheid gegeben. Burgmayer habe ich außerdem mitgeteilt, daß ich ihn wegen einer Eidesleistung in Sachen Kemnitzer/Alberding meineidig machen werde. Das Gleiche teilte ich auch brieflich meinem Anwalt, Herrn H. Landau, Nürnberg, mit. Burgmayer hatte ich vor Eidesleistung schon brieflich zu verstehen gegeben, daß ich ihn des Meineides überführe, falls er seine Aussage beeidigt. Wie ich heute weiß, bin ich seit Ankunft dieser Briefe von meinem ständigen Begleiter und Logisherren schon in Fulda beobachtet worden, auch hat der Wagen, in welchem ich später befördert wurde, sich in unmittelbarer Nähe aufgehalten. Meine Reise nach Frankfurt a/M. kam also den beiden sehr gelegen zur Verwirklichung ihres Vorhabens. Ich werde nun fortgesetzt von Kemnitzer, dann wieder von Burgmayer nach der Quelle gefragt, die mir von dem Rauschmittelhandel Mitteilung gemacht hat, um den Verräter unschädlich zu machen. Auch soll ich Unterschriften leisten auf unbeschriebenem Papier. Ich habe mich von jeher, und werde es auch weiter tun, bereit erklärt den geforderten Wünschen nachzukommen, sobald ich auf freiem Fuß bezw. in der Öffentlichkeit sei. Burgmayer hat mir darauf erklärt, ›mir den Schädel einzuschlagen sofern ich auf meine Dickköpfigkeit bestände‹. Da mir aber jegliche Garantien fehlen, nach Erfüllung der Wünsche auf freien Fuß gelassen zu werden, bleiben alle Versuche meiner beiden Gegner ergebnislos. Ich werde nun versuchen, diesen Brief bei einer meiner nächsten Vorführungsfahrten los zu werden, und bitte die Kriminalpolizei, nur meiner Frau hiervon Mitteilung zu machen, und alles Erdenkliche zu versuchen, um mich aus den Händen der beiden Betrüger zu befreien. Alles andere kann dann gegen beide unternommen werden, wenn ich mich auf freiem

Fuße befinde. Ich werde einstweilen weitere Notizen über meine Beobachtungen führen, und diese in meinen rechten Rockärmel zwischen Futter und Tuch vor unberufenen Augen schützen, bis es mir möglich ist, die Mitteilungen wieder los zu werden. Da ich keine Briefmarken habe, werde ich dieses Schreiben in ein zweites Couvert stecken und das Postamt bitten, den Brief schleunigst zu befördern. Daß meine Aussagen alle der Wahrheit entsprechen, erkläre ich hiermit an eidesstatt. H. Alberding.«[*]

Dieser Brief ließ aufhorchen. Schon bald konnte man annehmen, daß ein Mord an Alberding im Bereich des Möglichen lag. Aber es kam anders.

Besagter Burgmayer aus Regensburg, so konnte ermittelt werden, war der Vertreter des Fabrikanten Kemnitzer in Nürnberg. Der Angeklagte Alberding hatte im Januar 1926 auf Empfehlung Burgmayers 15 Zentner eines von Kemnitzer hergestellten Waschmittels erworben, aber nicht absetzen können und fühlte sich dadurch um die Summe von 455 RM betrogen. Die Angelegenheit wurde von Heinrich Alberding und anderen Abnehmern in einem Betrugsverfahren gegen Burgmayer und Kemnitzer zur Anklage und Verhandlung gebracht, die mit einer Niederlage der Kläger endete. Diese Erkenntnisse ließen die Briefe Alberdings in einem anderen Licht erscheinen.

Einige Wochen später fand die Kriminalpolizei bei einer erneuten Ortsbegehung in der Nähe des Leichenfundortes, versteckt in einem Baumstumpf, ein Beil, ein größeres Messer, eine verschlossene Spiritusflasche, ferner noch fünf Zähne und verschiedene Zahn- und Knochensplitter, Fingernägel sowie Kleidungsreste. Die Zähne paßten, wie

---

* ThStA Rud., Staatsanwaltschaft beim Thüringischen Landgericht Rudolstadt Nr. 178.

durch den renommierten Jenaer Sachverständigen Prof. Dr. Ernst Giese in Jena in seinem umfänglichen Gutachten festgestellt wurde, in das Gebiß des aufgefundenen Toten. Giese wies auch durch die Nutzung neuester wissenschaftlicher Methoden nach, daß es sich bei dem aufgefundenen Mann nicht um Alberding handeln konnte, da die skelettierte Leiche von einem Menschen stammte, der deutlich jünger als der Angeklagte und von einer anderen Körpergröße gewesen war.

Als sich herausstellte, daß der Angeklagte drei Wochen vor seinem Verschwinden mehrere hohe Lebens- und Unfallversicherungen abgeschlossen hatte, verdichtete sich der Verdacht, daß er einen Mord begangen und anschließend sein Verschwinden vorgetäuscht hatte, um die mit dem vierten Kind schwangere Ehefrau und sich selbst in den Besitz hoher Versicherungssummen zu bringen. Schließlich hätten die mit zwei Gothaer Versicherungen

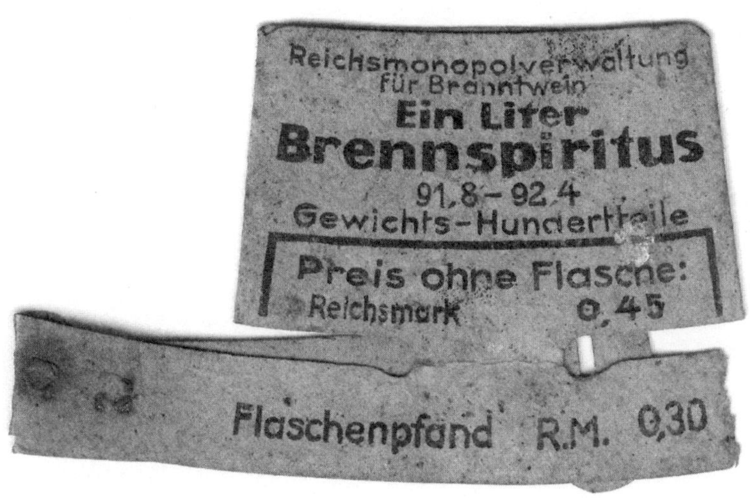

Etikett der aufgefundenen Brennspiritusflasche.

Am Leichenfundort im Wald bei Wittmanns-gereuth aufgefundenes Beil und Messer.

Heinrich Alberding.

abgeschlossenen Verträge im Falle seines Todes die Familie mit 60.000 Mark abgesichert.

Daraufhin wurde der Ingenieur Heinrich Alberding steckbrieflich gesucht, aber alle Nachforschungen nach seinem Verbleiben im In- und Ausland verliefen erfolglos. Zahlreiche Wohnungsdurchsuchungen bei ihm im Lauf der folgenden Jahre blieben ergebnislos. Alberding blieb verschwunden und es schien, als würden der oder die Mörder des im Wittmannsgereuther Tal aufgefundenen Mannes nie ermittelt werden. Am 18. Juni 1934 – sechs Jahre waren bereits ins Land gegangen – gelang es bei einer Routinekontrolle überraschend, den Angeklagten in seiner Wohnung in Fulda, wo er im Kinderschlafzimmer unterm Bett liegend gefunden wurde, zu verhaften. Er wurde ins thüringische Rudolstadt überstellt, wo ihm der Prozeß zu machen war.

Später gab Heinrich Alberding zu, daß er meistens in seiner Fuldaer Wohnung gewesen sei und, wenn die Polizei kam, sich immer hinter dem Küchenherd versteckt habe.

Alberding, so hatte das Prozeßpublikum schon zuvor aus der Presse erfahren, war der Sohn des Bauunternehmers Phillipp Alberding und dessen Gattin Emma, geborene Henze. Vom zehnten Lebensjahr an besuchte er die Oberschule in der hessischen Stadt Fulda. Hier bereitete er den Lehrern große Schwierigkeiten und wurde schließlich nach drei Jahren entlassen. Alberding besuchte in der Folge die Goethe-Schule in Offenbach, die er – mit beinahe 18 Jahren – Ostern 1914 verließ. Mit Ausbruch des Ersten Weltkrieges trat er seinen Dienst beim Heer an. Nach Kriegsende besuchte Alberding schließlich verschiedene technische Schulen, zuletzt das Technikum in Arnstadt. Hier lernte er auch seine spätere Frau kennen,

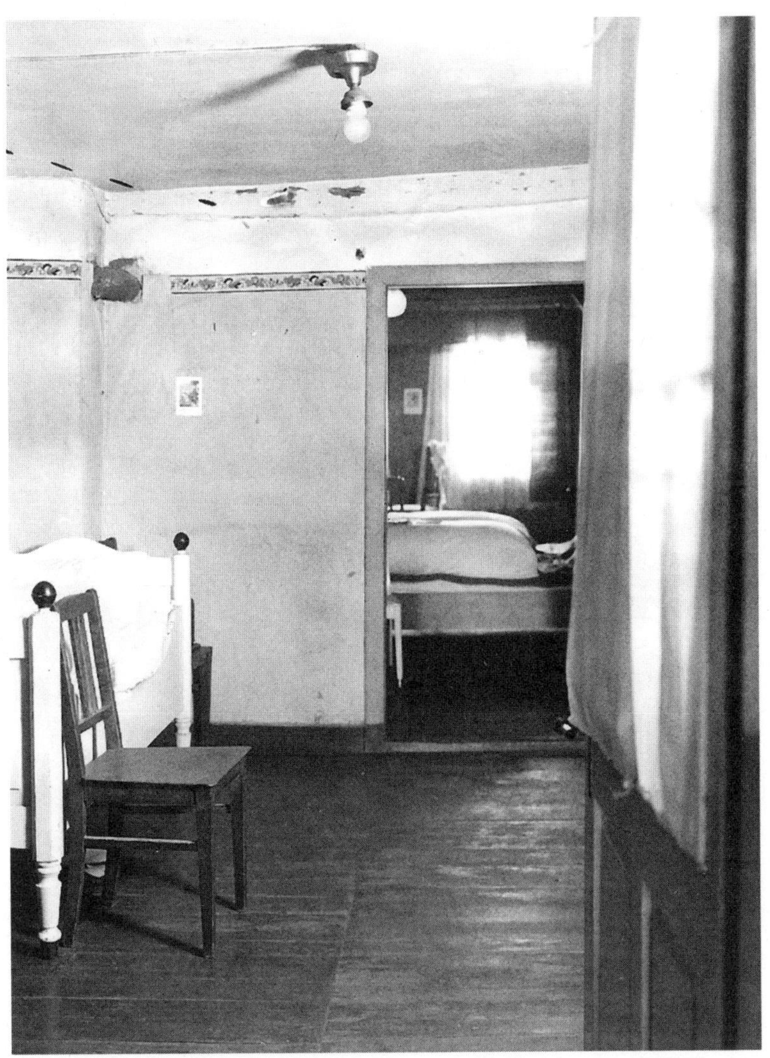

Blick vom Wohnzimmer der Alberdingschen Wohnung in Fulda, Marktstraße 24, durch das Kinderzimmer, das sogenannte Dunkelzimmer, zum Schlafzimmer der Eheleute Alberding. Unter dem weißen Bett im Kinderzimmer – davor steht ein Stuhl – wurde Alberding am Tag seiner Festnahme vorgefunden (aufgenommen am 11. April 1935, 14.30 Uhr).

Versteck des Heinrich Alberding hinter dem Küchenherd in der Wohnung der Alberdings (aufgenommen am 11. April 1935, 14.30 Uhr).

die er wenig später gegen den Willen seiner Eltern ehelichte. Das Verhältnis der Ehegatten, so war zu lesen, soll schon bald nach der Heirat kein allzu harmonisches mehr gewesen sein.*

* Vgl. ThStA Rud., Staatsanwaltschaft beim Thüringischen Landgericht

Nahaufnahme von dem Versteck des Alberding hinter dem Küchenherd. Kriminalsekretär Große in sitzender Stellung.

Alle Umstände deuteten darauf hin, so Oberstaatsanwalt Scherff bei der Verlesung der Anklageschrift, daß der Angeklagte den Mord begangen habe, um durch seinen angeblichen Tod die Ehefrau und damit auch sich selbst in den Besitz der hohen Versicherungssummen zu bringen. Zu Beginn der Beweisaufnahme griff der Angeklagte zwar in moderatem Ton, aber zum Erstaunen des Publikums ungewohnt heftig das Gericht wegen der Verhandlungsführung an, die er als ungesetzlich und verbrecherisch bezeichnete. Freilich, um gleich die Forderung nach seiner sofortigen

---

Rudolstadt Nr. 178.

Freilassung und Aussetzung der Verhandlung zu erheben, da er den Mord nicht begangen habe. Die wirklichen Mörder würde er kennen, ihre Namen könne das Gericht aber nur dann von ihm erfahren, wenn man ihm und seiner Familie die notwendigen Sicherheiten gegen die bedrohlichen Feinde garantiere.

Alberdings Vorwürfe wies das Gericht erwartungsgemäß zurück und betonte, daß er schließlich unter schwerem Mordverdacht stehe und wohl seine Einlassungen selbst nicht glauben würde. Die wahren Mörder zu kennen wurde ihm ebenfalls abgesprochen. Schließlich hatte er während der Voruntersuchungen zugegeben, daß die Entführung durch Burgmayer und Kemnitzer von ihm frei erfunden sei, um sich wegen des verlorenen Prozesses zu rächen.

Nun tischte der Angeklagte eine neue Mordgeschichte auf und sah sich genötigt, die vermeintlichen Mörder des im Wittmannsgereuther Tal aufgefundenen Mannes preiszugeben. Danach wären drei Geschwister namens Gossow aus Tropatschow, von denen einer mit dem Vornamen Edgar angesprochen wurde, für die grausige Tat verantwortlich. Deren Aufenthaltsort kenne er nicht. Möglicherweise hielten sich die Genannten unter falschem Namen noch in Deutschland auf oder seien ins Ausland geflüchtet. Mit verblüffender Gerissenheit erklärte der Angeklagte in ruhigem und glaubhaft wirkendem Ton, daß er auf einer Bahnfahrt von Fulda nach Frankfurt am Main eine junge Frau kennengelernt habe, die etwa 22 Jahre alt gewesen sei. Sie habe ihren treulosen Freund mit der Pistole ihres Bruders erschossen, vertraute sie ihm an. In einem Koffer habe sie die Kleidungsstücke des Erschossenen mit sich geführt. Nach Angaben der jungen Frau sei der Tote Alberding vom Erscheinungsbild ähnlich gewesen. Daher wäre dem Angeklagten der Gedanke gekommen, sich seiner Papiere zu entledigen, die ihm ohnehin wegen einer Vorstrafe hinderlich gewesen seien, und sich für tot zu erklären. Überdies tat ihm die junge Frau leid. Und da er so oder so vorhatte, nach Amerika auszuwandern, habe er ihr zur Vertuschung der Tat den Vorschlag unterbreitet, seine Kleider gegen die des toten Bräutigams zu tauschen. Nach anfänglichem Sträuben soll die junge Frau eingewilligt haben. Am 5. Februar 1928 wäre sie, die ihm ein Bild mit dem Schriftzug *»L. Gossow«* reichte, mit einem ihrer Brüder in seiner Fuldaer Wohnung aufgetaucht, um sämtliche Kleidung zu tauschen und den Brief zu übernehmen, der später bei der Leiche gefunden werden sollte. In einem Koffer hätten sie auch die Werkzeuge aufbewahrt, die vor dem Richtertisch lagen.

Auch diese Variante wurde vom Gericht stark in Zweifel gezogen, und Alberding verstrickte sich auf Nachfragen immer wieder in neue Widersprüche. Tropatschow ließ sich zum Beispiel in keinem Atlas finden. Alberding konnte zudem nicht angeben, wo dieser Ort liegen solle.

Der Höhepunkt der Spannung im Gerichtssaal wurde durch die Vernehmung der Ehefrau Alberdings erreicht. Als sie den Gerichtssaal betrat, schickte die attraktive Frau nur einen kurzen Blick zu ihrem Mann. Bei der Vernehmung wirkte sie nervös und konnte sich an viele Vorgänge nicht erinnern. Entschuldigend gab sie deshalb vor, sie hätte in den letzten Jahren viel durchmachen müssen. In einer zeitgenössischen Zeitung vom 9. November 1935 ist darüber zu lesen:

»Sie will aussagen, erklärt sie. Ohne jede Scheu macht sie ihre Aussage, wobei sie aber des Öfteren geschwächtes Erinnerungsvermögen vorgibt, wenn die Fragestellerei des Vorsitzenden etwas ›brenzlich‹ wird. Als ihr Ehemann damals am 1. Januar 1928 in Frankfurt gewesen sei, sei er abends etwas aufgeregt wiedergekommen und habe

etwas von einem Geschäft mit einem Mädchen erzählt, ohne Näheres anzugeben. Dann habe er sich dauernd in der Wohnung versteckt gehalten, weil er angeblich etwas zu befürchten habe. Was dies sei, habe er aber nicht sagen wollen. Sie habe dann auf Wunsch ihres Mannes sein Verschwinden bei der Polizei gemeldet. Nach der Auffindung der Leiche bei Wittmannsgereuth habe sie dann wiederholt auf Verlangen ihres Mannes den Totenschein angefordert. Sie habe aber im Übrigen nicht gewußt, was es damit für eine Bewandtnis gehabt hätte. Im April 1934 sei ihr Mann dann nach Belgien, um dort Arbeit zu finden, sei aber im Juni 1934 schon wieder zurückgekommen, wo er schon am Tage seiner Ankunft in der Wohnung verhaftet wurde.

Bezeichnend für die Moral der Angeklagten ist die Antwort, welche die Frau auf die Frage, wovon sie eigentlich gelebt habe, gab. Frau Alberding erklärte, sie habe eine reichliche Unterstützung vom Wohlfahrtsamt erhalten, aber auch von ihrem Geliebten, einem jetzt in Marburg lebenden Arzt, habe sie Geld bekommen.

Als ihr Mann hinter das Verhältnis gekommen sei, habe er dem Arzt mit einer Klage gedroht, davon aber Abstand genommen, als ihm von dem Mann 3000 Rm. gegeben wurden.«[*]

Zu den Alberding erheblich belastenden Zeugen gehörte Frau de la Rama aus Frankfurt am Main. Kennengelernt hatte der Angeklagte die gut aussehende Dame über eine Zeitungsannonce, in der er *»eine Frau für einen in Amerika lebenden Freund«* suchte.

Kurz nachdem sich die beiden kennengelernt hatten, zog die neue Bekannte 1926 als Untermieterin in die Alberding-

* ThStA Rud., Staatsanwaltschaft beim Thüringischen Landgericht Rudolstadt Nr. 178.

sche Wohnung in Fulda. Weil der Angeklagte ihr jedoch zudringlich geworden war und sie dazu noch aufgefordert hatte, einen Eid zu leisten, durch den er zu Geld kommen könne, zog sie Ende Dezember 1927 wieder aus. Empört stritt Alberding die Behauptungen der Frau de la Rama ab, sie zu einem Eid bewegt haben zu wollen. Außerdem hätte er sie lediglich einmal in einer Weinlaune geküßt.

Am dritten und letzten Verhandlungstag erhob sich Oberstaatsanwalt Scherff und versuchte die völlige Unglaubwürdigkeit des Angeklagten nachzuweisen, indem er die *»Gossow-Lüge«* wie eine Seifenblase zum Platzen brachte.

Der Vertreter der Anklage führte aus:

*»Es gibt einen Mann namens Gossow, er war russischer Kriegsgefangener, verübte im Jahr 1920 in Deutschland drei Raubmorde und wurde vom Schwurgericht Greifswald 1921 dreimal zum Tode verurteilt. Im gleichen Jahr wurde er mit vier Komplizen an Rußland ausgeliefert, und seit dieser Zeit wird steckbrieflich nach ihm gefahndet, sodaß er unmöglich in Deutschland gewesen sein kann. Der in Greifswald verurteilte Schwerverbrecher hieß nicht Edgar, sondern Fetka, konnte überhaupt nicht deutsch sprechen und schreiben. Sein Namenszug waren drei Kreuze. Dieser Gossow gab an, aus Tropatschow zu stammen, doch waren diese Angaben falsch, denn einen Ort dieses Namens gibt es nicht.«**

Wie aber war Alberding zu dem Namen gekommen? Scherff erklärte dazu, daß im Rudolstädter Gerichtsgefängnis 1934 Blätter alter Steckbriefregister als Klopapier benutzt wurden, und der Angeklagte so mit dem Fall Gossow in Verbindung gekommen sein muß. Gossow habe übrigens weder eine Schwester noch einen Bruder gehabt.

---

* Ebenda.

Der Thüringer Versicherungsmörder zum Tode verurteilt

Alberdings Lügengewebe wird vom Staatsanwalt zerstört — Der Steckbrief als Klosettpapier

Rudolstadt, 9. November

Nach dreitägiger Verhandlung verurteilte das Schwurgericht Rudolstadt den 48jährigen Heinrich Alberding aus Fulda wegen Mordes zum Tode. Alberding war beschuldigt, im Jahre 1928 in einem Walde in Thüringen einen Mann ermordet, ihn dann in sein Auto gesetzt und den Wagen mitsamt der Leiche verbrannt zu haben. Um seinen eigenen Tod vorzutäuschen und seiner Frau eine Lebensversicherung von 60 000 Mark zukommen zu lassen, habe er der Leiche seine Papiere zugesteckt. Alberding leugnete die Tat hartnäckig bis zum letzten Moment.

Die Verhandlung brachte heute eine außerordentlich dramatische Szene. Alberding, dessen Tat in der Ausführung der des Leipziger Versicherungsmörders Tetzner ähnelte, hatte am ersten Tage des Prozesses angegeben, er kenne die Mörder, es seien drei Geschwister namens Gossow aus Dropatschow. Dabei hatte der Angeklagte erklärt, er glaube, es sei auch ein Steckbrief gegen einen Gossow erlassen worden. Der Staatsanwalt hatte sich daraufhin sofort mit der Kriminalpolizei in Verbindung gesetzt und als er heute das Ergebnis seiner Ermittlungen darlegte, brach das Lügengewebe Alberdings zusammen. Der von dem Angeklagten als Mörder bezeichnete Gossow lebt nicht in Deutschland. Es ist ein ehemaliger russischer Kriegsgefangener, der 1920 drei Raubmorde begangen hatte und 1921 in Greifswald dreimal zum Tode verurteilt wurde. Noch im gleichen Jahre aber wurde er im Austauschwege nach Rußland abgeschoben. Seit dieser Zeit wird nach ihm steckbrieflich gefahndet für den Fall, daß er wieder nach Deutschland zurückkehren sollte. Gossow, der keine Geschwister hat, gab an, daß er aus Dropatschow stamme, aber diesen Ort gibt es nicht.

Der Staatsanwalt enthüllt dann, wie Alberding wahrscheinlich dazu kam, Gossow als Täter zu bezeichnen. In dem monatlich erscheinenden Steckbriefregister werde der Name Gossows noch geführt. **Nun sei im Rudolstädter Gerichtsgefängnis ein solches Steckbriefregister als Klosettpapier verwandt worden, und Alberding habe wohl ein solches Blatt gelesen, auf dem Name und Wohnort des Gossow angeführt war. Auf diese Weise sei er dazu gekommen, ihn als den Mörder des in Thüringen tot aufgefundenen unbekannten Mannes zu bezeichnen.**

In der Urteilsbegründung heißt es, daß Alberding des vorsätzlichen Mordes überführt sei, obwohl er leugne. Man habe zwar keine Zeugen, aber in Würdigung aller Umstände müsse man zu der Ueberzeugung kommen, daß der Angeklagte der Täter gewesen ist. Alles, was er angebe, sei Lüge. Daraus ergebe sich, daß die Wahrheit so grausig sei, daß er sie nicht anzugeben vermöge. Zweifellos habe Alberding den unbekannten Mann erschossen, um sich in den Besitz der Versicherungssumme zu bringen. Daß er einer solchen Tat fähig sei, bewiesen die im Laufe der Verhandlung festgestellten mehr als minderwertigen Charakterzüge.

Artikel der Berliner Morgenpost vom 10. November 1935 über den Rudolstädter Indizienprozeß gegen Heinrich Alberding.

Damit war den Darstellungen Heinrich Alberdings der Boden entzogen. Die Enthüllungen des Oberstaatsanwaltes hatten entscheidende Bedeutung für die Fortführung des Verfahrens. Diese blieben – und das registrierten auch die Prozeßbeobachter – nicht ohne Wirkung auf den Angeklagten, der sich nun sichtlich erschüttert zeigte und einzusehen begann, daß seine Lage aussichtslos war. Trotz der Aufforderung, nun endlich ein offenes Geständnis abzulegen, beteuerte Alberding weiterhin seine Unschuld.

In den frühen Nachmittagsstunden des 9. November 1935 begann das Plädoyer der Anklagevertretung. Scherff verwies zunächst darauf, daß der Fund der Leiche im Wittmannsgereuther Tal einen gewissen Alberding aus Fulda mit der schrecklichen Tat in Verbindung brachte. In den Voruntersuchungen und auch später habe er das Märchen von der Bahnfahrt nach Frankfurt am Main erzählt. Und dann jagte eine Lüge die andere. Die Möglichkeit, daß ein anderer der Täterschaft zu überführen sei, scheide aus. Somit bliebe nur Alberding als der Mörder übrig. Lediglich seine Frau, welcher man aber bei allem Vorgefallenen keinen Glauben schenken könne, habe sein Alibi, er wäre in der fraglichen Tatzeit zu Hause gewesen, bestätigt. Alberding wäre zwar nicht sonderlich intelligent, dafür aber ein um so gerissener Räuber, Erpresser, Verleumder und zu allem fähig. Sorgenfrei und ohne Arbeit zu leben, dies sei sein Motiv gewesen. Die Versicherungsprämien waren hoch, also habe die Tat rasch geschehen müssen, da Alberding sie nicht hätte aufbringen können. Die Tat sei mit Vorsatz und nicht im Affekt geschehen, dies beweise sein Verhalten vor dem Verbrechen. Daher beantragte der Oberstaatsanwalt die Todesstrafe.

Verteidiger Fambach wies darauf hin, daß weder der Zeitpunkt des Verbrechens, noch wie es sich abgespielt hätte in den Voruntersuchungen und während der Gerichtsverhandlungen ermittelt wurde. Man könne nur zu einer Verurteilung Heinrich Alberdings schreiten, wenn einwandfrei und lückenlos feststehe, daß der Angeklagte den Mord begangen habe. Er halte deswegen das vorhandene Material nicht für ausreichend und beantragte folglich einen Freispruch für den Ingenieur.

Daraufhin ergriff Alberding das Wort und führte aus, daß ihn unglückliche Verhältnisse zum Straucheln gebracht hätten. Mit dem Verbrechen aber habe er nichts zu tun. Er sei nur indirekt beteiligt gewesen und bitte daher um einen Freispruch.

Auf die Frage des Richters, warum er sich eigentlich verborgen hielt, gab der Angeklagte an, daß er sich nicht habe arbeitslos melden wollen. Mit seinem Täuschungsmanöver nahm er Rache an den Behörden, die er für sein Unglück mit verantwortlich machte.

Das Schwurgericht Rudolstadt verurteilte den 39jährigen Heinrich Alberding am Sonnabend, dem 9. November 1935, gegen 16 Uhr, aufgrund von Indizien zum Tode. In der vom Vorsitzenden Landgerichtsrat Grüttner, den beiden Landgerichtsräten Schreck und Morgeneyer als Beisitzer unterschriebenen und gesiegelten Urteilsbegründung heißt es unter anderem:

»Der Angeklagte ist als Sohn eines gutsituierten Baumeisters aufgewachsen, der zunächst die Not des Lebens nicht kennen gelernt hat. Er ist an sich nicht unbegabt, hat aber schon als Schüler der Oberrealschule in Fulda, die er von Ostern 1907 bis Herbst 1910 (zuletzt in der Quarta) besuchte, seinen Lehrern große Schwierigkeiten gemacht. Er war dann auf der Goethe-Schule in Offenbach, die er Ostern 1914 mit der Berechtigung zum Einjährigendienst verließ. Den Krieg hat er fast ganz mitgemacht, er ist da auch im Jahr 1916 zum überzähligen Unteroffizier befördert worden, und zwar teilweise beim Feld-Art.-Rgt. 47, im Übrigen bei einer leichten Munitionskolonne und bei einem Schallmeßtrupp. Zuletzt hat er sich unerlaubt entfernt. Er ist angeblich deshalb nicht zur Truppe zurückgekehrt, weil er sich von dem Treiben der Meuterer und Revolutionäre in Köln angeekelt gefühlt habe. In Fulda ist er dann nach seiner eigenen Erklärung vom Bezirkskommando als Rheinländer entlassen worden, weil er angegeben hatte, daß er nach Bingen aufs Technikum gehen wolle, obwohl

das gar nicht wahr war. Er war dann bis zum Herbst 1919 auf dem Technikum in Wismar und bis zum Dezember 1920 auf dem Technikum in Arnstadt. Hier lernte er seine Frau kennen, die in Dornheim b/Arnstadt bei ihren Großeltern lebte. Er verließ dann das Technikum ohne Examen und zog mit zu seiner Braut nach Dornheim. Da das Verhältnis nicht ohne Folgen blieb, heirateten sie im April 1921 gegen den Willen seiner Eltern. Da er infolgedessen von seinen Eltern nicht mehr unterstützt wurde, sah er sich genötigt, sich nach Arbeit umzusehen. Zu dem Zweck ging er etwa Ende Mai nach Erfurt u. Umgegend. Da er angeblich mehrfach abgewiesen wurde und in großer Not war, entriß er einer in fideler Stimmung aus einem Kaffee kommenden Dame von hinten deren Handtasche. Er wurde deswegen am 11.6.21 vom Amtsgericht Erfurt wegen Diebstahls zu 4 Monaten Gefängnis verurteilt, doch ist ihm die Strafe nach 3-jähriger Bewährungsfrist erlassen worden. Während seines Aufenthaltes in Arnstadt war der Angeklagte auch zugegebenermaßen zweimal in Saalfeld. In die Gegend des Leichenfundes will er dabei nicht gekommen sein, doch ist diese nur wenige Kilometer entfernt davon. Nach der Straftat wurde er von seiner Schwiegermutter zunächst mit nach Köln genommen. Im Sommer 1921 kehrte er nach Fulda zurück. Hier arbeitete er erst praktisch als Installateur, um angeblich die Meisterprüfung abzulegen, dann trat er mit in das Geschäft seines Vaters ein. Dieses konnte aber nicht 2 Familien ernähren. Es brach im Frühjahr 1926 zusammen (Konkurs). Infolgedessen wurde der Angeklagte arbeitslos und bat im März 1926 um Arbeit. Da wurde ihm nun angeblich von der Stadt zunächst das schamlose Angebot gemacht, Straßengräben zu reinigen und auszuheben. Diese Zumutung fand er so unerhört, daß sich darüber noch heute sein ganzer Stolz empört. Er war dann Vorarbeiter an einem städtischen Steinbruch, gab diesen Posten aber wieder auf, da er angeblich dort seines Lebens nicht sicher war, ihn auch einige Arbeiter, die er wegen Unredlichkeiten angezeigt hatte, ihrerseits des Betrugs beschuldigt hatten. Er wurde damals von der Anklage des Betrugs freigesprochen, weil das Gericht den Arbeitern nicht glaubte und nur wegen unberechtigten Waffenbesitzes mit 10 RM hilfsweise 1 Tag Gefängnis bestraft. Im Anschluß hieran soll ihm von der Stadt gesagt worden sein: ›Wenn wir gewußt hätten, daß Sie vorbestraft sind, dann hätten wir Sie überhaupt nicht beschäftigen dürfen‹ oder so ähnlich. Das soll ihn vollends ganz zur Verzweiflung getrieben haben. In das Jahr 1926 fällt auch die schon oben erwähnte Geschäftsbeziehung zu Kemnitzer und Burgmayer. Seit Oktober 1926 war der Angeklagte als Zeichner beim Telegraphen-Bauamt in Fulda angestellt, und zwar zunächst auf 1 Jahr. Es ist ihm auch am 15.9.1927 vorsorglich zum 30.9.1927 gekündigt worden, doch hatte ihm sein Vorgesetzter, der verstorbene Telegraphen-Inspektor Wolf zugesagt, daß er versuchen wolle, ihn bis zum 1.4.1928 zu halten. [...]

Wie sich aus den folgenden Ausführungen ergibt, war das ganze Sinnen und Trachten des Angeklagten darauf gerichtet, sich auf jede Art und Weise möglichst viel Geld zu verschaffen. Alberdings hatten zweifellos für ihre Verhältnisse eine ziemlich komfortable Wohnung. [...]

Bereits Anfang 1927 hatte er [Alberding] sich angeblich die Anschriften aller derartigen Versicherungsvertretungen in Kassel herausgeschrieben. Ein Fuldaer Vertreter kam angeblich deshalb nicht für ihn in Frage, weil sie ihm nicht das Haus einlaufen sollten. Ob das tatsächlich der einzige Grund war, ist fraglich, kann aber dahingestellt bleiben. Im Januar oder Februar 1927 fragte er dann bei dem damaligen Vertreter der Gothaer Lebensversicherungsbank

A.G. Kassel, namens Knieling, nach den Bedingungen einer Lebensversicherung mit 3-facher Auszahlung der Versicherungssumme bei Tod durch Unfall an. Nach seiner Angabe war das damals die einzige Versicherung, die diese Möglichkeit vorsah. Nach der Aussage des Zeugen Zielinski trifft das nicht zu. Jedenfalls ergibt sich daraus, daß der Angeklagte darauf von Anfang an großen Wert legte. [...] Bei dem darauffolgenden Besuch Zielinskis [des Versicherungsvertreters] am 10.9.1927 kam es dann zum Antrag (und im Anschluß daran auch zum Abschluß) mehrerer Versicherungen. [...] Der Angeklagte will auch alle diese Versicherungen deshalb eingegangen haben, weil er die Absicht gehabt habe, ins Ausland zu gehen und seine Familie habe sicherstellen wollen. Schon auf der Überfahrt hätte ihm leicht etwas passieren können und erst recht bei seiner Ankunft drüben, wo er mangels größerer Mittel zunächst in einer einfachen Unterkunft hätte bleiben müssen, und ihm da leicht durch einen Verbrecher hätte der Schädel eingeschlagen (!) und die paar Pfennige abgenommen werden können. [...] Der Angeklagte und dessen Frau hatten anscheinend einen ziemlich großen Geldbedarf, zu dessen Stillung ihnen jedes Mittel recht war. Es war zu erwarten, daß er spätestens am 1.4.1928 entlassen werden würde, und daß er bald nicht mehr in der Lage sein würde, die hohen Versicherungsprämien zu zahlen. Der »tödliche Unfall«, für den er sich so hoch versichert hatte, mußte also möglichst bald eintreten. Es mußte eine offenbar durch Unfall ums Leben gekommene Person beschafft werden, die allem Anschein nach für den Angeklagten gehalten werden mußte. Und das geschah durch die Ermordung des Unbekannten im Wittmannsgereuther Tal.

Darüber, wer der Tote war, wann und wie im Einzelnen die Tat ausgeführt worden ist, besteht freilich keine Klarheit.

Nach dem auf wissenschaftlichen Erfahrungen beruhenden Ergebnis der Untersuchung des Professors Dr. Giese hat es sich bei dem Toten um einen etwa 20-22jährigen Mann von etwa 1,62–1,65 m Größe mit auffallend normalem und gut erhaltenem Gebiß gehandelt. Schon deshalb konnte es der Angeklagte, der zur Zeit der Tat 31 Jahre alt und etwa 1,69 m groß war und in jeder Unterkieferseite eine Plombe hatte, nicht sein. Um die Personenungleichheit zu verdecken, schlug der Angeklagte dem von hinten durch einen tödlichen Schuß Erschossenen auch noch den Schädel bis zum Gebiß ein und [schnitt] die Füße ab [...] . Über die Zeit der Ausführung bestehen nur ungefähre Anhaltspunkte. [...] Die bei der Leiche gefundene Nummer des Fränkischen Kuriers datiert von Montag, den 6. Februar 1928. Die Tat ist also vermutlich um diese Zeit begangen worden. Aus dem Zustand der Leiche läßt sich nach dem Gutachten des Prof. Giese ein bestimmter Schluß über die Zeit der Tat nicht ziehen, da die Skelettierung im Winter, namentlich bei kalten Temperaturen, sehr langsam vor sich geht und in der warmen Jahreszeit, namentlich durch Insekten- und Würmerfraß, viel schneller. Die Leiche war nach seiner Meinung mehrere Monate alt und kann daher ebensowohl von Ende Dezember 1927 wie von Ende März 1928 herrühren.

Daß der Angeklagte in dieser Zeit dauernd in seiner Wohnung gewesen wäre, ist nicht nachgewiesen. Die von ihm behaupteten Beobachtungen, die er in den ersten Monaten nach seiner Rückkehr von Frankfurt gemacht haben will, kann er gemacht haben und die Briefe, auf die er sich beruft, kann er geschrieben haben. Das schließt aber nicht aus, daß er während dieser Zeit vorübergehend außerhalb seiner Wohnung war. Ist es ihm doch sogar Pfingsten 1929 wo doch die Nächte viel kürzer und heller sind gelungen, in der Nacht unbemerkt seine Wohnung zu verlassen und ebenso unbemerkt zurückzukehren. Die Bekundung der Frau, er sei stets zu Hause gewesen, ist nicht überzeugend, da der Frau nach ihrem persönlichen Eindruck kein Glauben zugemessen werden kann. Andererseits läßt sich auch nicht das Gegenteil beweisen. Man kann vermuten, daß der Angeklagte in dieser Zeit einige Tage fort war und dabei auch den Brief in Regensburg eingeworfen hat. Ob er die Tat vorher vollbracht hat oder danach, läßt sich auch nicht feststellen. Auf jeden Fall sollte der Inhalt dieses Briefes schon in Einzelheiten darauf vorbereiten, in welchem Zustand dann die Leiche später gefunden wurde. Möglich ist natürlich auch, daß der Angeklagte schon in der Zeit vom 1. - 2. Januar 1928 – wo über seinen Verbleib völliges Dunkel herrscht – einen Menschen ausfindig und sich gefügig gemacht hat, mit dem er sich dann später getroffen hat, um ihn unter irgend welchem Vorwand dorthin zu locken und zu töten. Weshalb auch noch die Kleider angebrannt worden sind, ist auch nicht recht erfindlich. Auf jeden Fall ist es so geschickt geschehen, daß der zwischen Stoff und Futter des rechten Rockärmels steckende Brief nur am Rande verkohlte und leserlich blieb. Daß der Angeklagte schon längst einen derartigen Plan in seinem Innern mit sich herumtrug, ergibt sich aus der Bekundung des Zeugen Postinspektor Rübesam, wonach er [Alberding] in den letzten Wochen häufig wie geistesabwesend vor sich hinstierte und dann zusammenschrak. Die bloße Sorge um die Zukunft wie er behauptet kann dazu nicht Ursache gewesen sein, denn dazu lag ein unmittelbarer Anlaß zunächst nicht vor.

Zusammenfassend ist also zu sagen: Dem Angeklagten wird zur Last gelegt, den im August 1928 im Tale bei Wittmannsgereuth gefundenen Toten vorsätzlich getötet zu haben. Er leugnet, er ist aber überführt. Zwar sind keine Zeugen der Tat vorhanden. Man ist auf die Würdigung der gesamten

Umstände angewiesen, die die Verhandlung gebracht hat und aus denen das Gericht seinen Schluß zu ziehen hat.

Er ist zunächst aufs Höchste belastet durch den Umstand, daß die Leiche seinen Trauring trug, daß seine Kleider auf der Leiche lagen, daß der von ihm geschriebene Brief in dem Rockärmel steckte. Er sagt, er habe ein vorhandenes Verbrechen benutzen und die Leiche herrichten lassen. Der Tote sei schon tot gewesen, als er von dem Verbrechen erfuhr. Die Darstellung, die er dafür gibt, ist erfunden. Wie sollte das Mädchen so töricht gewesen sein, die Leiche zu entkleiden, und mit den Sachen auf der Bahn zu reisen? Wie sollte er, dem es doch darauf ankommen mußte, die angeblich zur Mitwirkung gezwungene Täterin an ihrem angeblichen Versprechen festzuhalten, es unterlassen haben, sich genauestens über Wohnort und Wohnung zu vergewissern? [...] Wenn noch Zweifel an der Lügenhaftigkeit des Vorbringens mit dem Mädchen bestanden haben könnten, so sind sie zerstört durch die Angaben über den Namen des Mädchens zu Beginn der Hauptverhandlung. Den hat er aus einem Steckbriefregisterblatt entnommen, das ihm in seiner Gefangenschaft zugänglich geworden ist. Daß der Angeklagte von dem Mädchen den gar nicht feststellbaren Ortsnamen erfahren haben sollte, den der russische Kriegsgefangene angegeben hat, ist ganz ausgeschlossen.

Er lügt also dem Gericht etwas vor. Daraus ergibt sich, daß die Wahrheit so grausig ist, daß er sie nicht sagen kann.

Und diese Wahrheit ist, daß er den Toten erschossen hat in der Absicht, durch das Verbrechen als tot zu gelten und die Versicherungssumme zu erlangen.

Ihm ist die Tat auch durchaus zuzutrauen. Er scheut nicht davor zurück, seine Prozeßgegner Burgmayer u. Kemnitzer des Mordes zu bezichtigen, er versichert dieses an Eides-

statt, er ist des Mordes fähig. Auch seine sonstigen Charackterzüge beweisen das.

Er hat also den tödlichen Schuß in Ausführung eines von ihm erdachten Planes mit voller Überlegung abgegeben und war deshalb nach § 211 St.G.B. zum Tode zu verurteilen.

*Wegen der bewiesenen ehrlosen Gesinnung sind ihm auch nach § 32 St.G.B die bürgerlichen Ehrenrechte auf Lebenszeit aberkannt worden.«**

Rechtsanwalt und Notar Paul Fambach aus Rudolstadt legte am 13. November 1935 Revision gegen das Urteil ein. Das Reichsgericht verwarf die Revision mit Beschluß vom 23. Januar 1936. Am 8. März 1936 schrieb daraufhin Heinrich Alberding aus der Haft in Rudolstadt Abschiedsbriefe an seine Eltern in Hessen und an die Schwester Helene Will in Berlin-Neukölln.

In dem Brief an die Eltern teilte der Verurteilte mit, seinem Leben ein Ende bereiten zu wollen. Wegen der letzten Monate der dauernden Spannung für ihn und um endlich auch den Eltern Entspannung und Ruhe zu geben, werde er sein Leben durch Erhängen von sich werfen. Dank sei den Eltern für ihren Glauben an ihn und seine Unschuld gewiß, und er gelobe ihnen an dieser Stelle nochmals, noch nie im Leben einen Mord begangen, nie an einem solchen mitgewirkt oder dazu aufgefordert zu haben. Ebensowenig habe er einen Menschen erpreßt oder zur Eidesleistung aufgefordert.**

Am 9. März 1936 erhielt der Oberstaatsanwalt Scherff aus der Rudolstädter Untersuchungshaftanstalt die Meldung:

»Der zum Tode verurteilte Heinrich Alberding hat

---

* ThStA Rud., Staatsanwaltschaft beim Thüringischen Landgericht Rudolstadt Nr. 176.

** Ebenda Nr. 177.

*sich an dem Haken des Eckbrettes mit einem Handtuch diese Nacht erhängt. Als beim Aufschluß 7.15 Uhr die Tür geöffnet wurde, hing Alberding leblos an der Wand. Hauptwachtmeister Zergiebel und Oberwachtmeister Masell ließen von den Aufwärtern Alberding abnehmen und stellten sofort Wiederbelebungsversuche an, die aber erfolglos waren. Der Kreisarzt wurde sofort telefonisch benachrichtigt.«**

Damit hatte sich der Ingenieur Alberding nach seiner wenige Jahre zuvor in Wittmannsgereuth vorgetäuschten Ermordung selbst gerichtet und sich ein zweites Mal – diesmal tatsächlich – entleibt.

* Ebenda.

DER ERFURTER WELTFEIND

(1938)

... ich bin nicht geisteskrank, ich bin vollkommen normal. Aber ich weiß wohl; man hat Bedenken gegen meine Henkersmahlzeit. Ich will daher gern und großzügig, zu Gunsten des mir nachfolgenden Todeskandidaten, verzichten.

Er sah wie sie sich auf dem Erfurter* Markt mit einer Frau unterhielt und beschloß, sie auf dem Heimweg zu töten. Der Klempner Erwin Marcinkowski überquerte den Friedrich-Wilhelms-Platz, eilte in das Eisengeschäft von Cemmnitius & Hensel in der nahen Paulsstraße und erwarb dort ein schweres Beil für 1,35 Reichsmark. Sein Weg führte ihn dann auf den Markt zurück, um schließlich die verhaßte 56jährige Frau Alkenbrecher auf ihrem Weg nach Hause hinzurichten. Die Ahnungslose begab sich alsbald in Richtung ihrer Wohnung in der Ziegengasse. Sie überquerte den Fahrdamm hin zur Andreasstraße und lief weiter zur Weißegasse, ohne ihren Verfolger zu bemerken, der zunächst in angemessener Entfernung hinter ihr blieb. Vor dem Grundstück Weißegasse Nr. 37 erreichte er die Frau und hieb mit dem noch verpackten Beil auf deren Hinterkopf. Dieser erste Schlag streifte lediglich die rechte Kopfhälfte des Opfers, wobei etwas Kopfhaut abgetrennt und der Schädelknochen äußerlich ver-

* Erfurt war thüringisch, gehörte aber damals noch zum Regierungsbezirk Preußen.

letzt wurde. Die Attackierte schrie auf, drehte sich um und erkannte den Angeklagten. Mit voller Wucht schlug dieser sofort ein zweites Mal auf den Kopf der Frau und zertrümmerte deren Schädelknochen. Frau Alkenbrecher stürzte zu Boden und blieb am Rand des Fußweges in der Gosse liegen. Sie bewegte sich aber noch und stöhnte laut. Es folgte ein dritter wuchtiger Hieb mit dem inzwischen vom Papier befreiten Beil auf die Mitte des Schädels, der bis in das Hirn der Wehrlosen eindrang. Marcinkowski nahm nun zerrissenes Zeitungspapier, das in der Straße lag, und bedeckte damit den blutüberströmten Kopf seines Opfers. Noch immer röchelte Frau Alkenbrecher. Daher nahm der Mörder seelenruhig das Papier vom Kopf der Frau und schlug ein viertes Mal mit voller Kraft auf die Schwerverletzte ein, die mit dem Gesicht nach oben lag. Dieser letzte Hieb zerteilte den Schädel bis auf die Nasenwurzel, wobei das Beil tief im Gehirn der Frau stecken blieb. Der Täter richtete sich auf, kämmte seine in Unordnung geratenen Haare, zündete sich eine Zigarette an und blieb gelassen neben seinem Opfer stehen.

Ein Zeuge namens Nikolai beobachtete, wie Marcinkowski den Kopf seines Opfers regelrecht zerhackte und wie ein junger Mann zu dem gelassen dastehenden Mann hinzutrat und sagte:

»Weißt du nicht, was du gemacht hast, so was tut man doch nicht.«

Marcinkowski erwiderte kühl:

»Ich weiß voll und ganz was ich gemacht habe, die hat es verdient.«

Eine weitere Person, die Zeugin Frau Kässner, hatte die Tat vom Fenster aus beobachtet und rief dem Mörder zu:

»Du Rohling, du Strolch, so etwas macht man doch nicht.«

Dieser antwortete ungerührt:

»Halten Sie den Mund, Sie haben nichts hineinzureden. Ich bleibe schon stehen, bis die Polizei kommt.«

Tatort des Mordes an Mathilde Alkenbrecher in der Weißegasse Nr. 37 in Erfurt.

Dem Zeugen Barth rief der Täter zu:

»Holen Sie die Polizei.«

Alsbald erschien die Erfurter Kriminalpolizei am Tatort. Beim Eintreffen des Kriminalkommissars Boskamp stand Marcinkowski ruhig und teilnahmslos neben der immer noch leise röchelnden Frau. Nachdem die Sterbende ins städtische Krankenhaus gebracht worden war, verschied sie bald nach ihrer Einlieferung 11.45 Uhr vormittags an den

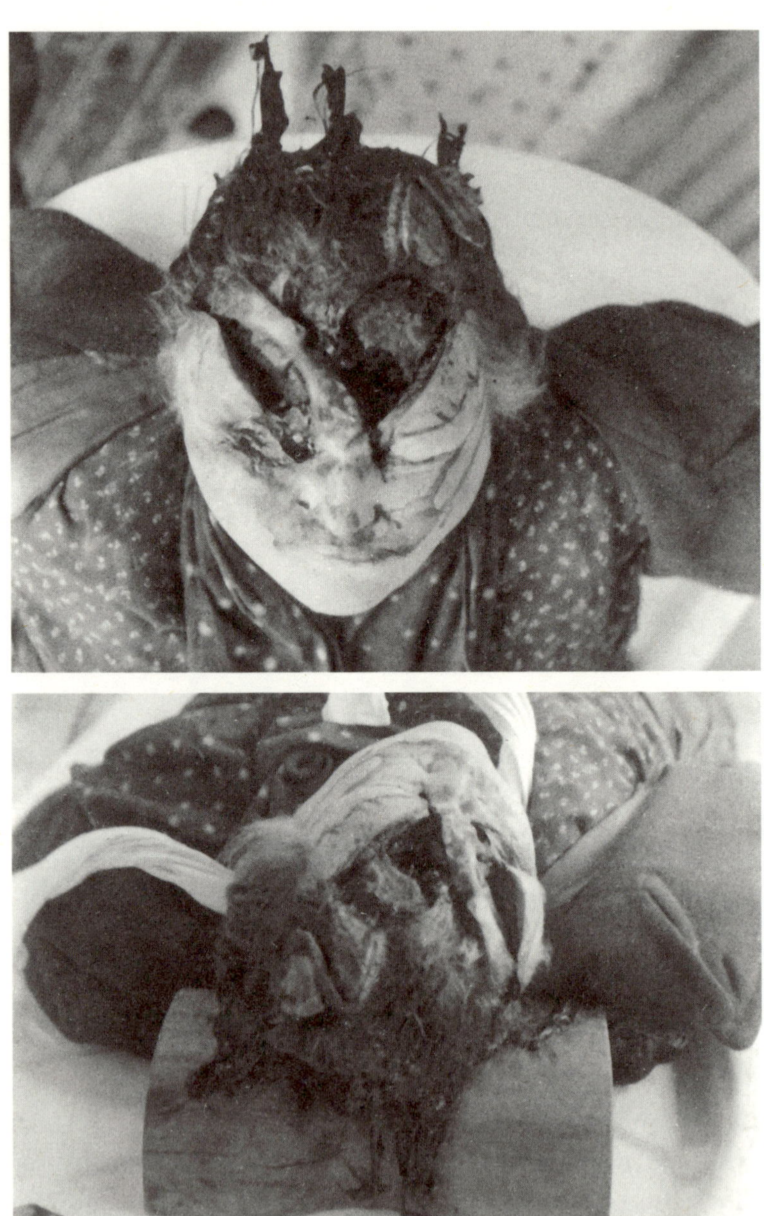

Aufnahmen von der ermordeten Frau Mathilde Alkenbrecher.

schweren Zertrümmerungen des Schädels und den Verletzungen des Gehirns. Der Mörder ließ sich widerstandslos ins Polizeipräsidium bringen und schilderte dort lückenlos seine Tat.*

Die Nachricht von der brutalen Erfurter Mordtat verbreitete sich in Windeseile in Thüringen und im ganzen Deutschen Reich. So war am 25. Mai 1938 in der Erfurter *Mitteldeutschen Zeitung* unter der Überschrift *»Furchtbarer Mord in Erfurt – Frau mit dem Beil erschlagen«* zu lesen:

*»Erfurt. Am heutigen Mittwoch, früh 11.15 Uhr, ereignete sich in der Weißegasse eine grausige Bluttat. Die 56 Jahre alte Witwe Mathilde Alkenbrecher, die [in der] Ziegengasse 1a wohnt, wurde von dem 24jährigen Erwin Marcinkowski mit einem Beil erschlagen. [...] Der Täter blieb bei seinem Opfer stehen und erklärte der inzwischen herbeigeeilten Kriminalpolizei, er habe mit vollkommener Ueberlegung gehandelt.«***

Die weiteren Untersuchungen zur Persönlichkeit des Mörders und dessen Motiv für die schreckliche Tat lieferten folgende Erkenntnisse:

*»Erwin Hugo Marcinkowski erblickte am 12. November 1913 als viertes von fünf Geschwistern in Erfurt das Licht der Welt. Der am 1. Dezember 1918 an Kehlkopftuberkulose verstorbene Vater Josef Marcinkowski war Maschinenschlosser. Die Mutter, Olga Marcinkowski, war eine rechtschaffende Frau, die mit großem Fleiß versuchte, sich und ihre 5 Kinder durchs Leben zu bringen, ohne öffentliche Unterstützung in Anspruch zu nehmen.«****

Olga Marcinkowski starb am 8. August 1926 in Erfurt an Magenkrebs. Die folgenden Jahre verbrachte Erwin in

* Vgl. ThStA Gotha, Staatsanwaltschaft Erfurt Nr. 542.

** ThStA Gotha, Staatsanwaltschaft Erfurt Nr. 547.

*** ThStA Gotha, Staatsanwaltschaft Erfurt Nr. 542.

Am Mittwochmittag bereitete eine ruchlose Mörderhand dem Leben unserer lieben, guten Mutter, Schwieger- und Großmutter, Schwester, Schwägerin und Tante, der Witwe

Mathilde Alkenbrecher

geb. Bärwolf

im 56. Lebensjahre ein jähes Ende.

Erfurt, Ziegengasse 1a, Marbach, Andisleben, den 25. Mai 1938

Dies zeigen an

Die trauernden Hinterbliebenen

Die Beerdigung findet am Montagnachmittag 3¼ Uhr auf dem Hauptfriedhof statt

Todesanzeige für Frau Mathilde Alkenbrecher in einer Erfurter Zeitung.

einem Erfurter Waisenhaus und besuchte eine evangelische Volksschule. Seine schulischen Leistungen waren gut bis befriedigend. Ab 1928 folgte eine Lehre als Klempner, die er wegen fehlender Lust zur Arbeit nicht mit einer Gesellenprüfung abschloß. Für seine Geschwister zeigte der junge Mann kein Interesse und galt als zurückgezogener Einzelgänger. Schon damals war er mit sich und der Welt unzufrieden und trug sich mit Selbstmordgedanken. Diese allerdings lebte er öffentlich mit Geltungs- und Sensationsbedürfnis aus, indem er Grammophonnadeln und Bleispäne verschluckte. Am 1. Oktober 1931 versuchte der Klempner, sich mit einem Trommelrevolver zu erschießen. Die Waffe hatte er bei seinen damaligen Wirtsleuten, dem Ehepaar Bauerschmidt, auf dem Dachboden entdeckt. Mit der Waffe brachte er sich dann einen Schuß in die rechte Schläfe bei. Das Geschoß war am Backenknochen aufgeschlagen, hatte dort Widerstand gefunden und blieb außerhalb des Gehirns hinter der rechten Augenhöhle stecken. Das Projektil hatte man in der Klinik nicht entfernt. Später wurde begutachtet, daß es bei ihm durch die Verletzungen weder körperliche, noch geistige Behinderungen gab.

Im September 1937 mietete Marcinkowski bei der Witwe Alkenbrecher in der Erfurter Ziegengasse ein Zimmer. Da er aber beabsichtigte, ins Ausland zu gehen, verließ er die nicht lange bewohnte Unterkunft wieder. An der französischen Grenze wurde der Mann wegen Paßvergehens festgenommen und für vier Wochen inhaftiert. Danach kehrte er nach Erfurt zurück und quartierte sich wieder bei Frau Alkenbrecher ein, die ihm vier Mark Monatsmiete berechnete, aber schließlich einen Nachlaß von 50 Pfennig gewährte. Da Marcinkowski keiner Arbeit nachging und folglich knapp bei Kasse war, kam es bald zu heftigen Streitigkeiten zwischen ihm und seiner Quartierwirtin. Diese nahm alsbald den einst gewährten Nachlaß zurück und forderte wieder vier Mark Monatsmiete. Es folgten Reibereien wegen dieser finanziellen Angelegenheit, darüber hinaus wegen des von der Wirtin angeblich zu wenig gelieferten Waschwassers. Schließlich kündigte Frau Alkenbrecher ihrem widerspenstigen Untermieter, der sie zu hassen begann, wie er in der Gerichtsverhandlung vor dem Erfurter Schwurgericht am Freitag, dem 17. Juni 1938, ausführte. Er habe sich dann langsam *»darauf vorbereitet, der Frau das zu geben, was sie verdiene. Er verkaufte die meisten seiner Sachen, zog in die Herberge zur Heimat und rechnete nach seiner eigenen Aussage folgendermaßen: Für zwei Mark wende ich die Kosten an und kauf' ein Beil, damit ich die Frau erschlage.«*[*]

---

* *Thüringer Allgemeine Zeitung Erfurt* vom 18.6.1938.

Über die Folgen seines Tuns sei er sich bewußt gewesen. Außerdem habe er die Frau nur deswegen nicht gleich bei seinem Auszug erschlagen, um nicht den Eindruck zu erwecken, er habe ein Verhältnis mit ihr gehabt. Rachsucht sei sein einziges Motiv für die mit Vorsatz und Überlegung geführte Tat gewesen, für die er keinerlei Bedauern oder Reue empfinde.

Die Mehrzahl der 21 geladenen Zeugen und Sachverständigen äußerten die Überzeugung, daß der Angeklagte offenbar seit langem das Leben satt hatte und weder auf sein Leben noch auf das anderer Menschen Rücksicht nahm.*

Sein Erfurter Rechsanwalt Fricke verzichtete schließlich darauf, das erdrückende Belastungsmaterial anzufechten, und stellte dem Gericht die Entscheidung über seinen Mandanten anheim.

Die Geschworenen sprachen Erwin Marcinkowski erwartungsgemäß schuldig. Das Gericht unter Vorsitz des Landgerichtsdirektors Dr. Blencke verurteile den Angeklagten, dem Antrag des Staatsanwaltes folgend, wegen Mordes nach § 211 StGB mit dem Tode und zum dauernden Verlust der bürgerlichen Ehrenrechte nach § 32 StGB. Das zur Tat benutzte Beil wurde eingezogen. Der Angeklagte mußte darüber hinaus die Kosten des Verfahrens tragen.**

Während sich das Gericht zur Beratung zurückgezogen hatte, aß Marcinkowski seelenruhig Mittag. Als das Urteil verkündet wurde, äußerte er nur zynisch:

»Es freut mich nur, daß der Staatsanwalt seinen Willen hat«, und nahm es mit den Worten *»Na. Freilich!«* an, womit er gleichzeitig auf die Einlegung von Rechtsmitteln verzichtete.***

---

* Vgl. ebenda.

** Vgl. ThStA Gotha, Staatsanwaltschaft Erfurt Nr. 542.

*** Vgl. *Thüringer Allgemeine Zeitung Erfurt* vom 18.6.1938.

Am Sonnabend, dem 18. Juni 1938, begab sich Rechtsanwalt Fricke zu seinem verurteilten Mandanten ins Gefängnis, um zu klären, ob Marcinkowski selbst ein Gnadengesuch einlegen wolle oder ob er es für ihn tun solle. Die Antwort lautete:

»Nein, ich flehe nicht um Gnade!«

Am selben Tag wurde der Staatsanwaltschaft Erfurt aus dem Gefängnis berichtet, der Gefangene habe sich seit seiner Inhaftierung jederzeit korrekt verhalten. Es sei aber den Beamten aufgefallen, daß er den Mord an Frau Alkenbrecher gewissermaßen als eine Heldentat hinstelle, für die ihm die Welt dankbar sein müsse.*

Im August 1938 befand sich Erwin Marcinkowski in der Städtischen Heil- und Pflegeanstalt in Berlin-Buch zur nochmaligen Überprüfung seines Geisteszustandes. Das Gutachten bestätigte, daß der zum Tode Verurteilte voll schuldfähig war. Kurz darauf wurde Marcinkowski ins Gefängnis nach Weimar verlegt, von wo er am 17. Oktober 1938 dem Oberstaatsanwalt des Landgerichtes Erfurt schrieb:

»Nun sitze ich schon wieder sechs Wochen hier und warte auf den Henker. Warum nur? Ich bin nicht geisteskrank, ich bin vollkommen normal. Aber ich weiß wohl; man hat Bedenken gegen meine Henkersmahlzeit. Ich will daher gern und großzügig, zu Gunsten des mir nachfolgenden Todeskandidaten, verzichten. Aus diesem Grunde wünsche und verlange ich meine sofortige Hinrichtung ohne jegliche Beigabe. Noch bin ich es nicht; aber wenn ich noch länger unnütz warten muß, da werde ich krank. Aber ich möchte nicht als Kranker, sondern ich will als junger und gesunder Mensch hingerichtet werden. Dieses zu berücksichtigen und mir auch die Fußfesseln abzunehmen,

---

* Vgl. ThStA Gotha, Staatsanwaltschaft Erfurt Nr. 541.

weil ich mit der Zeit steife Glieder bekomme, bittet Erwin Marcinkowski.«[*]

Knapp einen Monat darauf, nachdem der Führer und Reichskanzler Adolf Hitler am 4. November 1938 von seinem Begnadigungsrecht keinen Gebrauch gemacht hatte, erfolgten die eiligen Vorbereitungen zur Hinrichtung jenes Mannes, der regelrecht darum flehte, exekutiert zu werden. Die Vornahme der Hinrichtung übertrug man dem Scharfrichter Ernst Reindel. Das Anatomische Institut in Jena bereitete man auf die Übernahme des Leichnams zu wissenschaftlichen Zwecken vor.

Am 22. November 1938, um 18.30 Uhr, wurden dem Verurteilten im Geschäftszimmer des Weimarer Gefängnisses der Erlaß des Führers und Reichskanzlers vom 4. November 1938 und der Zeitpunkt der Hinrichtung bekannt gegeben. Marcinkowski, der bei der Vorführung das gleiche lächelnde Gesicht aufsetzte, welches er schon während der ganzen Schwurgerichtsverhandlung zur Schau getragen hatte, zuckte bei der Bekanntgabe nur einen Augenblick zusammen, faßte sich aber sofort und erklärte lächelnd, *»es ist gut.«* Bei seiner Abführung drehte sich der Gefangene in der Tür noch einmal um und bekundete lächelnd seine Freude über den Termin am folgenden Tag um sieben Uhr. In seiner Zelle stand er während der ganzen Nacht unter ständiger unmittelbarer Bewachung. Dafür hatte der Oberstaatsanwalt in Weimar zwei Polizeibeamte abstellen lassen. Die Konsultation eines Seelsorgers lehnte Marcinkowski barsch ab, ebenso wie er sonstige Besucher nicht zu empfangen wünschte. Von seinen Angehörigen, so betonte der Todeskandidat, habe er sich losgesagt. Anträge stellte der Verurteilte während der Nacht und am Morgen

---

* ThStA Gotha, Staatsanwaltschaft Erfurt Nr. 543.

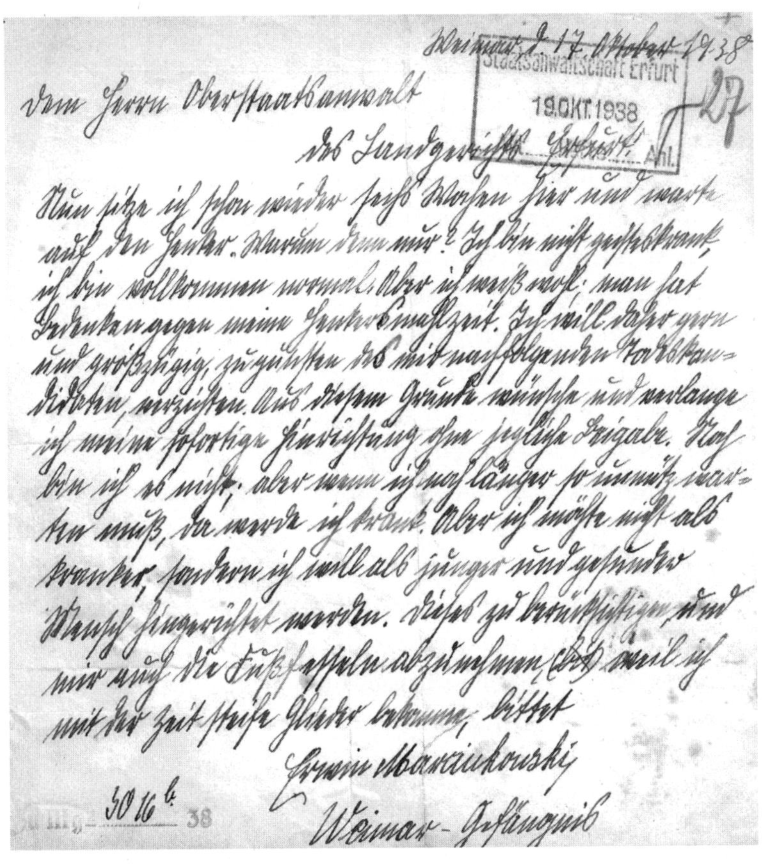

Weimar d. 17. Oktober 1938

Staatsanwaltschaft Erfurt 19. OKT. 1938 Anl.

dem Herrn Oberstaatsanwalt

des Landgerichts Erfurt.

Nun sitze ich schon wieder sechs Wochen hier und warte auf den Henker. Warum denn nur? Ich bin nicht geisteskrank, ich bin vollkommen normal. Aber ich weiß noch: man hat Bedenken gegen meine Henkersmahlzeit. Ich will daher gern und großzügig zugunsten des mit nachfolgenden Todeskandidaten, verzichten. Aus diesem Grunde wünsche und verlange ich meine sofortige Hinrichtung ohne jegliche Beigabe. Noch bin ich es nicht, aber wenn ich noch länger so unnütz warten muß, da werde ich krank. Aber ich möchte nicht als Kranker, sondern ich will als junger und gesunder Mensch hingerichtet werden. Dieses zu berücksichtigen, und mir auch die Fußfesseln abzunehmen, [illegible] weil ich mit der Zeit steife Glieder bekomme, bittet

Erwin Marcinkowski

Weimar-Gefängnis

Brief des Erwin Marcinkowski an den Oberstaatsanwalt des Landgerichtes Erfurt vom 17. Oktober 1938.

des Vollstreckungstages nicht. Als Mahlzeit bat er sich ein halbes Pfund Leberwurst und vier Brötchen aus, die er scheinbar mit gutem Appetit verzehrte. Während der Nacht rauchte Erwin Marcinkowski etwa 25 Zigaretten.

Über die letzte Nacht vor der Hinrichtung berichtete der Polizeioberwachtmeister König:

Die Zigaretten rauchte Marcinkowski völlig auf *»die letzte davon kurz vor ½ 7 Uhr. Die Zigaretten zählte er* *während der Nacht immer nach, um damit zu prüfen, daß er auch mit ihnen bis zum nächsten Morgen ausreiche. Die ganze Nacht war M. sehr lustig und vergnügt. Lediglich in der Zeit von 4 – ½ 6 Uhr wurde er etwas ruhiger was aber nur ein Zeichen der Müdigkeit gewesen sei. Geschlafen hat er während der ganzen Nacht nicht. Er hat sich auch nicht hingelegt, sondern saß die ganze Nacht auf einem Stuhl und unterhielt sich mit den ihn bewachenden beiden Polizeibeamten. Die Frage eines der Beamten, ob er ein Buch lesen wolle, hat er verneint. In diesem Zshang [Zusammenhang] äußerte er, er denke gerade an die Helden von Troja u. Pompeji, die sich mit offener Brust in die Lanzen gestürzt hätten. Er habe früher am liebsten Kreuzworträtsel gelöst. Gegen 22 Uhr äußerte der Verurteilte, es fehle ihm ein Radio, damit man ihm noch einen lustigen Trauermarsch spielen könne. Die beiden Wachtmeister seien schlechte Gesellschafter, sie sollten doch lieber einmal einen Schwank aus ihrem Leben erzählen. Auf die Frage, ob er einen Geistlichen als Beistand wünsche, erklärte er, einen Pfarrer wolle er nicht sehen. Wenn wirkl. einer käme, den könnten sie gleich an der Tür abweisen. Die reden einem doch blos etwas vor, und wenn man wirklich wankelmütig werden sollte, dann freuten sie sich blos und rieben sich vergnügt die Hände. Auch die Frage, ob er seine Geschwister noch einmal sehen wollte, verneinte er mit dem Hinweis, die hätten sich auch früher nicht um ihn gekümmert. Dann erzählte er seinen Lebenslauf und kam auf die Tat selbst zu sprechen. Hierbei äußerte er, er habe sich vorher alles genau überlegt. Er hänge nicht am Leben. Reue empfände er keineswegs. Wenn es eine andere Person als Frau Alkenbrecher gewesen wäre, dann vielleicht. Er sei immer ein anständiger Mensch gewesen. Er sei nur 2 mal* *vorbestraft, und zwar wegen Paßvergehens u. wegen Hausfriedensbruch u. Beleidigung. Die Frau A. sei viel schlimmer als er gewesen. Diese habe bereits wegen Meineids vor dem Schwurgericht gestanden. Nachdem M. die Tat geschildert hatte, sagte der Oberwachtmeister König zu ihm: ›Na, da kommen sie doch morgen mit der Frau A. im Himmel wieder zusammen.‹ M. erwiderte darauf: ›Um Gottes Willen. Na wenn ich hochkomme, dann sagt Petrus doch nur zu mir, Du bist ein Mörder, drehe gleich wieder um.‹ Als ihm OWM [Oberwachtmeister] König vorhielt, daß er bei der Bekanntgabe, daß das Urteil gegen ihn vollstreckt werde, doch ein wenig geschwankt habe, entgegnete M.: ›Na meine Herren, ich habe keine Ahnung gehabt. Gedacht habe ich es mir zwar schon. Nur für den Moment kam es überraschend. Aber dann habe ich mich doch gleich wieder gefaßt, wie sie gesehen haben werden.‹ M. wollte auch von den ihn bewachenden Polizeibeamten genauere Einzelheiten über das Beil wissen. Dabei machte er noch seine Witze und äußerte etwa sinngemäß: ›Das Beil wird sicherlich so durchgezogen, wie beim Schächten (und deutete dies dementsprechend mit einer Handbewegung an). Und wenn der Kopf dann so kippt, dann werde ich mich noch einmal nach dem Oberstaatsanwalt herumdrehen.‹ […] ab kurz vor 7 Uhr erkundigte er sich bei den Beamten wiederholt nach der Zeit und erklärte: ›Am Vormittag werde ich in Jena sein, da werden sie an mir herumschnippeln.‹ Als ihm kurz vor 7 Uhr ein Leibriemen umgelegt wurde, äußerte er: ›Na sie schmücken mich ja noch so schön.‹ Seine letzten Worte bei dem Herausführen aus der Zelle zur Richtstätte waren: ›Nun ist es endlich so weit, da können wir ja gehen.‹«**

---

* Ebenda.

Bekanntmachung.

Erfurt, den 23. November 1938.

Der am 12. November 1913 geborene, zuletzt in Erfurt wohnhafte

Erwin Marcinkowski

ist heute hingerichtet worden.

Er war durch rechtskräftiges Urteil des Schwurgerichts in Erfurt vom 17. Juni 1938 wegen Mordes, begangen zu Erfurt an der Witwe Alkenbrecher, zum Tode und zum dauernden Verlust der bürgerlichen Ehrenrechte verurteilt worden.

Erwin Marcinkowski hatte am 25. Mai 1938 in Erfurt auf offener Straße seine frühere Vermieterin durch Beilhiebe aus Haß getötet, da er sich von ihr bei der Berechnung der Miete übervorteilt glaubte.

Der Oberstaatsanwalt.

8. Nr. 238.

Plakat über die Hinrichtung des Erwin Marcinkowski am 23. November 1938 in Weimar.

Vollkommen gefaßt und ruhig betrat Erwin Marcinkowski am 23. November 1938 den Innenhof des Weimarer Gerichtsgebäudes und erklärte, als ihm der Erlaß des Führers und Reichskanzlers bekannt gegeben worden war, mit lauter Stimme:

»Ich bin bereit!«

Die Dauer von Beginn der Vorführung bis zu der Meldung des Scharfrichters, daß das Urteil vollstreckt sei, betrug genau 100 Sekunden, die eigentliche Vollstreckung von dem Befehl bis zur Meldung des Scharfrichters 24 Sekunden. Nach der Ausführung der Hinrichtung wurde der Leichnam sofort dem Beauftragten der Anatomischen Anstalt der Universität in Jena übergeben, der die sterblichen Überreste in einen mitgebrachten Sarg legen und sofort in den bereitgestellten Raum bringen ließ, wo zwei Präparatoren Konservierungsmaßnahmen vornahmen. Das Verhalten

Todesurteil vollstreckt

Berlin, 23. November.

Am 23. November 1938 ist der am 12. November 1913 geborene Erwin Marcinkowski hingerichtet worden, der durch rechtskräftiges Urteil des Schwurgerichts in Erfurt wegen Mordes zum Tode und zum dauernden Verlust der bürgerlichen Ehrenrechte verurteilt worden ist.

Erwin Marcinkowski hatte am 25. Mai 1938 in Erfurt auf offener Straße seine frühere Vermieterin durch Beilhiebe aus Haß getötet, da er sich von ihr bei der Berechnung der Miete übervorteilt glaubte.

Pressemitteilung über die Vollstreckung des Todesurteils an Erwin Marcinkowski im Völkischen Beobachter am 24. November 1938.

des Scharfrichters und seiner Gehilfen bei der Hinrichtung, so wurde noch konstatiert, war in jeder Hinsicht professionell und würdig, wie es dem Ernst der Hinrichtung entsprach.*

Am folgenden Tag meldete die Presse nach einem vorgefertigten Text die Vollstreckung des Todesurteils an Erwin Marcinkowski. Zusätzlich informierten in Erfurt Plakate die Bürger über die Hinrichtung des Mörders.

* Vgl. ThStA Gotha, Staatsanwaltschaft Erfurt Nr. 543 und 546.

QUELLEN- UND LITERATURVERZEICHNIS

Die Schönfärbermorde in Rudolstadt (1766 und 1780)

L. Renovanz: Chronik der fürstl. Schwarzburgischen Residenzstadt Rudolstadt, Verlag L. Renovanz, Rudolstadt 1860.

ThStA Rud., Geheimes Ratskollegium Rudolstadt E II 3f Nr. 22 und 23.

ThStA Rud., Fürstlicher Schwarzburgischer privilegirter verbesserter Haushaltungs Calender auf das Jahr MD LXVII.

ThStA Rud., Geheimes Archiv (Restbestand) B III 6a Nr. 2.

Historische Bibliothek Rudolstadt, Ma XII Nr. 113.

Fürstl. Scharzb. Rudolst. gnädigst privilegirtes Wochenblatt 1780.

Hugo Trinckler: Entstehungsgeschichte und Häuser-Chronik von Alt-Rudolstadt, Verlag F. Mitzlaff, Rudolstadt, 1939.

Der Blutrausch der Deesbacher Mörder im Friedrichsgrund (1805)

Evangelisches Pfarramt Königsee, Kirchenbuch K6/14-3.

ThStA Rudolstadt, Sammlung Z Nr. 256 und 621.

ThStA Rudolstadt, Schwarzburgisches Justizamt/Amtsgericht Königsee Nr. 2812 und 2813.

Das heilende Blut des Saalfelder Raubmörders (1831)

ThStA Meiningen, Sachsen-Meiningisches Amtsgericht Saalfeld Nr. 1788 und 1982.

Christian Wagner: Ausführliche Beschreibung der am 28sten April 1831 auf der vordern Heyde ohnfern Remschütz bey Saalfeld an dem Tischlermeister Johann Gottlieb Samuel Amende aus Naschhausen unter Orlamünde vom Handarbeiter Johann Christian Mackedanz aus Saalfeld verübten schrecklichen Mordthat und Begräbnißes des Ermordeten, nebst dem dabey gehaltenen Vortrage, Saalfeld bey Constantin Riese, ohne Datum.

Thüringer Stadt- und Landbote bzw. Saalfelder Stadt- und Landbote. Eine Monatszeitschrift zur Belehrung und Unterhaltung 1831, 1834 und 1835.
Saalfische. Beiblatt zum Saalfelder Kreisblatt 1925.
Rudolstädter Mittwochsblatt 1834.
Dirk Henning: Vom Leben zum Tode – Scharfrichter und Hinrichtungen in Saalfeld, in: Saalfelder Weihnachtsbüchlein 2015, 112 Heft.

Der ermordete schwarzburg-rudolstädtische Prinz – ein Kollateralschaden in Dresden (1849)

ThStA Rud., Geheimes Archiv (Restbestand) B IV 2a Nr. 2.
ThStA Rud., Geheimes Ratskollegium Rudolstadt 10143.
Beilage zur Schwarzburg-Rudolstädtische Landeszeitung vom 11. Mai 1899.
Jens Beger: Ein fataler Irrtum – Zum Tod des Prinzen Wilhelm von Schwarzburg-Rudolstadt im Mai 1849 in Dresden, in: Landkreis Saalfeld-Rudolstadt – Jahrbuch 2000 (Hrsg. Landkreis Saalfeld-Rudolstadt), Saalfeld, 1999.
Fürstl. Schwarzb. Rudolst. gnädigst privilegirtes Wochenblatt 1849.

Die Kinderleiche im Baum bei Apolda (1856)

ThHStA Weimar, Bestand Rechtspflege B 2883/27, Band 1–5.
Der Deutsche, Sondershäuser Zeitung 1860.
Ulrich Heß: Geschichte der Behördenorganisation der thüringischen Staaten und des Landes Thüringen von der Mitte des 16. Jahrhunderts bis zum Jahre 1952, in: Veröffentlichungen der Historischen Kommission für Thüringen, kleine Reihe, Band 1. Gustav Fischer Verlag Jena, Stuttgart, 1993.

Der tote Jenaer Professor unter der Kanalbrücke (1861)

Johannes Günther: Lebensskizzen der Professoren der Universität Jena seit 1558 bis 1858, Scientia Verlag Aalen, 1979.
ThHStA Weimar, Bestand Rechtspflege B 2883/36, Band 1–5.
Weimarische Zeitung 1861.
Der Deutsche, Sondershäuser Zeitung 1861.

Der Oberreichenauer Serienbeilmörder Franz Bernhard Schlörr in Gera und Triebes (1874)

ThStA Greiz, Ministerium Gera Nr. 7609.

Der Deutsche – Zeitung für Thüringen und den Harz 1875.

Pößnecker Wochenblatt 1875.

Arnstädtisches Nachrichts- und Intelligenz-Blatt 1875.

Amts- und Verordnungsblatt für das Fürstentum Reuß jüngerer Linie 1875.

Der Geraer Gatten- und Kindesmörder Johann Hanke (1882)

ThStA Greiz, Ministerium Gera Nr. 7614.

Schwarzburg-Rudolstädtische Landeszeitung 1882.

Der Würger von Steinach (1896)

ThStA Meiningen, Staatsministerium Abteilung Justiz Nr. 1075.

Sonneberger Zeitung 1897.

Mord aus verschmähter Liebe in Hinteruhlmannsdorf (1897)

ThStA Altenburg, Ministerium Altenburg J Nr. 106.

Geraer Zeitung 1898.

Der Altenburger Lustmörder Walter Friedemann (1923/1924)

ThStA Altenburg, Staatsanwaltschaft beim Landgericht Altenburg Nr. 91–93.

Das Doppelmorddrama am Heidehaus bei Sondershausen (1925)

ThStA Rud., Staatsanwaltschaft beim Thüringischen Amtsgericht Sondershausen Nr. 38.

Der Deutsche, Sondershäuser Zeitung 1926.

Der Gräfenthaler Weibsteufel (1928)

ThStA Rud., Staatsanwaltschaft beim Thüringischen Landgericht Rudolstadt Nr. 181–196.

Schwarzburg-Rudolstädtische Landeszeitung 1931.

Rudolstädter Zeitung 1931.

Mitteldeutsche Neueste Nachrichten 1931.

Der zweimal Entleibte – ein Thüringer Indizienprozeß (1928)
ThStA Rud., Staatsanwaltschaft beim Thüringischen Landgericht Rudolstadt Nr. 172–178.
Rudolstädter Zeitung 1935.
Der Nationalsozialist und Landeszeitung Rudolstadt 1935.
Deutsches Kriminalpolizeiblatt 1928 und 1930.

Der Erfurter Weltfeind (1938)
ThStA Gotha, Staatsanwaltschaft Erfurt Nr. 540–548.
Thüringer Allgemeine Zeitung Erfurt vom 18.6.1938.

Allgemeine Literatur
Meyers Konversations-Lexikon, Leipzig und Wien, Bibliographisches Institut 1897.
Ulrich Heß: Geschichte der Behördenorganisation der thüringischen Staaten und des Landes Thüringen von der Mitte des 16. Jahrhunderts bis zum Jahre 1952, in: Veröffentlichungen der Historischen Kommission für Thüringen, kleine Reihe, Band 1. Gustav Fischer Verlag Jena, Stuttgart, 1993, S. 92.
Dirk Henning: Vom Leben zum Tode – Scharfrichter und Hinrichtungen in Saalfeld, in: Saalfelder Weihnachtsbüchlein 2015, 112 Heft, S. 55f.

ABBILDUNGSNACHWEIS

Foto auf dem Bucheinband: (ThStA Rudolstadt, Thüringische Staatsanwaltschaft beim Landgericht Rudolstadt Nr. 172)

S. 14–15: ThStA Rudolstadt, Nachlaß Lina und Louis Marlier Nr. 5.

S. 18–19: ThStA Rudolstadt, Hugo Trinckler: Entstehungsgeschichte und Häuser-Chronik von Alt-Rudolstadt, Verlag F. Mitzlaff, Rudolstadt, 1939.

S. 38: ThStA Rudolstadt, Sammlung Z Nr. 256.

S. 60: ThStA Meiningen, Sachsen-Meiningisches Amtsgericht Saalfeld Nr. 1788.

S. 64: Bildarchiv Stadtmuseum Saalfeld Nr. V 6867 Z.

S. 73: Museum Sondershausen.

S. 74: Staatliche Kunstsammlungen Dresden, Kupferstich-Kabinett, um 1850, Inventarnummer A 1995-4618.

S. 76: Blick von der Brühlschen Terrasse auf die Frauenkirche, Sammlung Frank Esche, Rudolstadt.

S. 79: *Leipziger Illustrierte Zeitung.*

S. 85: ThHStA Weimar, Bestand Rechtspflege B 2883/27 Band 2.

S. 108: ThHStA Weimar, Bestand Rechtspflege B 2883/36 Band 4.

S. 123: Bildarchiv Stadtmuseum Saalfeld Nr. V 6866 Z.

S. 162: ThStA Altenburg, Ministerium Altenburg J Nr. 106, Band 2.

S. 170: ThStA Altenburg, Staatsanwaltschaft beim Landgericht Altenburg Nr. 92.

S. 172: ThStA Altenburg, Staatsanwaltschaft beim Landgericht Altenburg Nr. 91.

S. 190: ThStA Rudolstadt, Gutsarchiv Großfurra Nr. 433.

S. 191: ThStA Rudolstadt, Staatsanwaltschaft beim Thüringer Amtsgericht Sondershausen Nr. 38.

S. 201: ThStA Rudolstadt, Staatsanwaltschaft beim Thüringer Amtsgericht Sondershausen Nr. 38.

S. 206: ThStA Rudolstadt, Staatsanwaltschaft beim Thüringischen Landgericht Rudolstadt Nr. 195.

S. 207: ThStA Rudolstadt, Staatsanwaltschaft beim Thüringischen Landgericht Rudolstadt Nr. 192.

S. 209–211: ThStA Rudolstadt, Staatsanwaltschaft beim Thüringischen Landgericht Rudolstadt Nr. 195.

S. 213: ThStA Rudolstadt, Staatsanwaltschaft beim Thüringischen Landgericht Rudolstadt Nr. 186.

S. 215: Sammlung Frank Esche, Rudolstadt.

S. 217–220: ThStA Rudolstadt, Staatsanwaltschaft beim Thüringischen Landgericht Rudolstadt Nr. 195.

S. 237–239: ThStA Rudolstadt, Staatsanwaltschaft beim Thüringischen Landgericht Rudolstadt Nr. 172.

S. 245: ThStA Rudolstadt, Staatsanwaltschaft beim Thüringischen Landgericht Rudolstadt Nr. 172.

S. 246: ThStA Rudolstadt, Staatsanwaltschaft beim Thüringischen Landgericht Rudolstadt Nr. 178.

S. 247: ThStA Rudolstadt, Staatsanwaltschaft beim Thüringischen Landgericht Rudolstadt Nr. 173 und Nr. 177.

S. 249–251: ThStA Rudolstadt, Staatsanwaltschaft beim Thüringischen Landgericht Rudolstadt Nr. 178.

S. 256: Artikel der *Berliner Morgenpost* vom 10. November 1935.

S. 269–270: ThStA Gotha, Staatsanwaltschaft Erfurt Nr. 545.

S. 272: ThStA Gotha, Staatsanwaltschaft Erfurt Nr. 540.

S. 277: ThStA Gotha, Staatsanwaltschaft Erfurt Nr. 543.

S. 280: ThStA Gotha, Staatsanwaltschaft Erfurt Nr. 543.

S. 281: ThStA Gotha, Staatsanwaltschaft Erfurt Nr. 547.

KIRCHSCHLAGER

Kriminalistik. Kriminalgeschichte.
Kriminologie. Seit 1995

Bitte bestellen Sie direkt bei
www.Verlag-Kirchschlager.de

IMPRESSUM

3. Auflage 2025

Satz: Nicole Laka, Hamburg
Lektorat: Janine Kaitzl, München
Druck und Bindung: PBtisk s. r. o., Příbram

ISBN 978-3-934277-65-6